主　编：陈　恒

光启文库

光启随笔

光启文库

光启随笔　　光启讲坛

光启学术　　光启读本

光启通识　　光启译丛

光启口述　　光启青年

主　编：陈　恒

学术支持：上海师范大学光启国际学者中心

策划统筹：鲍静静
责任编辑：周祺超

缘督室札记

方广锠 著

商务印书馆

图书在版编目（CIP）数据

缘督室札记 / 方广锠著. — 北京：商务印书馆，2024. —（光启文库）. — ISBN 978-7-100-24132-8

Ⅰ. K870.6-53；B94-53

中国国家版本馆CIP数据核字第2024WY3960号

权利保留，侵权必究。

缘 督 室 札 记

方广锠 著

商 务 印 书 馆 出 版
（北京王府井大街36号 邮政编码 100710）
商 务 印 书 馆 发 行
山 东 临 沂 新 华 印 刷 物 流
集 团 有 限 责 任 公 司 印 刷
ISBN 978 - 7 - 100 - 24132 - 8

2024年8月第1版	开本 889×1194 1/32
2024年8月第1次印刷	印张 12⅜

定价：88.00元

出版前言

梁启超在《清代学术概论》中认为,"自明徐光启、李之藻等广译算学、天文、水利诸书,为欧籍入中国之始,前清学术,颇蒙其影响"。梁任公把以徐光启(1562—1633)为代表追求"西学"的学术思潮,看作中国近代思想的开端。自徐光启以降数代学人,立足中华文化,承续学术传统,致力中西交流,展开文明互鉴,在江南地区开创出海纳百川的新局面,也遥遥开启了上海作为近现代东西交流、学术出版的中心地位。有鉴于此,我们秉承徐光启的精神遗产,发扬其经世致用、开放交流的学术理念,创设"光启文库"。

文库分光启随笔、光启学术、光启通识、光启讲坛、光启读本、光启译丛、光启口述、光启青年等系列。文库致力于构筑优秀学术人才集聚的高地、思想自由交流碰撞的平台,展示当代学术研究的成果,大力引介国外学术精品。如此,我们既可在自身文化中汲取养分,又能以高水准的海外成果丰富中华文化的内涵。

文库推重"经世致用",即注重文化的学术性和实用性,既促进学术价值的彰显,又推动现实关怀的呈现。文库以学术为第一要义,所选著作求思想深刻、视角新颖、学养深厚;同时也注重实用,收录学术性与普及性皆佳、研究性与教学性兼顾、传承性与创新性俱备的优秀著作。以此,关注并回应重要时代议题与思想命题,推动中华文化的创造性转化与创新性发展,在与国外学术的交流对话中,努力打造和呈现具有中国特色的价值观念、思想文化及话语体系，为夯实文化软实力的根基贡献绵薄之力。

文库推动"东西交流"，即注重文化的引入与输出，促进双向的碰撞与沟通，既借鉴西方文化，也传播中国声音，并希冀在交流中催生更绚烂的精神成果。文库着力收录西方古今智慧经典和学术前沿成果，推动其在国内的译介与出版；同时也致力收录汉语世界优秀专著，促进其影响力的提升，发挥更大的文化效用；此外，还将整理汇编海内外学者具有学术性、思想性的随笔、讲演、访谈等，建构思想操练和精神对话的空间。

我们深知，无论是推动文化的经世致用，还是促进思想的东西交流，本文库所能贡献的仅为涓埃之力。但若能成为一脉细流，汇入中华文化发展与复兴的时代潮流，便正是秉承光启精神，不负历史使命之职。

文库创建伊始，事务千头万绪，未来也任重道远。本文库涵盖文学、历史、哲学、艺术、宗教、民俗等诸多人文学科，需要不同学科背景的学者通力合作。本文库综合著、译、编于一体，也需要多方助力协调。总之，文库的顺利推进绝非仅靠一己之力所能达成，实需相关机构、学者的鼎力襄助。谨此就教于大方之家，并致诚挚谢意。

清代学者阮元曾高度评价徐光启的贡献，"自利玛窦东来，得其天文数学之传者，光启为最深。……近今言甄明西学者，必称光启"。追慕先贤，知往鉴今，希望通过"光启文库"的工作，搭建东西文化会通的坚实平台，矗起当代中国学术高原的瞩目高峰，以学术的方式阐释中国、理解世界，让阅读与思索弥漫于我们的精神家园。

上海师范大学光启国际学者中心
2020年3月

目录

谈敦煌遗书

关于敦煌遗书的流散、回归、保护与编目	3
呼唤《羽田亨目录》中的敦煌遗书早日面世	22
敦煌遗书三题	27
敦煌《坛经》新出残片跋	42
影印敦煌遗书《大乘无量寿经》序（修订稿）	49
漫谈敦煌遗书	52
面对敦煌遗书的感觉	
——答网友"禅茶一味"	64
回答电视片《敦煌》对"废弃说"的一个疑问	67
关于伯3810号《呼吸静功妙诀》	71
伪梁武帝书《法华经》跋	73
唐景龙二年（708）薛崇徽写《大般涅槃经》	
卷九跋	85
周绍良先生藏《金刚经》跋	94
周绍良先生藏《瑜伽师地论开释分门记》跋	97

书 评

略谈《中华大藏经》在汉文大藏经史上的地位	103
寒霜欺鬓风欺面，可怜廿年磨一剑	
——评张国风《太平广记会校》	109
《中国地方志佛道教文献汇纂》出版座谈会书面发言	120
任继愈《中华藏》与吕澂《中华藏》	
——答高山杉先生	124
再谈任继愈《中华藏》与吕澂《中华藏》	
——再答高山杉先生	131
学术研究要注意相关新资料	136

他人论著序跋

《〈金刚经赞〉研究》序	141
《中国佛教经论序跋记集》序	147
《曲肱斋全集》序	152
《禅宗三书》序	156
《中国佛教疑伪经综录》序	159
《江月松风》序	163
《当代台湾宗教研究精粹论集》序	165
《高丽大藏经构成、底本及板刻之研究》序	170
《"白密"何在——云南汉传佛教经典文献研究》序	174
《中国佛教仪式研究——以斋供仪式为中心》序	180
《伍伦经眼古经图录》序	189

自己论著序跋

定位与坐标
　　——《中国佛教文化大观》跋一　　195
《藏外佛教文献》出版前语　　201
《佛教大藏经史（法藏文库本）》自序　　211
21世纪中国佛教的走向（第三部分）
　　——《中国佛教文化大观》跋二　　220
《中国书店藏敦煌遗书》序　　230
《英国国家图书馆藏敦煌遗书》前言　　243
《般若心经译注集成》重印后记　　248
《国家图书馆藏敦煌遗书》后记　　250
《务本堂藏敦煌遗书》序　　256
《成贤斋藏敦煌遗书》序　　266
《佛教文献研究》发刊词　　271
《滨田德海搜藏敦煌遗书》序言　　274
《疑伪经研究与"文化汇流"》自序　　286
《敦煌卷子》后记　　293

回忆录

曾坐春风点愚迟　　317
任继愈先生是怎样培养学生的　　324
债，总是要还的
　　——怀念季羡林先生　　346

怀念周绍良先生 363
怀念冀淑英先生 373
想起了金克木先生 379
怀念柳田圣山先生 381

谈敦煌遗书

关于敦煌遗书的流散、回归、保护与编目[*]

一、你如何看待20世纪初敦煌遗书流散这一事件？

答： 敦煌遗书的流散，是在一个特定的历史条件下发生的一件特定的历史事件。19世纪末与20世纪初，东西方许多国家的探险家在我国西部地区所进行的一系列探险活动，是在帝国主义列强争相侵略、瓜分中国的总背景上进行的，具有强烈的帝国主义的、殖民主义的色彩。这是不容抹杀的历史事实。许多探险队除了挖掘古墓、收集文物之外，还进行测绘地图，调查物产等一系列活动，就充分说明了这一点。在这些活动中，他们从中国搞走了大量的文物，包括敦煌文物。这是对中国主权的侵犯，也是对中国人民感情的极大伤害。当然，我们也应该指出，这些探险家之所

---

[*] 本文原在《中国社会科学院通讯》改版试刊12号、13号（1998年11月18日、27日）连载，后中途腰斩。其后一直在网上流传。此次按照网上原稿收入，并新加附注。——2024年1月注

以能够得逞，也与清政府的腐败无能、与当时各有关人等的因循渎责与愚昧无知有关。我们不能推卸自己的责任。

就敦煌文物流散而言，各国探险队的手段也有所不同。有的干脆采取盗窃的伎俩，像美国的华尔纳；有的采取了不光彩的欺骗手段，像英国的斯坦因、法国的伯希和；也有的部分是在敦煌购买的，部分是在莫高窟各洞窟收集、发掘的，像日本的大谷探险队、沙俄的奥登堡探险队。问题在于他们有没有权力在莫高窟做这种收集与发掘，这当然又涉及政府的腐败问题，当时没有人管，所以这些探险家可以在中国的土地上为所欲为。此外，国外公私收藏的敦煌遗书，也有一些是后来从中国的私人收藏者手中购买的。总之，情况比较复杂，不可一概而论。

审视这些探险家在敦煌与中国官员及王道士的交往过程时，我以为还应该看到在这里反映出的两种文化、两种思想方法的碰撞。举例来说，斯坦因在用花言巧语欺骗王道士及采用蒋师爷的"秘计"之外，给了王道士200两银子。所以，虽然他知道自己的行为并不光彩，所给的银子也实在微不足道，但是他总算为这批敦煌遗书支付了代价，自以为这就算涂上"购买"的色彩，很多西方人也由此认为斯坦因是购买。但从王道士的角度来讲，他是被斯坦因的"把佛经传回印度"的花言巧语所蒙蔽，从而将那些敦煌遗书交给斯坦因的。至于斯坦因的银子，就王道士而言，乃是斯坦因支持自己修复莫高窟而做的布施。正因为这样，1914年斯坦因第二次到敦煌，王道士便迫不及待地拿出账本，向施主斯坦因汇报所布施银两的花费情况。这些银子，对王道士将敦煌遗书交给斯坦因想必起到润滑油的作用，但王道士并没有把它们作为出售遗书的代价。因此，我们现在客观地看，从斯坦因的角度来说，他即使是购，也是"骗购"；而从王道士的角度来说，纯属受欺骗，连一点出售的因素也没有。这里反映出巨大的思想方法、行为模式的反差。再进一步探讨，这里还涉及两种不同的道德标准、行为准则等一系列问题，这里就不详细谈了。

敦煌遗书的发现，是我国近代四大学术发现之一，对研究中国中古历史与中外文化交流史价值之大，怎么比喻也不过分。敦煌遗书的流散，是我们民族的不幸。任何一个中国人提起这件事就痛心疾首，所以有"敦煌者，吾国学术之伤心史也"这样的说法。不过，在百年后的今天，我们客观地回顾这一问题，则应该说，与世界上一切事情都有两重性一样，敦煌遗书流散这件坏事，却促成了20世纪敦煌学在世界范围内的兴起。直至今日，敦煌学成为一门国际的显学，形成"敦煌在中国，敦煌学在世界"这样一个蓬勃发展局面，促进了中外文化的交流。当然，这里不是说这样一来，那些探险家就无过有功了。这是两回事。也不是说，如果这些遗书全部保存在中国，敦煌学就不会成为世界显学。历史是无法假设的，这里只是陈述一个既成事实。我们应该承认这个事实。

总之，作为一个中国学者，在百年以后重新回顾敦煌遗书流散这一段历史时，当然要申述民族的尊严，但同时还应该保持一个学者的客观的历史理念与实事求是的科学精神。两者是统一的。我们应该少一些情绪的冲动，多一些理智的分析，以总结其经验教训，使我们整个民族都更加成熟一点、聪明一点。作为一个从事敦煌研究的中国学者，尤其应该带头从事这种总结，并引导整个民族的反省，提高整个民族的历史科学意识、文物保护意识。20世纪五六十年代有一种倾向——把敦煌遗书的流散全部说成是外国探险家的抢劫、盗窃，这并不科学。最近出版的某些著作则有另一种倾向，就是不顾历史事实，丑化王道士等中国人，美化斯坦因、伯希和等探险家，我认为这样更不好。

二、有的人认为敦煌遗书的精华部分已经都被外国探险家挑走了，剩下的都是研究价值不大的糟粕。您认为这是不是事实？

答：这不是事实。

最早大批得到敦煌遗书的是英国的斯坦因。当时藏经洞的敦煌遗书都捆扎为包，王道士成包地给他搬。王道士给什么，斯坦因就收什么，基本上没有自由挑选的余地。斯坦因不懂中文，也没有挑选的能力。他的助手蒋孝琬办事干练，但学问不多，在挑选卷子方面似乎也没有帮上什么忙。

其次是伯希和。伯希和是一个汉学家，中文不错。他虽然进入藏经洞，得以任意挑选，但是，第一，伯希和不懂佛教，而藏经洞遗书以佛教为主，这就限制了伯希和挑选的水平。伯希和的注意力主要集中在传统的经、史、子、集四部之书，非汉文文献等。至于佛教文献，他主要选取比较完整的、带有题记的、抄写精美的，以及佛经目录等。此外，伯希和还比较注意选择有特点的文献，如石刻拓片、折装本等等。第二，伯希和进入藏经洞时，洞中还有较为完整的遗书两万件以上。伯希和费时三周，以每天一千件的速度查阅了一遍。接触过敦煌卷子的人都知道，这是一个相当惊人的速度。一个长卷子，打开到最后，检查有无题记，然后再卷起，相当费时。陈垣先生当年为北图编目，一天只能看一百件。我自己编目，一天工作超过十个小时，最顺利时一天完成过近四十件，还是小卷子。当然，伯希和仅是翻检，与编目不同，但一天一千件的速度决定他的翻检只能是非常粗略的。所以，虽然伯希和自称经过他的翻检，精华已经完全选出，但是事实证明他是在说大话。即使以他的标准来衡量，剩余的精华仍非常多。当然，被伯希和选走的，相当大一部分的确是精华。

1910年，敦煌遗书启运北京。到了北京以后，有关人员上下其手，监守自盗，这是敦煌遗书的第三次浩劫，后果相当严重。这些人本身是识货的人，又有充分的时间。这一次偷盗，把非佛教的精华文献几乎偷盗一空。只是因为他们对佛教不甚熟悉，所盗的佛教文献也大抵局限在比较完整的、带有题记的、抄写精美的等几个方面，因此，很多非常有价值的佛教文献逃过劫难。因为他们不懂摩尼教，摩尼教的文献逃过劫难。值得庆幸的是，1949年后，当年被这些人盗走的敦煌遗书，大部分又重新回到北京图书馆或国内其他图书馆、博物馆。当然，还有若干现在还流散在私人手中，或者流散到国外，主要是日本。

早在20世纪30年代，著名学者陈寅恪先生就曾经列举事实，批驳了所谓北图所藏是"糟粕空存"的说法。在大量被偷盗的精华文献重新回到北京图书馆的今天，北图的敦煌遗书不但在实际数量上占据第一位，而且在质量上也足以与世界上任何一个敦煌遗书收藏机构相媲美。当然，不同的研究者，研究的侧重点不同，对不同收藏机构所藏敦煌遗书的价值的观感也会不同。比如研究文学与历史的，会觉得英国、法国的资料在数量上要超过北图；而研究佛教的，必然会把注意力放到北京图书馆。比如我们现在编纂出版的《藏外佛教文献》主要依据北京图书馆藏敦煌遗书的资料整理而成，已经出版了三辑，在国内外引起广泛的注意与好评。

三、您如何看待敦煌遗书回归这件事？

答：敦煌遗书是中国文化遗产中的璀璨明珠，是中国人民宝贵的文化财富。敦煌遗书如果能够回归，以弥平我们民族百年来的又一创伤，我们当然欢喜赞叹。中国人民会对所有为这一回归做出贡献的人士表示衷心的感谢，历史也将铭记他们的功绩。不过，敦煌遗书的流散是历史形成的，流散的方式也各不相同，因此，敦煌遗书的回归也就是一件十分复杂的事情。它的牵动面非常大，需要中外有识之士的共同努力，也需要很大的智慧与耐心，需要各种因缘条件的汇合。目前，这些因缘条件显然还不成熟。希望将来的某个时候，回归的因缘条件能够成熟。到那个时候，敦煌遗书的回归，就会瓜熟蒂落，水到渠成。

在敦煌遗书回归的条件还不成熟的今天，如何进一步加强各收藏机构及各国学者之间的合作及学术交流，使散藏在世界各国的敦煌遗书能进一步为人类文明的进步与学术研究的发展发挥其应有的作用,是需要我们认真考虑与规划的。

我们说需要加强世界各收藏机构与各国学者的合作与交流,是基于如下两个基本原因:

首先,敦煌是丝绸之路上的重镇,是东西方文化交汇之地。中国文化、印度文化、伊朗文化以及以古希腊文化为起源的西方文化等古代世界的四大文化在这里交融,佛教、道教、摩尼教、祆教、景教等五大宗教在这里汇合。如果把儒家再加上,就是六大宗教。因此,我们现在说"敦煌在中国,敦煌学在世界",不仅仅是反映敦煌学在世界范围内蓬勃发展的现状,同时也是指出敦煌学本身所蕴含的文化信息的世界性。从这个意义上讲,敦煌与敦煌遗书不仅是中华民族的文化遗产,也是世界人类共同的文化遗产。联合国教科文组织已经将敦煌列入人类文化遗产名录,这恰如其分地反映了敦煌学的这一特性。敦煌学本身所蕴含的文化信息的世界性势必相应地要求其研究也必须是世界性的,这只有依靠各国、各学科的学者共同合作、相互交流才能够做到,才能真正将敦煌学向前推进。

其次,由于敦煌遗书散藏在世界各地,给研究者带来许多不便,因为毕竟不是任何一个学者都有条件跑遍世界去查询、阅览这些敦煌遗书;尤其是还有不少遗书被分割为几段,分别收藏在不同的国家,更为研究者带来困难。要解决这些问题,也必须依靠相互的交流与合作。

应该怎样来解决这些问题呢?

首先应该编纂出一个世界敦煌遗书的总目录。至今为止,敦煌学界还没有这样一个总目录，这使研究者面对散藏在世界各国的60000余号遗书难免有茫然失措之感，也使得敦煌学研究至今没有摆脱找宝式的研究倾向，而总目录的编纂将彻底改变目前敦煌学界的这一被动局面。

编纂这样一个总目录，就需要各收藏机构的充分合作。现在有些机构对这一工作热情比较高，积极支持；有些机构则相反，将自己收藏的敦煌遗书居为奇货，秘不示人；有些机构口头上不断要求别人开放资料，而行动上却对自己收藏的资料严密封锁。在提倡资源共享的信息时代，这样的做法实在落伍，也有碍敦煌学的进一步发展。应该指出的是，在资料开放这一方面，从总体看，国外比国内做得好，欧洲比日本做得好。希望国内的有关收藏机构，都能够向北京图书馆学习，从大局出发，将敦煌遗书充分开放给研究者，共同促进总目录的编纂与敦煌学的发展。

其次应该加紧敦煌遗书图版的刊布。这些年来，这项工作正在逐步展开，如国内有关机构与英国国家图书馆合作的《英藏敦煌文献（汉文佛经以外部份）》已经出版，与俄罗斯合作的《俄藏敦煌文献》及与法国合作的《法藏敦煌文献》正在出版。国内其他一些收藏机构，如天津艺术博物馆、北京大学图书馆、上海博物馆的敦煌遗书也已经出版。在这方面，四川人民出版社、上海古籍出版社做了大量的工作，尤其是上海古籍出版社克服种种困难，为敦煌遗书图版的刊布立功甚伟，得到普遍的好评。现在江苏古籍出版社也正努力工作，计划年内推出北京图书馆所藏敦煌遗书的图版。总的形势很好，缺点是这些图版的价格太高，不是一般的研究者所能问津的。为了解决这一问题，英国国家图书馆主持的"国际敦煌项目"（IDP）提出一个网上刊布敦煌遗书的计划。这个计划如果实现，则研究者可以通过国际互联网直接得到自己所需的某一敦煌遗书图版，将非常方便。当然，实现这一点的前提仍然是需要有一个前面提到过的总目录可以让研究者按图索骥；否则就需要将几万号遗书图版一一过滤，来查找自己所需要的某一资料，这个工作量是无法想象的。另外，大的收藏机构可以设立网站，小的收藏机构的遗书资料则需要相对集中到大网站，还有散落在个人收藏者手中的遗书资料如何搜集与公布的问题。

总之，目前在敦煌遗书资料的交流与合作方面，还有许多工作要做。这些工作做好了，可以大大推进敦煌学的发展。这些工作也只有在各国学者与各收藏机构、收藏者的充分协作与谅解下才能够完成。我本人从事敦煌遗书目录的编纂已经14年，在这14年中，得到国内外许多收藏机构的热情支持，我在此向这些机构表示衷心的感谢；也受到过冷遇，受到拒绝，实在遗憾。现在工作还在继续，甚望能够进一步得到有关机构的支持与理解。此外，在我国，在日本，乃至在其他国家，还有一些敦煌遗书至今散藏在个人手中，在此我想向这些个人收藏者做一个呼吁。按照传统，文物应该流传有绪，这就需要著录，尤其需要著录到有关的总目录中，这样的文物才可靠，才有价值。由于种种原因，现散藏在个人手中的敦煌遗书有真有伪，这就更加需要对这些遗书进行鉴别与著录。因此，将散藏的敦煌遗书著录到总目录中，无论对个人收藏者本身，还是对敦煌学的发展，都有好处。因此，希望个人收藏者能够在妥善保管所藏敦煌遗书的同时,与我们联系,将所收藏的遗书鉴定后收录在正在编纂的总目录中。如果收藏者希望在总目录中对自己的姓名予以保密,我们一定会充分尊重。

今日是昨日的继续,回顾历史是为了更好地前进。敦煌遗书为我们提供了解答历史之谜的钥匙,接续起历史上迷失的环节,由此为人们所重视。

地球越来越小,交流越来越多。温故而知新,研究古代的交流史可以为今天的文化交流提供借鉴。敦煌遗书为我们研究四大文化、六大宗教在古代的交流提供了不可多得的宝贵资料,由此为人们重视。

我们希望在各收藏机构及各国学者的共同努力下,在诸有识之士的支持下,在不远的将来,首先完成诸如敦煌遗书总目录的编纂、敦煌遗书图版的出版、网上敦煌遗书资料的发布等等,从而一步一步、扎扎实实地把敦煌学向前推进。

四、人们也十分关心国内外对敦煌遗书保护的情况。您考察过英国、法国、俄罗斯、日本的敦煌遗书,又在北京图书馆工作多年,并对国内散藏的敦煌遗书做过调查,被称为是当今世界上接触敦煌遗书原件最多的人,请您谈谈这方面的情况。

答: 保护的问题可以分保管与修复两方面来谈。

从保管的角度来讲,我所考察的各国情况互有不同,总的来说还是比较好的。英国国家图书馆的敦煌遗书现存放在恒温、恒湿的书库内,绝大部分备有特制的专用藏柜。每号遗书均有特定的架位，不挤不靠，整齐码放，这些遗书对所有的读者都开放。最近英国国家图书馆修建了新馆，据说新馆的条件更好。今年6月底，他们将完成敦煌遗书从老馆到新馆的搬迁工作。法国的书库条件差一点，但敦煌遗书均放在特制的纸盒中，按照遗书大小不同，有的一盒一号，有的一盒数号。不论盒内藏书多少，每号遗书均有专门藏位，整整齐齐，也对读者开放。我所考察过的俄藏敦煌遗书大多也有特制的纸筒，遗书一一存放在这些纸筒中。虽然没有机会参观俄罗斯的书库，但看到过照片。照片上书库中排放着一排排书柜，纸筒罗列在书柜中。日本各收藏机构的敦煌遗书保管得也都很好，但一般查阅起来手续比较麻烦。有些机构不甚愿意让人看，有些机构索费甚高，有些至今秘不示人；当然，也有不少机构热情接待，有求必应，甚至倾囊出示的。

北京图书馆对所藏敦煌遗书十分珍视，被称为"四大镇库之宝"之一。这些遗书原收藏在文津街7号北京图书馆旧址。1936年，因日本帝国主义侵华不断升级，为防止这批珍宝被日本帝国主义劫夺或受到战争的破坏，北图特意将敦煌遗书转移到上海，密藏在某外国银行。直到全国解放，才运回北图。白石桥路的北图新馆修成以后，敦煌遗书全部移存新馆。库房按照"三防"要求设计，恒温恒湿，条件很好；只是遗书数量很多，库房空间略嫌狭窄[1]。北图的敦煌遗书也向所有的研究者开放。

---

[1] 这里讲的是1998年，即本文写作时的情况。其后在国家财政部的支持下，经过北图的努力，为敦煌遗书修造了专库、专柜、专盒，保管条件大为改观，达到世界一流水平。——2010年6月注

北宋洪咨夔在所撰《平斋集》中称"纸寿千年"[1]，敦煌遗书发现的本身已经突破了这一说法。藏经洞开启至今已有百年，从各国所收藏的敦煌遗书现状看，其形态与开启之初相比，没有什么显著的变化。可以预期，这批敦煌遗书将在人们精心的爱护下，子子孙孙永远保存下去。

由于敦煌遗书大部分残破不全，这就有一个修复的问题。世界敦煌遗书的修复，大体可以分如下三种类型：

第一种类型以英国国家图书馆、法国国家图书馆为代表，其中英国最为典型，即近百年来一直孜孜不倦地努力采用各种方法致力于敦煌遗书的保护与修复。

从敦煌遗书入藏开始，英国收藏单位（当时是大英博物馆）就十分重视对这批稀世之珍的保护，对一些残破较甚的经卷，采取了一些保护的措施。当时的图书保护专家在比较了各种方法以后，认为用丝网加固最为合适，一批敦煌遗书采用这种方式来加固。有些是单面加固，有些是双面加固。这种方法虽然使残破经卷得到护持，但丝网的遮蔽还是会对文字的识别造成阻碍，这在照相图版上反映得较为明显；尤其有些墨迹较淡的字，本需要在阳光下侧视识别，但此时会因丝网反光而干扰识别。随着时间的流驰，丝网加固的弊病日益显露。主要是丝网老化变硬，使得一些卷子很难舒展，且边角容易损坏。我还看到这样一个卷子，系

---

[1] 陈阁敦煌遗书题跋多处提到："苏子瞻云：'纸寿一千年。'"笔者未做考察，邃尔引用。自笔者引用后，亦常见其他文章引用这一说法。一日忽觉应做查核，遍查苏轼著作，未见此语。其后终于在北宋洪咨夔《平斋集》卷三十《题西岳降猎图》中发现有"绢寿止五百年，纸寿千年"的说法。引文不慎，有误读者，歉甚。——2010年6月注

双面加固，由于背面有一处文字，加固者为避免丝网遮蔽文字，特意在文字处的丝网上挖留一孔。这样处理，在当时确是好意，但随着时间的流驰，文字处背面丝网与纸张分离，最终造成文字部分脱落，不知去向。现在，20世纪50年代拍摄的缩微胶卷上还能看到这处文字，而在原卷上则是一个空洞。或许鉴于这些原因，英国国家图书馆后来废弃了丝网加固法，遇到残破经卷便干脆将它粘贴在一张硬纸上。如果该卷子两面都有字，便用半透明的纸予以裱糊。对一些较短小的经卷，则粘接护首、拖尾；或十号为一个单元，整个粘贴在一个长卷上。这样卷子是被保护了，但造成形态（厚度）的改变及识别的困难（遮裱）。再后来，英国国家图书馆特意学习东方，特别是日本的书画装裱技术，并从日本采买有关材料，开始采用东方的装裱技术来对付这些破旧的经卷。其实，传统的装裱技术虽然有其优点，但对有些敦煌遗书并不十分适合。主要的问题还是改变了文物的原貌，从而降低了它的研究价值。经过如此反复的努力，英国国家图书馆最终认识到，不做任何处理，也许是对这批遗书最好的保存方法。最后，他们多次邀请中国的图书装修专家赴英，与英国的专家一起，把最后的一批残卷经过简单的展平处理后，统统夹放在透明的塑料硬膜中，用缝纫机扎上边线固定起来。这样，既满足研究者阅读的需要，又保护了原件。这样处理也有一定的问题，如前所述，如果想在阳光下侧视，依然有硬膜反光的问题；同时也无法测量厚度与触摸纸张，以得到关于纸张的感性知识。但英国国家图书馆的有关负责人表示，只要研究者需要，他们可以随时拆开缝线取出原件，以供研究。最近，他们又将一些较长的写卷重新装裱，并仿照中国的传统，特制木盒，外套特制纸盒，单存专放，装帧美观精致。

我先后两次赴英考察敦煌遗书及进行编目，亲眼看见了近百年来英国在保护敦煌遗书方面所做的种种努力以及现在正在付出的努力。我是很感动的。作为一个中国学者，我对有关人员对此付出的精力与心血表示由衷的感谢。

第二种类型以北京图书馆为代表：谨慎从事，务求最好效果。

北京图书馆对敦煌遗书的修复极其重视。除了20世纪二三十年代编目时，曾对个别实在残破的经卷做过简单的技术处理外，直到20世纪90年代，基本上没有对这些遗书做过任何修复处理。主要原因是没有找到好的修复方法，因此宁肯让它原封不动，也不随便处理。20世纪80年代，北京图书馆曾经有意开展这项工作，为此先用几个经卷做试验。方法仍是传统的装裱，修复后发现效果并不理想，于是停顿下来。20世纪90年代以来，与国外的交流日益频繁，在充分考察了国外在修复敦煌遗书方面的经验与教训以后，北图制定了自己独特的修复方案。应该说，北图的这一方案是比较理想的，既充分保持了遗书的原貌，真正达到"整旧如旧"的目的，又使这些原来已经无法上手的残破经卷能够从此为研究者使用，整个方案可用"多快好省"四个字来评价。我个人的看法，北图的这个修复方案，处在世界敦煌遗书修复的前列。目前北图大规模的修复工作已经完成，还有一些卷子正在陆续修复。

第三种类型以当年的日本大谷探险队为代表：完全采用传统的装裱技术。

大谷探险队共得到600余号敦煌遗书，其中300余号采用传统的装裱技术予以通卷托裱，接出护首、拖尾。装帧不可谓不考究，护首为黄底云龙织锦，引首为洒金纸，配以水晶轴头；从当时有关人员的本心来说，保护敦煌遗书也不可谓不尽心尽力。但这种装裱对遗书原貌改变极大，包括纸张的厚度、尺幅、颜色，个别甚至有错乱次序及遮裱背面文字的情况。其直接后果之一，是引起部分研究者对这批遗书的真伪产生疑问。中国与日本民间散藏的不少敦煌遗书都采用这种方式装裱。从收藏者本意来说，当然是一片好心，但这种方法，实际应该归入"保护性破坏"。

总之，我恳切希望所有的敦煌遗书收藏机构与收藏者，最好不要随便对自己所收藏的敦煌遗书做任何形态上的变动，以最大限度地保存该遗书的各种研究信息。

我想顺便提及的是，国际、国内都有这样的说法：如果这些遗书不被外国探险家搞走，也许早已散失不存，不会保留到今天。我不赞同这种说法。历史不能假设，上述说法是没有依据的。被外国探险家搞走的敦煌遗书得到较好的保护，这是事实，我们应该承认这个事实，但是否说如果留在国内就一定会流散丧失呢？北京图书馆的敦煌遗书得到很好的保护，保存在中国其他收藏机构及私人手中的敦煌遗书也得到很好的保护。很多流散在社会上的私人收藏品后来通过各种途径汇聚到北图或其他图书馆、博物馆，都说明上述说法是错误的。

五、您刚才提到应该编纂世界的敦煌遗书总目录。据我们所知，您现在正在主编《北京图书馆藏敦煌遗书总目录》，也正在从事英国残卷的编目。请您介绍一下目前世界各收藏机构的敦煌遗书及编目的情况。

答：全世界收藏的敦煌遗书，大约是60000多号。英国大约收藏15000多号，法国7000号，北京图书馆16000多号，俄罗斯19000号。中国散藏约两三千号，国外主要是日本散藏约1000多号。所谓"号"是各收藏机构为管理方便起见对所收藏的敦煌遗书所给的编号，大体上是每一个独立的单位给一个号。几米、十几米以上的长卷子是一号，巴掌大的残片也是一号，所以号的多少实际并不能真正反映所藏敦煌遗书的多少。60000多号中，真正大一点的卷子只有30000号左右，其他都是残片。[1]

从1910年敦煌遗书入藏北图，北图就开始对这批遗书进行整理编目。首先整理出8600多号较为完整的遗书，编纂为《敦煌石室经卷总目》。这是一个流水目录，一直没有正式公开过。1930年，著名学者陈垣先生在上述目录的基础上，整理发表分类的《敦煌劫余录》，这是敦煌学史上第一个公开发表的目录。当时，北京图书馆已经成立了一个写经组，专门从事敦煌遗书的编目。写经组在为上述8600多号遗书重新编目的同时，从残片中又整理出近1200号，也予以编目。到1936年，先后完成了《敦煌石室写

---

[1] 本段对世界所存敦煌遗书总量的叙述，所依据为当时掌握的资料，已经过时。详情请参见附注。——2010年6月注

经详目》及《敦煌石室写经详目续编》等两个目录的初稿，著录遗书总数约10000号；但遇日本侵略，遗书南运，目录也被束之高阁。除了敦煌调京的遗书外，北图一直十分重视社会上流散遗书的征集。1949年后，文化部也对此事予以极大的关注与支持。到20世纪80年代初，后续入藏的遗书已达1000多号。北图又从中挑选若干，编为《敦煌劫余录续编》。

1990年，我们在书库中发现从敦煌调京，经两次整理后剩余的残片两木箱，并开始编纂《北京图书馆藏敦煌遗书总目录》，以著录北图所藏的全部敦煌遗书。该目录由我主编，至今历时8年，先后参加过这项工作的近30人，现该目录的编纂已经接近尾声。

英国的汉文敦煌遗书约为13600多号，另有藏文及其他文字文献约2000多号。英国学者翟林奈从1919年到1957年，历时38年，为较为完整的6980号汉文遗书编纂了目录，称《大英博物馆藏敦煌汉文写本注记目录》。由于剩下的近7000号均为残片，一直没有编目。1991年，英国国家图书馆在完成对这批残片的技术处理后，邀请中国学者前往编目。由北京大学历史系荣新江教授负责的《英国图书馆藏敦煌汉文非佛教文献残卷目录（S.6981—13624）》（约收入遗书500余号）由台北新文丰出版公司出版。由我本人负责的佛教文献已经完成前1400号，由于经费无着，至今无法出版。其余部分的目录，由我负责，也正在继续编纂中。

法国的汉文遗书共4000余号，另有藏文等其他文字文献约3000号。20世纪30年代著名学者王重民曾在巴黎编纂了《伯希和劫经录》，著录了全部汉文遗书，但是一个草目。该目录后编入由王重民先生主编的《敦煌遗书总目索引》，1962年由商务印书馆出版。1950年法国学者开始对汉文文献进行编目，费时45年，到1995年为止完成四卷，还有第二卷没有完成。藏文文献的编目大部分已经完成。

俄罗斯的敦煌遗书现已编到19000号，但较大的卷子只有200多个，加上稍微大一点的总计约3000号。其他绝大部分为甚小的残片，其中包括非藏经洞敦煌遗书及非敦煌遗书。苏联汉学家孟列夫于1963年、1967年分别发表《苏联科学院亚洲民族研究所藏敦煌汉文写本注记目录》第一、第二计两册，对约3000号略大的遗书整理编目。至于其余的小残片，至今尚未发表。

除了上述四大收藏机构外，国内有些收藏机构也公布了自己的收藏目录或公布了部分收藏目录。已经全部公布的有上海图书馆、北京大学图书馆、天津艺术博物馆、甘肃省博物馆、敦煌博物馆等，部分公布的有敦煌研究院等。日本的情况也大致相同，有的公布目录，有的尚未公布。

由于世界敦煌遗书的整体情况已经清楚，主体部分也已经公开，因此，编纂世界性的《敦煌遗书总目》的条件已基本成熟。中国社会科学院也已经把这项工作列为院重点项目，由我主持。这项工作难度很大，我们将竭尽全力，努力为学术界提供一部尽可能完整全面、翔实可靠、使用方便的总目录，为敦煌学的进一步发展做出中国学者应有的贡献，也希望得到各收藏机构的通力合作与各界人士的大力支持。

附注：

本文写于1998年5月。

1998年，随着藏经洞封闭一百周年即将到来，我国部分人士曾有通过法律手段索要流散在国外的敦煌遗书的呼吁，媒体亦有报道，一时成为热点。笔者始终认为，对于敦煌遗书的流散，应该放在一个更大的视角，客观、科学地分析。本文应某媒体要求而写，后因故未能刊出。

本文在敦煌学界第一次提出敦煌遗书蕴藏四大文化、六大宗教的研究信息。2000年，季羡林先生在《文史知识》发表文章，也提出敦煌遗书蕴藏"四大文化说"，但为中国文化、印度文化、西方文化、伊斯兰文化，与本文所提略有不同。

本文对各国各收藏单位敦煌遗书的开放、保管、修复等情况的介绍，均为当时的情况。十来年过去了，情况有了新的变化，比如上海古籍出版社已经完成《俄藏敦煌文献》（全17册）、《法藏敦煌西域文献》（全34册）的刊布，北京图书馆出版社（后改名为国家图书馆出版社）即将完成《国家图书馆藏敦煌遗书》（全约160册，已出版123册）的刊布。日本书道博物馆的敦煌遗书已经公布，日本杏雨书屋的敦煌遗书正在公布，英国国家图书馆所藏敦煌遗书的公布也已经纳入出版计划，即将推出。这些都是好消息。当然，把敦煌遗书当作可居之奇货者，依然大有人在，比如英国IDP的作为便越来越显示这一点。但是，敦煌学的发展如大河东下，它的前进脚步是任何人也阻挡不住的。

呼唤《羽田亨目录》中的
敦煌遗书早日面世[*]

我手头有一份敦煌遗书目录复印件,原稿用上海图书馆的稿纸抄写,标题为《日本羽田亨收藏李木斋(盛铎)旧藏敦煌遗书目录》(以下称"《羽田亨目录》"),共23页,抄录敦煌遗书428号。这份目录是十多年以前一位先生给我的,让我留心寻访。我注意到这份目录与王重民先生所编《敦煌遗书总目索引》之"散目三"《李氏鉴藏敦煌写本目录》完全一样。"散目三"末尾并有按语:"按:此目亦载1935年12月15日及21日《中央时事》周报,题为《德化李氏出售敦煌写本目录》,即《学斠》所谓'以八万元日金售诸异国者'。"《学斠》其时为《中央时事》周报的一个专栏。按语没有说明李盛铎将这批敦煌遗书卖给日本的哪一位,

---

[*] 这批敦煌遗书现已出版,本文作为历史资料予以保存。

根据复印件的记载,则这批敦煌遗书其后归著名敦煌学家羽田亨(1882—1955)收藏。

羽田亨为日本京都大学教授,曾任校长,是敦煌学的奠基者之一,现日本京都大学人文科学研究所设有羽田亨纪念馆。据称,纪念馆中收藏了若干敦煌遗书的照片,其中有些照片正是上述《羽田亨目录》著录的敦煌遗书。根据知情人介绍,李盛铎的这批敦煌遗书实际并非卖给羽田亨,而是卖给日本的某氏。因羽田亨是著名的敦煌学家,故某氏曾经委托羽田亨代为鉴定与整理这批敦煌遗书。所以,所谓"羽田亨收藏"之传说有误。

细审《羽田亨目录》,可以发现其中有甘露二年(前52)的《维摩义记》,有景教的《志玄安乐经》,有《论语》《尚书》《毛诗》《左传》《礼记》,有《琴谱》《历日》,有宫廷写经,有疑伪经,有官府文书,亦有世俗经济文书。真是精华迭出,美不胜收。藏经洞敦煌遗书分藏世界各地,总计大约60000余号,其中绝大部分都已经面世。尚不为人们所知的,最多只有一两千号,且收藏极其分散,收藏渊源又歧杂多样。而《羽田亨目录》所载的这400多号敦煌遗书收藏如此集中,内容如此精美,来源又如此清楚,在剩余的一两千号敦煌遗书中可谓独占鳌头。也就是说,这是最后一批尚待发掘的"敦煌宝藏"。

今年是敦煌藏经洞发现一百周年。由于藏经洞敦煌遗书的发现,一百年来,在世界各国学者的共同努力下,一门世界性的显学——敦煌学迅速崛起,极大地推动了中古中国史及中外交流史的研究。我曾经著文[1]指出，敦煌学能够在20世纪成为一门世界显学，是由两个因素决定的。首先，敦煌地处丝绸之路要冲，中国文化、印度文化、波斯文化、西方文化等四种文化，儒教、佛教、道教、景教、摩尼教、祆教等六大宗教在此汇合，决定了敦煌遗书所蕴含的文化信息的世界性，从而决定了敦煌学的世界性。其次，20世纪以来，敦煌遗书流散世界，也是促成世界范围研究敦煌学的高潮兴起的重要因素。后者虽然是偶然的，但我们应该肯定它在百年敦煌学形成过程中所起的作用。

中日两国是一衣带水的邻邦，自古以来，文化交流非常兴盛。中国的典籍曾经源源不断地传到日本，推动了日本文化的发展；也有不少日本的典籍传到中国，如天平写经等等，至今为各收藏单位宝藏。尤其值得一提的是，有些典籍，在中国已经亡佚，在日本却有保存；因日本的保存，而使这些典籍重光。古代有天台宗的典籍回传中国，近代有《续藏经》的中国典籍汇编，现代更有名古屋七寺所藏中国佚典的发现，这些事例都是两国典籍交流的佳话。

由于历史的原因，敦煌遗书流散世界。这固然是中国文化的不幸，所谓中国"学术之伤心史也"。但是，这些遗书在各国得到很好的保护，并向全世界学者开放，以促成敦煌学的兴起，这又是中国文化的幸运。目前保存在日本的敦煌遗书，与英、法等

---

1 方广锠：《关于敦煌遗书的编目》，载《北京理工大学学报（社会科学版）》，2000年第2期。

国不同，大部分是从中国购买的。购买者出于对中国文化的赞赏、对文物的爱好，斥资甚至斥巨资购入。购入后对这些珍贵文物予以精心的爱护、妥善的收藏。从这个角度讲，我作为一个中国的敦煌学研究者，衷心感谢这些文物的爱护者与保护者。这也充分证明了敦煌是人类的敦煌，敦煌遗书是人类共同的文化遗产。

敦煌藏经洞发现百年来，敦煌学迅猛发展，但是，由于缺少一个总目录，始终没有摆脱"找宝式"的研究倾向。为此，我正在着手编纂世界的敦煌遗书总目录。"总目录"云云，最起码的要求是应该收录齐备。所以，特别渴望《羽田亨目录》中的这批敦煌遗书能够尽快面世。

《羽田亨目录》所著录的敦煌遗书的面世不仅对敦煌遗书总目录的编纂具有重大意义，而且如此大量的精美遗书的面世必定对推动敦煌学进一步发展也产生巨大影响。不仅如此，可以预期，这批遗书的面世，对日本收藏的其他敦煌遗书真伪的鉴定也具有不可估量的价值。众所周知，日本敦煌学家藤枝晃先生有一个著名的"藤枝推论"，即日本收藏的敦煌遗书的大部分都是赝品。他的这一推论的形成，与他对李盛铎印章的研究有很大关系。按照藤枝晃先生的研究成果，日本收藏的敦煌遗书上的李盛铎的印章有好几种。那么，这些种类的李盛铎印章中，究竟哪些是真的？哪些是假的呢？藤枝先生没有表述明确的结论。我们知道，所谓假印章，大多是书贾所为；而《羽田亨目录》中的敦煌遗书是李盛铎后人直接出售到日本，没有经过书贾之手，也一直没有分散。因此，它们无疑可以为我们研究李盛铎藏品的真伪提供一个参照系，为解决日本所藏敦煌遗书的"身份"，为最终解决"藤枝推论"做出贡献。

"敦煌在中国，敦煌学在世界。"没有世界各国学者及热心人士的共同努力，不会有今天敦煌学蓬勃发展的大好局面。敦煌学要继续发展，同样需要各国学者及热心人士的关心与支持。为此，我恳切呼吁《羽田亨目录》中所著录的敦煌遗书能够尽快面世。敦煌学界会感谢这批遗书的收藏者多年来为收藏、保护这批遗书所做的努力，更会感谢收藏者公开这批遗书以促进敦煌学发展的义举。我也相信，这批遗书的公布，会带动其他的收藏者公布自己的收藏，最终促成世界敦煌遗书的全部公开，这将是敦煌学的盛大的节日。

我殷切地期望这一天早日到来。

敦煌遗书三题

敦煌藏经洞发现至今已经一百余年，藏经洞中所存的敦煌遗书为我们研究中古中国社会的政治、历史、宗教、文学、艺术、音乐、舞蹈、语言、文字、民族、对外关系、西域史地等提供了大量珍贵的资料。百年来，通过对敦煌遗书、敦煌莫高窟及相关文献、文物的研究，世界上出现了一门新的显学——敦煌学，并已经在各个相关领域取得骄人的成果。可以预言，随着人们对敦煌遗书及相关文物的进一步深入研究，敦煌学将愈来愈放射出璀璨的光芒，显示其强大的生命力。

一、敦煌遗书并非全部出自藏经洞

以前一提到敦煌遗书，人们就联想到藏经洞，以为所有的敦煌遗书都是从藏经洞里出来的。例如，敦煌研究院前院长段文杰先生就说："敦煌遗书，就是藏经洞发现的遗书。"这种说法其实并非段文杰先生的首创，而是敦煌学界普遍的观点。不少研究者写书、写文章，都说敦煌遗书就是从敦煌藏经洞出土的古代遗书，但这并不符合实际情况。

日本天理大学图书馆藏有一批敦煌遗书，其中有一件是清道光初年在敦煌某圮废的佛塔中发现的。清道光七年（1827）归陈起诗收藏，其后辗转归日本天理大学收藏。遗书后的题跋记载了该遗书发现与流传的大致经过。

伯希和在敦煌时，除了从王道士手中骗到大批藏经洞遗书外，还在第464窟发现一批元代回鹘文遗书。据有的学者研究，这批回鹘文遗书的一大部分和英国国家图书馆藏斯坦因搞走的敦煌回鹘文遗书为同一写本。这证明当年斯坦因也得到过非藏经洞的遗书。

日本大谷探险队的成员吉川小一郎在敦煌时，曾雇当地乡民搭架爬梯，在莫高窟各个洞窟搜寻，获得一些遗书。日本龙谷大学前校长上山大峻先生曾亲耳听吉川小一郎介绍当时的情况，并将此事记录在自己的著作《敦煌佛教研究》中，笔者也曾亲耳听上山大峻先生转述这一事实。

1914年抵达敦煌的沙俄奥登堡探险队，曾在莫高窟发掘与清理其他洞窟的垃圾，除发现了一些古代艺术品残片外，还发现了不少的古代写经残卷。据说敦煌石窟常有寄居者，并在窟内燃烧篝火，所以俄罗斯收藏的若干敦煌写卷的边角都有被烧的痕迹。

著名画家张大千在敦煌考察时，也曾经在一个沙堆中发现唐代的古文书。

据有些资料介绍,在莫高窟另一洞窟的上层,曾经发现一批藏文遗书,数量相当巨大。不过,也有文章称这些藏文遗书本来也是收藏在藏经洞的。此外,现敦煌研究院收藏的敦煌遗书中有若干西夏文佛经残片,其中有一件残片上有管主八施经印。管主八是元代松江府僧录,曾主持雕印西夏文大藏经。我们知道,到目前为止,没有人从藏经洞遗书中发现过西夏文的资料。因此可以肯定,敦煌研究院的这些西夏文残经原来不在藏经洞,而是保存在敦煌的其他什么地方。

最后要提到的是,前几年,敦煌研究院对莫高窟北区进行了大规模的考古发掘。这次发掘,又发现一批古代遗书。有关情况,可以参见文物出版社出版的有关这次发掘的考古报告。

总之,由于敦煌特有的地理、气候条件,能够保存古代遗书的并非藏经洞一处。在敦煌的其他地方也有许多各种各样的古代遗书被保存,并不断地被发现。

二、应区别藏经洞遗书与非藏经洞遗书

既然敦煌其他地方也出土不少古代遗书,所以到底什么叫"敦煌遗书",就是一个应该进一步探讨的问题。为了对藏经洞出土的遗书、对敦煌其他地方出土的遗书进行更加科学的研究,必须对什么叫"敦煌遗书"做一个严格的定义。

我主张,所谓"敦煌遗书",应指所有原藏于敦煌地区的已被发现或尚待发现的所有古代遗书,它涵盖藏经洞、莫高窟其他

洞窟乃至敦煌其他地方的所有古遗书。至于藏经洞出土的这批遗书，则可以称为"藏经洞敦煌遗书"或"藏经洞遗书"，它不包括在敦煌其他地方发现的古代遗书。

为什么要做这样的区别呢？那是因为那些在敦煌其他地方出土的遗书虽然也是古代遗书，也出于敦煌，但是，由于它们并非藏经洞遗书，它们与藏经洞遗书混在一起，容易对藏经洞封闭年代的研究产生干扰，对藏经洞遗书性质的研究产生干扰，从而对正确地在科研实践中利用藏经洞遗书产生干扰。实际上，这种干扰已经产生了。有些学者依据非藏经洞遗书来研究藏经洞的封闭原因与时间，自然不可能得出正确的结论。

在非藏经洞遗书中，有些遗书，如前述敦煌研究院所藏西夏文残经，较为容易鉴别与剔除；但绝大部分遗书与藏经洞遗书在形态、内容、性质等方面几乎完全一致，较难区别，给研究者带来很大的困惑。

怎样才能区别非藏经洞遗书与藏经洞遗书呢？在探讨这个问题之前，拟先简要介绍藏经洞封闭时间问题。

现在敦煌学界一般都同意，藏经洞应该封闭于北宋咸平五年（1002）到北宋大中祥符七年（1014）之间，亦即敦煌王曹宗寿统治时期。我认为这一推断是合理的，理由如下：

（1）从1002年向前倒推100年，几乎每年都有若干遗书保存在藏经洞中，有些年份甚至保存有几十号遗书，显示出这批遗书的连续性与稳定性。比如，仅反映咸平五年（1002）敦煌报恩寺修造大藏经的遗书，至少就有5号。其中有施主曹宗寿夫妇的疏文，有抄经的记录等等，反映了当时报恩寺在曹宗寿支持下将寺藏大藏经修造完整的全过程。

（2）1002年以后的遗书数量很少，不成系统。至今为止，学者们的主要发现有：

伯2159号背面抄录一件遗书，题为《妙法莲花经玄赞科文》卷二，作者署名为"燕台悯忠寺沙门诠明"。这个"诠明"就是辽代主持燕京悯忠寺（今北京法源寺）的著名高僧诠晓。他约生活于五代后唐天成年间至辽圣宗统和末年（926—1012），主要活动与著述当在965年到1002年之间。这部《妙法莲花经玄赞科文》应该是1006年到1020年之间传入敦煌。

斯5771号与斯2421号两号遗书，所抄均为《般若心经注》，虽然不能缀接，但是内容可以互补。作者署名为"中京招福寺沙门文沼"。根据"中京"这个地名，考察当时敦煌与辽的往来关系，也可以考定该《般若心经注》传入敦煌的时间大约在1007年到1020年之间。

斯4358号，名为《李相公叹真身》，所抄录的实际是宋仁宗所作《赞佛牙诗》，可见《佛祖统记》有关记录，四川大足石刻也有刊刻。这首诗传入敦煌，大概在1031年到1065年之间。

伯3810号，名为《呼吸静功妙诀》，卷后抄有"养生神仙食粥法"，其中有"山药"一名。山药，本名"薯蓣"。唐代宗时，为避代宗李豫之讳，改名"薯药"；宋英宗时，为避英宗赵曙之讳，改名"山药"。宋英宗是1064年登基的，这说明伯3810号应该产生于1064年之后。

上述四件遗书，年代跨度为1006年到1064年，将近50年。也就是说，这将近50年的漫长岁月，保存在敦煌遗书中的只有四件遗书，与前述1002年以前几乎每年都有遗书且往往不止一号的情况形成鲜明对照。这为我们研究藏经洞的封闭时间，提供了一个时间的坐标。

（3）藏经洞外的壁画，画于敦煌曹氏归义军晚期或西夏早期。考古学家经过考古排年，认为壁画的绘画年代大约在1020年到1040年之间。

（4）1002年，原敦煌王曹延禄被杀，他的侄子曹宗寿登台，一直统治到1014年。

综合上述因素，我认为，曹宗寿登台后，为了扩大统治基础，特别是为了得到当时在敦煌颇有势力的佛教教团的支持，采取一系列向佛教示好的措施，为报恩寺修造大藏经就是其中之一。除了为报恩寺修造大藏经外，他还发起清点各寺院经典，并把清点出的废旧经典、陈年旧纸封入藏经洞。

明确了藏经洞的封闭年代，我们可以采取如下办法来区别藏经洞遗书与非藏经洞遗书：

首先，如前所述，藏经洞的敦煌遗书，是北宋初年敦煌寺院清点寺院藏书后，将一批残破的经卷、积存多年的过时文书、无用的废纸以及用旧的幡画、多余的佛像等统统集中弃存于第17窟的结果。这批遗书相互间有一定的联系，具备一定的集团性、整体性，而且，距离封闭年代越近，遗书的联系性越强，整体性越明显；而藏经洞以外的敦煌遗书，相对比较分散，数量也少。它们是经过漫长岁月的冲刷，偶然被保存下来、被发现并进入敦煌遗书系列的。因此，它们比较零碎、孤立，本身既不成体系，相互又缺乏联系。我们可以根据这些特点来区分藏经洞遗书与非藏经洞遗书。

其次，凡是比较规范的考古工作，都有较为详尽的考古记录，具体记录了各种物品的出土地点。根据这些记录，以及考古队的日记、回忆录等其他资料，我们可以将非藏经洞遗书与藏经洞遗书区别开来。比如英国斯坦因特藏中，将10多号于阗出土的遗书编入敦煌遗书，后来学者根据有关考古纪录，把它们鉴别、区分开来。又比如，我在英国整理斯坦因特藏残片时，发现有些残片背面有英文的"高昌""米兰"等记录，由此可知这些残片是斯坦因在高昌、米兰等地发掘所得，不慎混入敦煌遗书中。

也就是说，我们可以根据对遗书本身年代、内容、性质的分析，以及依据考古工作报告，来区分藏经洞遗书与非藏经洞遗书。

非藏经洞遗书是怎样混进藏经洞遗书的呢？有两条途径。

第一，是王道士放进去的。1908年，伯希和曾经进入藏经洞考察。他记载说，曾经在藏经洞中看到有光绪年间的刊本道经。从王道士1900年发现敦煌遗书，到斯坦因1907年首次访问莫高窟，藏经洞一直由王道士管理，时间达七年之久。如前所述，敦煌因其特有的地理历史条件，保存有古代遗书的并非藏经洞一处。可以想见，在王道士心目中，藏经洞是他发现的古代书库，自然也就成为他的私人图书馆。于是他把在其他洞窟发现的敦煌遗书，乃至自己的一些日用书籍，甚至其他文书，都放入藏经洞。如我在英国发现，斯11606号是清代老百姓打官司的状子，也被当作敦煌遗书收藏。

第二，被探险家或收藏单位搞混了。比如我在英国国家图书馆发现斯11607号、斯11608号、斯11609号等3号遗书，是清代的雇工账。我怀疑这是斯坦因自己雇佣当地居民的一个记录，但也混到英国的敦煌遗书中。1991年我到苏联考察奥登堡探险队所得敦煌遗书，发现其中混入了科兹洛夫探险队所得黑水城出土的文献。又如按照惯例，北京图书馆将所有的写经存放在一起，因此有几件从四川某佛塔出土的北宋写经及日本写经也与敦煌遗书存放在一起。虽然馆藏底账清楚记载着这几件遗书的来历，但仍然有人误认为它们也是敦煌遗书。

总之，由于种种原因，现在被称为"敦煌遗书"的这批古代遗书，绝大部分的确是从敦煌藏经洞出土的，但也有从敦煌其他地方出土的，甚至根本不是敦煌出土的。其中既有宋以前的遗书，也有个别元代、清代的遗书混杂其间。因此，我们在利用敦煌遗书进行研究时，一定要认真加以鉴别。

三、藏经洞敦煌遗书的数量

由于敦煌遗书分藏在世界各地，至今缺乏一个完整的联合目录，因此藏经洞里到底藏了多少遗书，这个问题历来说法不一样。有人主张是三四万，有人认为是五六万，有人讲有六七万，也有人认为总数可达十万左右。上述说法，都是猜测，缺乏可靠的依据。

1984年以来，我一直从事敦煌遗书的调查与编目，为此遍访英、法、俄、日、印度等世界敦煌遗书主要收藏地。现将我所了解的世界各地的敦煌遗书的概况，简单介绍如下：

第一是中国的收藏。

中国收藏的敦煌遗书主要集中在国家图书馆，其次分散在各地的图书馆、博物馆等单位，此外散落在私人手中的敦煌遗书也有一定的数量。

中国国家图书馆的敦煌遗书，其主体部分是从敦煌直接押运来的，这一部分约有14000号。此外，通过文化部调拨、个人捐赠、图书馆出资购买等各种方式，收藏约2000号。近年在敦煌遗书修复的过程中，将其背面的古代裱补纸揭下，续编数百新号。这样，中国国家图书馆所藏敦煌遗书的总数，现为16500号左右。其中绝大多数为汉文，也有少数藏文、回鹘文等非汉文遗书，但数量较少，只有数百号。国家图书馆收藏的敦煌遗书，就其绝对量（指总长度）而言，约占全世界敦煌遗书总量的三分之一强。

中国各地的图书馆、博物馆也收藏不少了敦煌遗书，较为重要的有：敦煌研究院、敦煌博物馆、天津艺术博物馆、中国历史博物馆、故宫博物院、北京市博物馆、甘肃省博物馆、北京大学图书馆、上海博物馆、上海图书馆、安徽博物馆、山东博物馆、江苏博物馆、江苏图书馆、浙江博物馆、浙江图书馆、湖北博物馆、天津图书馆、山西博物馆、旅顺博物馆、台北"中央"图书馆、台北"中研院"史语所。其他诸如四川、重庆、贵州、辽宁等各地的图书馆、博物馆，大都均有收藏；乃至一些地县级的文博部门、大学与研究机构的图书馆，有的也有收藏；特别是河西走廊诸多地区的文博部门，几乎都有收藏。

除了各地的图书馆、博物馆等文博部门外，各地的文物商店、古旧书店，有的也收藏有敦煌遗书。比如北京的中国书店，天津的文物商店，上海、甘肃的有关文物商店等。此外，佛教寺院也是收藏敦煌遗书的一个重要单位。中国的佛教寺院从来都有收藏书画文物的传统，敦煌遗书也是其中之一。北京、上海、杭州、苏州、南京，乃至五台山的一些寺院，都收藏有敦煌遗书。

中国的部分私人收藏家，也收藏有一些敦煌遗书。这些遗书，有的至今秘不示人或仅在私下转手买卖，有的则时时可在各文物拍卖市场上见到。

上述各图书馆、博物馆、文物商店、寺院、私人收藏的敦煌遗书，大部分已经公布，也有些至今尚未公开。其中汉文敦煌遗书的总数，大抵在3000号上下。

中国国内的非汉文敦煌遗书，主要是藏文，集中收藏在河西走廊诸多地区的文博部门，总数约3400号。河西走廊地区的这些非汉文遗书，是否也出自藏经洞，尚需进一步研究。除了河西走廊地区外，国内其他单位也有一些零星收藏。

以上中国国内收藏的汉文敦煌遗书总数约超过19000号，非汉文遗书总数约不足4000号。

第二是英国的收藏。

英国的敦煌遗书目前收藏在英国国家图书馆印度与远东部，都是斯坦因搞过去的。由于历史的原因，这批遗书中的汉文部分，归该部的中国部负责管理；其中的非汉文部分，则归该部的印度部负责管理。归中国部管理的汉文部分分别编在OR8210与OR8212等两个大号下。OR8210中收入斯坦因1907年第一次到敦煌所得遗书与1914年第二次到敦煌所得的500多个大卷子，总数约14000号（其中前7000号相对比较完整，后7000号则大抵为残片，还有20余号木刻品）；OR8212中收入斯坦因1914年第二次到敦煌所得残片1000多号。由印度部管理的非汉文部分，也夹杂了100多号汉文遗书。这样，英国所藏汉文敦煌遗书总计为15000多号。

由印度部管理的非汉文部分，主要包括梵文、于阗文、粟特文、藏文、龟兹文、回鹘文等各种文字。这些遗书有些已经整理编目，有些尚在整理，至今缺乏完整的目录，总数在2000号到3000号左右。

由于种种原因，个别英国人手上也收藏有中国的敦煌遗书，据我所知就有两件汉文遗书。其中一件为彩绘佛像的《佛名经》，五代写卷。此外，英国的一个拍卖公司也收藏有几件敦煌遗书。

英国收藏的敦煌遗书，约占全世界敦煌遗书总量的三分之一。

第三是法国的收藏。

法国的敦煌遗书收藏在法国国家图书馆，汉文部分总计4000余号，都是伯希和弄过去的。由于法国编目时将修复时揭下的残片与原卷编在一起，不像英国、中国那样另编新号，因此，法国的一号中往往包括许多小号，总数则显得并不多。

法国的非汉文遗书，主要是藏文，根据最近的编目，为3375号。其他文字遗书，包括西夏文、龟兹文、粟特文、回鹘文、梵文等，共计约有数百号。

第四是俄罗斯的收藏。

俄罗斯的敦煌遗书收藏在俄罗斯科学院东方学研究所圣彼得堡分所（原为苏联列宁格勒亚洲民族研究所），基本上为汉文遗书，编号多达近19000号，均为奥登堡探险队1914年在敦煌所得。众所周知，1910年，中国政府已经将藏经洞中剩余敦煌遗书悉数押运北京。因此，1914年奥登堡探险队到达敦煌时，藏经洞已经空无一物。奥登堡探险队从敦煌当地乡民处收购到较大的卷子200多个，其余18000多号残片大都是在莫高窟各个洞窟发掘所得。不过，其中有些残片可以与中国、英国、法国的收藏品缀接，由此可见奥登堡探险队也得到部分原本出自藏经洞的残片。既然藏经洞已空，他们又从何处得到藏经洞残片？这个问题现在还是一个谜。如果仔细研究奥登堡探险队的工作日记，或者可以解答这个谜。俄罗斯的藏品还混入不少非敦煌遗书，如黑水城遗书以及马洛夫于阗收集品等。后者1246号，现在已经剔除，故俄罗斯作为敦煌遗书编目的只有18000号左右。

第五是日本的收藏。

日本所藏敦煌遗书有两个特点：第一，除了大谷探险队所得是从敦煌当地搞到的以外，其余敦煌遗书都是通过各种途径从中国私人手中购买的；第二，日本的收藏比较分散，公私收藏单位非常多，但大部分收藏单位的收藏量都不大。

日本收藏敦煌遗书最多的是大阪杏雨书屋。这是日本武田财团所属的一个古籍收藏单位，也是日本比较著名的中国古籍收藏单位。杏雨书屋所藏敦煌遗书的主体部分，是李盛铎旧藏。李盛铎的敦煌遗书，则是1910年敦煌遗书奉命解京时，串通押运人员窃取的。李盛铎死后，他所收藏的四百余件敦煌遗书精品，由其后代拿到日本兜售。经过著名敦煌学家羽田亨的鉴定，全部入藏杏雨书屋。其后，杏雨书屋又通过其他途径陆续增加收藏，现收藏总数已达700多号，成为日本收藏敦煌遗书最多的单位。此外收藏数量较多的还有东京书道博物馆、京都国立博物馆、三井文库、大东记念急文库、国会图书馆、大谷大学图书馆、龙谷大学图书馆、唐招提寺、京都藤井有邻馆、天理图书馆、宁乐美术馆、九州大学文学部等等。日本的一些私人也有相当数量的收藏，并不时出现在日本的拍卖市场上。日本收藏的敦煌遗书总数，大体在2000号以内。

除了上述大宗收藏外，印度新德里博物馆和西欧、北美一些国家的图书馆、博物馆，包括一些私人，收藏若干敦煌遗书，但数量就比较少了，总数不过数百号。

综合上面的资料，如果不计敦煌出土的幡画、佛像等各种其他文物，全世界的敦煌遗书总量在68000号左右。其中汉文遗书约为58000号，非汉文敦煌遗书约为10000号。

应该说明：

第一，上述58000号汉文敦煌遗书绝大部分都是从敦煌藏经洞中发现的，而10000号非汉文遗书的来源则比较复杂，有些是藏经洞中的收藏品，有些则原来收藏在敦煌的其他洞窟中。

第二，所谓"号"，是各收藏单位为管理入藏的敦煌遗书所给的编号。编号时，一般的方法是：无论长短大小，一个独立件即为一号。也就是说，有的敦煌遗书很长，达几米、十几米，甚至几十米，称为一号；有的敦煌遗书则很小，只是巴掌大、指甲盖大，甚至更小，也称为一号。此外，有不少敦煌遗书，原来本属一个卷子，但后来由于种种原因，被撕裂为几件，甚至十几件，因而也就被编为几个号，乃至十多个号。还有，敦煌遗书形态复杂，各收藏单位管理方式也不一样。有的收藏单位，一个号中有时包括几个，甚至几十个相互独立的遗书。所以，同样是一号，情况千差万别。另外，各个收藏单位都会出于各种考虑、各种原因而留下一些空号，亦即虽有编号，但实际没有编入遗书。

第三，在古代，敦煌遗书由于长期使用，难免有破损等情况。古人往往随便剪下一块其他废旧纸张，贴补在卷子破损处的背面，以为裱补。有时一个卷子，会重重叠叠贴上几十块大大小小的裱补纸。各收藏单位为了更好地保护这批珍贵的文物，往往在修整时将这些古代的裱补纸揭下。这些揭下的古代裱补纸，有些空白无字，有些上面也抄写了各种各样的经典、文书，于是又被编号收藏。例如俄罗斯所藏数量虽多，但绝大部分为甚小之残片及从写卷背面揭下之古代裱补纸。英国国家图书馆、中国国家图书馆在敦煌遗书的修整过程中，也揭下不少古代的裱补纸。这样，各单位所藏敦煌遗书的编号，随着修整工作的展开而不断地增加。

所以，号数的多少并不能正确地说明该收藏单位所藏敦煌遗书的真实情况。

如果我们排除上面提到的诸多因素，将可以缀接的残卷尽量缀接起来，将余下那些较小的残片、碎块略而不计，将非藏经洞的遗书一律剔除，则就汉文遗书而言，总数大约不足30000号。其中收藏在中国国内的有13000多号，收藏在英国的有7000至8000号，收藏在法国的有4000多号，收藏在俄罗斯的约不足1000号，收藏在日本的约不足2000号，其他散藏在世界各地。

还应该说明的是，藏经洞发现之后，特别是敦煌遗书在社会上流传开来以后，有些人为了牟利，伪造了一批假敦煌遗书。近年来，关于假敦煌遗书的问题被炒得很热，有的学者甚至认为日本收藏的敦煌遗书绝大部分都是假的，以致造成"谈卷色变"的形势。根据我多年在中、英、日、法、俄、印等国的考察，假卷的确存在，包括中国国家图书馆所藏敦煌遗书中，也发现了个别假卷。相对而言，日本的有些收藏单位及中日两国私人收藏的卷子，假卷子的比例要略高一些。虽则如此，其比例也没有达到"绝大部分都是假的"这样一种程度。有假卷子的收藏单位，其真假卷子各自所占的比例，也各有不同。

在此，我要呼吁至今尚未公布所藏敦煌遗书的单位与个人，将所藏的遗书尽早公布。因为文物只有在被公布、被著录的情况下，才能真正体现出它的固有价值。

敦煌《坛经》新出残片跋

禅宗是中国化的佛教;《坛经》是禅宗的基本经典,是中国人所撰且获得"经"之权威的唯一佛典。这一情况,足以奠定《坛经》在中国佛教史上的地位。然而,正因为如此,《坛经》便屡遭厄运。《景德传灯录》卷二十八载,慧能弟子南阳国师慧忠曾感慨地说:"吾比游方,多见此色,近尤盛矣。聚却三五百众,目视云汉,云是南方宗旨。把它《坛经》改换,添糅鄙谭,削除圣意,惑乱后徒,岂成言教?苦哉!吾宗丧矣!"慧忠逝世于唐代宗大历十年(775),距离慧能去世的唐玄宗先天二年(713)才六十余年。明乎此,后代《坛经》之出现多种不同的传本,便毫不足怪了。

敦煌本《坛经》的出现引起人们极其浓厚的兴趣,无论如何,这是我们现在知道的年代最早的抄本。人们希望通过对敦煌本《坛经》的研究窥见慧能《坛经》的原貌,从而进一步推动对禅宗的研究。因此，20世纪以来，依据敦煌本《坛经》进行的新的录校与研究不断涌现，并带动了传世本《坛经》及禅宗的深入研究。

敦煌遗书散藏世界各地，敦煌本《坛经》也有好几个写本。从现有资料看，最早被发现的敦煌本《坛经》是大谷探险队成员吉川小一郎在敦煌得到的ろ36号，册子装。该写本后归旅顺博物馆收藏，在《大谷光瑞氏寄托经卷目录》（稿本，年代不详，约1914年到1916年）、叶恭绰《旅顺关东厅博物馆所存敦煌出土之佛教经典》（载《图书馆学季刊》第1卷第4期，1926年）、《关东厅博物馆大谷家出品目录》（载《新西域记》下卷，［东京］有光社，1937年）中均有著录。遗憾的是该写本现下落不明，日本龙谷大学图书馆藏有该写本首尾两叶的照片。首叶照片为《坛经》之首，虽然只保存了首题及5行经文，但蕴藏着重要的研究信息；末叶照片为《大辩邪正经》之尾，有题记"显德五年己未岁三月十五……"及杂抄经文。1989年，井之口泰淳、臼田淳三、中田笃郎等在《旧关东厅博物馆所藏大谷探险队将来文书目录》中公布了这两张照片。由于只有这么两张照片，我们现在无法据以判断该写本所抄之《坛经》是否完具。1994年我曾就此事询问过龙谷大学的有关先生，据说当时没有全部拍摄，只拍摄了这么首尾两叶。或者由于原件下落不明的缘故，该号一直没有引起研究者的注意。1994年，潘重规先生的《敦煌坛经新书》首次利用它作校本。

其次被发现的是藏于英国的斯5475号，也是册子装，首尾完整。1923年，由日本矢吹庆辉发现；1928年，《大正藏》第48卷公布了它的录文；1930年，《鸣沙余韵》公布了它的照片；20世纪50年代，大英博物馆发行了缩微胶卷。所以，在相当长的一段时间内，对敦煌本《坛经》的研究大抵依据这个抄本。

第三个被发现的是藏于北图的北图48号。该号卷轴装，只抄写了《坛经》的后部分，有尾题。1930年陈垣先生曾用附注的形式在《敦煌劫余录》中做了著录，但没有引起研究者的重视。20世纪50年代与80年代初，北图两度公开该号的缩微胶卷，仍未引起研究者的重视。1986年黄永武先生《敦煌遗书最新目录》再次著录，1991年日本田中良昭先生首次发表录校、研究。

第四个被发现的是现在藏于敦煌博物馆的敦博077号，册子装，首尾完整。该号原藏敦煌任子宜家，据任称乃1935年得自敦煌千佛山上寺。该写本抄写禅文献多件，《坛经》是其中之一，另还有独孤沛《南宗定是非论》、神会《坛语》、净觉《注般若波罗蜜多心经》等。20世纪40年代向达先生赴敦煌考察时曾对上述文献二度过录，并在所撰《西征小记》（载《唐代长安与西域文明》，生活·读书·新知三联书店，1957年）中做了著录，世人由此知道该写本的存在。向达先生的这两个过录本，一个后来赠送给吕澂先生。吕澂先生曾经将其中的净觉撰《注般若波罗蜜多心经》整理发表在《现代佛学》1961年第4期上，其余文献则未整理发表。该过录本现由周绍良先生收藏。另一个过录本现存北京大学图书馆，但此后原写本一直下落不明，很多有心人四处寻访。1983年周绍良先生发现它被敦煌博物馆收藏，便组织拍摄照片，任继愈先生主编《中国佛教丛书·禅宗编》（江苏古籍出版社，1993年）收有该号的照片。1993年杨曾文先生首次发表录校研究，这是现知敦煌本《坛经》中抄写质量最高，校勘、研究价值最大者。

上面就是至今为止学术界知道的敦煌本《坛经》的四个写本的简单情况。

1997年4月，笔者在整理北图藏敦煌遗书时，从尚未定名的遗书中鉴定出一件《坛经》残片。这是我们现知的第五号敦煌《坛经》写本，现公布于下。

该遗书编号为北敦8958号，仅一纸（17厘米×25.3厘米），首被剪断，尾脱，有乌丝栏；共10行，但仅前5行抄有经文，后5行空白，行18字。所抄内容如下：

（前剪）
1. 迷妄即自悟，佛道成行誓愿力。今既发四弘誓/
2. 愿讫，与善知识无相忏悔三世罪障。大师言：善/
3. 知识！归依觉，两足尊；归依正，离欲尊；归依净，/
4. 众中尊。从今已后，称佛为师，更不归依余邪迷/
5. 外道。愿自三宝/
（后缺）

原卷为卷轴装。上述5行文字自首行"迷妄"至"大师言：善知识"及"大师言：善知识"至末行"三宝"分属《坛经》的先后两段经文，中间缺漏140余字。显然，这是涉"大师言：善知识"重文而漏抄的一例。古代敦煌抄经，因原卷错抄而作废时，为节约纸张，往往将错抄部分剪下，接粘空纸后继续抄写，而剪下之错抄部分则备作他用。本号背面抄有其他文献，就是证明。这种例子，在敦煌遗书中颇多见。本号背面所抄为"午时无常偈""中夜无常偈""后［夜］无常偈"等6行，亦未抄完便放弃，应属于杂抄之类。

应该说明的是，该残片原编号为"有79号"，属于北京图书馆所藏敦煌遗书四大部分之《敦煌石室写经详目续编》。关于北京图书馆藏敦煌遗书四大部分的形成及《敦煌石室写经详目续编》的情况，请参见拙作《北京图书馆藏敦煌遗书勘查初记》（载《敦煌学辑刊》，1991年第2期）。这部分敦煌遗书共计1192号，其中229号尚未定名，有79号就属于没有定名的部分。在我们新编的《北京图书馆藏敦煌遗书总目录》中，北图所藏敦煌遗书将全部统一重新编号，该号将被正式定为北敦8958号。

北敦8958号被发现后，即公诸同好。已经有先生据此进行研究，故在此不拟对它的校勘价值再做评述。我想谈的是另外一些问题。

上述五种敦煌本《坛经》，三种为册子装，二种为卷轴装。在北敦8958号被发现之前，我们所看到的卷轴装只有北图48号一件。从北图48号形态看，这显然不是一个正规的写经，而属于经文杂抄。所以，我以前一直有一个推想，以为禅宗南宗，起码是南宗神会系，既以《坛经》作为传法的依凭，门弟子人手一部，随身携带，则《坛经》的标准形态可能就是册子装。如果这种推想可以成立，则册子装这种装帧形式的产生年代将大大提前。不过，由于这种推想没有什么过硬的证据，所以始终不敢提出，只是在自己心中琢磨。从此次发现的北敦8958号的形态看，它的纸张是常见的写经纸；长度虽已不可测，但高度与同时代写经相符；有乌丝栏，行18字，规格也与同时代写经相符。北敦8958号虽是废弃的错稿，但唯其如此，说明当初抄写时是很认真的，抄成的正稿质量一定上乘。凡此种种，都说明敦煌曾经存在过以标准的卷轴装形态抄写的《坛经》。所以，我以前的那种推想不能成立。

现存敦煌本《坛经》均属南宗神会系传本，这一点大概无可怀疑。神会系以《坛经》作为传法的依凭，而北敦8958号的形态反映敦煌当地亦抄写《坛经》。由此，南宗神会系之传到敦煌，应该说是确凿无疑的。敦煌本《坛经》既有卷轴装，又有册子装，两种流传形态反映了时代的差异，亦即反映了南宗神会系曾经在敦煌长期流传，绵绵不绝。

北宋时，敦煌孤悬西北，同时向北宋王朝与辽王朝称臣朝贡，似乎实行等距离外交。辽王朝盛行《华严》，禁绝《坛经》；敦煌却流行禅宗与《坛经》，采用北宋王朝的纪年。由此看来，表面上的等距离外交不能掩盖敦煌的亲宋疏辽的实质。

北敦8958号证明敦煌至少抄写过一号质量较好的卷轴装《坛经》，但在现存敦煌遗书中却没有发现。由于敦煌遗书绝大多数已经面世，所以恐怕这一件《坛经》根本就没有入藏藏经洞，自然也不可能被发现。站在敦煌遗书"废弃说"的立场上来看，这是很正常的；站在"避难说"或"图书馆说"的立场上来看，这种情况则是奇怪的，或难以理解的。所以，敦煌遗书中存在着错抄的北敦8958号，却没有北敦8958号所从剪下的那卷抄写正确的《坛经》，这正是敦煌遗书"废弃说"的又一个证明。

至今为止，从事敦煌本《坛经》整理的先生往往参考其他系统的《坛经》流通本，来修订、改正敦煌本。在敦煌《坛经》诸本没有充分被发掘之前，那种方式或者是不可避免的。但在敦煌本《坛经》已经大量被发现的今天，我以为排除所有其他系统《坛经》的干扰，纯粹采用敦煌本互校做成一个敦煌本《坛经》的精校本，以作为进一步研究的基础或出发点，可能更有意义。

最后还应该提及西夏译《坛经》残片。

此类残片最早发现于20世纪20年代，30年代罗福成曾发表研究论文，日本学者也曾经发表过研究成果。其后又续有发现，现分藏各处，计12个残页，有史金波先生考释译文——《西夏文〈六祖坛经〉残页译释》（载《世界宗教研究》，1993年第3期）。据史金波先生告诉笔者，从纸张、笔迹等形态看，他考察过的诸残页原来均属同一写本。西夏文《坛经》是根据汉文《坛经》翻译的，有的研究者认为，它的底本就是敦煌本。无论如何，在现存诸《坛经》传本中，西夏文本的年代与流行地域最接近敦煌本，行文也最接近敦煌本，因此它可以成为我们研究敦煌本《坛经》时的重要参考资料。

影印敦煌遗书《大乘无量寿经》序(修订稿)

  清光绪二十六年五月二十六日(1900年6月22日),正当中国北方爆发的义和团反帝运动如火如荼之时,在远离战火硝烟数千里之外的河西走廊的尽头——敦煌莫高窟,一个名叫王圆箓(本名王福琳)的道士,非常偶然地在一个洞窟甬道的墙壁中发现了一个古代废弃的耳窟。其中装满了从公元4世纪到公元11世纪的古代遗书与文物,震惊世界的敦煌遗书由是出世。这个洞窟,后来被编为第17窟,就是举世闻名的藏经洞。

  敦煌遗书出世后,少量遗书逐渐在当地人士中流传。1907年、1908年,当时任职于英属印度政府的斯坦因与任职于河内的法国远东学院的伯希和先后闻讯来到莫高窟,以不光彩的手段骗得大批敦煌遗书与其他文物,捆载而去。1910年,在中国学者的呼吁下,清政府学部咨甘肃学台,下令将洞中残卷悉数运京,移藏部立京师图书馆,亦即今天的中国国家图书馆。其后,日本的大谷探险队、沙俄的奥登堡探险队先后来到敦煌，斯坦因又一次来到敦煌，分别搞走不少敦煌遗书，由此造成目前敦煌遗书主要分藏北京、伦敦、巴黎、圣彼得堡和日本的局面。

藏经洞发现至今已近百年。敦煌遗书的出世，孕育了国际显学——敦煌学。敦煌学对中国中古史研究的推动之大，是怎么估计都不会过分的，所以敦煌遗书成为世人注目的瑰宝。由于敦煌遗书绝大多数为公立单位收藏，故散藏在私人手中的写经极为稀见与宝贵。

殷禄成先生世居敦煌。根据敦煌遗书《敦煌名族志残卷》，隋唐以来，"阴"姓在敦煌"尤为望族"。后代敦煌未见"阴"姓而有"殷"姓，两者关系待考。殷禄成先生的家族1949年前亦为敦煌望族，伯祖父曾任敦煌商会会长，曾接待过著名画家张大千。由于家世因缘，收藏有敦煌遗书。世事变迁，沧海桑田，殷禄成先生收藏的敦煌遗书也多经磨难。值得庆幸的是，尚有《大乘无量寿经》一件完好保存。

《大乘无量寿经》是印度大乘佛教经典，系公元8、9世纪敦煌陷蕃时期根据藏文本译出。该经要旨在于弘扬无量寿宗要经陀罗尼，认为凡能书写、供养该陀罗尼者，除罪消灾，往生净土，福德无量，由此成为陷蕃时期敦煌人士写经修功德的重要对象。该经有异译本传世，为北宋僧人法天所译，名作《佛说大乘圣无量寿决定光明王如来陀罗尼经》。敦煌本则因没有传到内地，不为中原人士所知，故在我国历代经录中没有记载，也不为我国历代大藏经所收。幸有敦煌遗书的出世，使我们得以窥见该经全貌。殷禄成先生藏本保存完好，属8、9世纪写本，至今已逾千年，且有当时的写经生"唐再再"的题名，实为不可多得的珍品。其文物与文献价值，自不待言。

现殷禄成先生拟将该经影印成册，以供养念诵，发心功德，令人欢喜赞叹。殷先生的甥女安静与我是中学同学，她出生在敦煌，讲起莫高窟壁画、藏经洞经卷、王道士破壁、斯坦因骗宝等等，如数家珍。严格说来，我的敦煌学知识，就是由安静启蒙的。今殷先生为影印本索序于我，自然义不容辞。因此拉杂序之，并赞曰：

一佛顿现多化身，功德知有几恒沙。
今时所发弘誓愿，他日定化菩提芽。

1999年6月9日

漫谈敦煌遗书

这是刘进宝先生掷下的命题作文。说起来,从1983年参加兰州的敦煌吐鲁番学会成立大会至今,我与敦煌学也算有了四分之一世纪的缘分,但现在来作这篇命题作文,仍有不知从何处下手之感。在此就几个工作中遇到的小问题谈谈看法,以求教于同好。

一、敦煌遗书的名称与价值

对敦煌藏经洞出土的这批纸质文物,到底怎样命名?学术界至今尚未统一。这个问题,早就有人指出,并主张规范名称。例如林聪明先生的《敦煌文书学》在罗列了历来出现的种种名称后,主张称为"敦煌文书",故将自己的大作称为"敦煌文书学"。但林先生的提议,看来并没有得到敦煌学界的普遍认同,所以,"敦煌文书"这个名词,除了在一些社会经济文书、世俗文书上使用之外，没有成为藏经洞这批纸质文物的通称。除了林聪明先生，还有其他先生也提出并专门探讨过这个问题，提出了各自的命名法，但也都没有被敦煌学界普遍认可。

20世纪90年代以来，敦煌学界逐渐出现一种趋向，很多人用"敦煌文献"来指代这批文物。例如四川人民出版社出版的《英藏敦煌文献（汉文佛经以外部份）》、上海古籍出版社出版的《俄藏敦煌文献》《法藏敦煌西域文献》，以及北大、上图、上博、津艺等单位所藏敦煌遗书的图录，均以"敦煌文献"命名。此外，浙江教育出版社的《浙藏敦煌文献》、甘肃人民出版社的《甘肃藏敦煌文献》也均以"敦煌文献"命名。但我在编目工作中总觉得"敦煌文献"这个名称用着别扭，不如传统的"敦煌遗书"好用。于是把参与主持的中国国家图书馆的图录，命名为《中国国家图书馆藏敦煌遗书》。曾有朋友批评：大家都用"敦煌文献"，就是你用"敦煌遗书"，为什么要这样特立独行呢？

其实，我还真不是一个特立独行的人，一般的情况下愿意随大流。记得20世纪90年代的某一天，邓文宽先生说：他们几个人闲聊，觉得"敦煌文献"这个名称好，建议大家以后都用这个名称。我此前并没有深思过这个问题，所以当时就答应了；并且在随后不久的文章中使用"敦煌文献"这个名称，这就是1993年在香港地区的一个会议上发表的《敦煌藏经洞封闭年代之我见——兼论"敦煌文献"与"藏经洞文献"之界定》。听说这篇文章后来结集到会议论文集中，在台北新文丰出版，但我始终没有见到样书。后来，我把那篇文章收入《敦煌学佛教学论丛》([香港]

中国佛教文化出版有限公司，1998年）。这时，已经认识到"敦煌文献"这个词不好用，所以把文章的副标题改为"兼论'敦煌遗书'与'藏经洞遗书'之界定"。

现在就讲讲我为什么主张用"敦煌遗书"这个名称。

先举一个编目工作中的实际事例：

比如北敦00490号（洪090号，缩微胶卷号：8619），正面抄写《大乘百法明门论开宗义决》，背面抄写《阴阳六十甲子》，应如何著录这一遗书呢？如果采用"敦煌文献"这一名称，目录的"多主题文献著录项"就应该著录为：

本文献包括2个文献：（一）《大乘百法明门论开宗义决》，44行，抄写在正面，今编为北敦00490号；（二）《阴阳六十甲子》，17行，抄写在背面，今编为北敦00490号背。

"本文献包括2个文献"，这种表述法是否很别扭？如果采用"敦煌遗书"这个名称，把上句改为"本遗书包括2个文献"，就没有这种别扭感了。

行文的别扭固然是一个原因，但更重要的，在于对敦煌遗书的命名，涉及我们对敦煌遗书价值的认识。

敦煌遗书是古人因废弃而无意中为我们留下的一份无价的文化瑰宝。当然，对于古人到底是因有难藏匿而有意珍藏，还是因无用废弃而无意留下，学术界尚有争议，这里不谈。它是一份文化瑰宝，则大家都没有疑义。那么，这份瑰宝的价值到底在哪里呢？我认为，对我们来说，它有三个方面的价值：第一，文物研究价值；第二，文献研究价值；第三，文字研究价值。

先说第一点，敦煌遗书是古代的典籍。讲到古代的典籍，在敦煌遗书问世之前，由于传世写本甚少，人们注重的是宋刻本、元刻本。其实，如果用黄永玉先生的话来说：现存的所谓宋刻本，大多是当年小学生书包中的课本，不过因为年代久远，被保留下而已；而敦煌遗书，年代最晚也是北宋初年的，甚至有早到东晋的。它的文物价值，当然非宋刻本可以比拟。讲到文物价值，应该包括两个方面：经济价值与研究价值。文物的经济价值，随着时代的变迁而变迁，且受到诸多因素的影响，这里不谈。文物的研究价值，则是永恒的。对我们研究者来说，更加值得关注的是它的研究价值。比如不同时代的敦煌遗书，纸张差异很大，从中可以研究不同时代的造纸术；比如写经的风格，有端庄、潦草之别，可以窥见写经人的心态；比如轴与轴头，千姿百态，反映了当时人们的审美情趣以及制造工艺；比如界栏的种类、雌黄等涂改物的使用，如此等等，无不给我们研究古代文化保留了无穷的信息。即使那些虫茧、鸟粪、鼠啮、人剪、油污、火烧、烟燎、水浸的痕迹，也向我们诉说着它们饱经的历史沧桑。至于敦煌遗书中出现的粘叶装、缝缋装，以往只在日本的古书中见过，现在知道，它们原本是中国古代书籍的装帧形式。敦煌遗书中经折装、梵夹装大大丰富了我们对古书装帧的知识。可以说，由于敦煌遗书的出现，中国古代书史，已经需要完全重新改写。世有所谓"版本学"，专门研究木刻本的版本。敦煌遗书的出现，为我们建立"写本学"提供了充分的资料。有志于此者，一定大有用武之地。以前，我们的研究者，大抵注重对敦煌遗书上所抄文献内容的研究，而忽略了对敦煌遗书本身文物价值的研究。这不能不说是一个缺陷，希望将来能有学者补上这一缺陷。

第二，文献研究价值。这一点，我想就不用在这里多费笔墨了。

第三，文字研究价值。关于这一点，也不用我来饶舌。

敦煌遗书有文物、文献、文字三个方面的研究价值，如果单单以"文献"来命名它，难免"以偏概全"之讥；而采用"遗书"一词，则可以把上述三种研究价值融贯在一起。这就是我主张使用"遗书"一词的主要原因。当然，对仅从文献角度研究敦煌遗书，其研究对象丝毫不涉及遗书的文物特征者，用"敦煌文献"这一名称，也无不可。天下的事情，其实并不需要强求一律。

有的研究者提出"遗书"兼有"遗嘱"的意思，故而不拟采用。不错，该词的确可作"遗嘱"解。不过，中文中一词多义的现象多极了，我们不可能因为有一词多义的现象，而废用这些词。况且从王重民等前辈开始，"敦煌遗书"一词已经通用流传，无论是谁，也不会把"敦煌遗书"误解成是一批古代敦煌人留下的遗嘱。佛教说："境由心生。"今天的研究者，大可不必面对"敦煌遗书"而生"遗嘱"之境。

二、主题文献、非主题文献与多主题遗书

敦煌遗书上抄写着各种各样的文献，形态岐杂多样，如何完

整、正确、科学地著录，煞费思量。

在长年的编目中，发现文献形态虽然复杂，其实也有一定的规律。我把敦煌遗书上抄写的文献，分为两大类：主题文献与非主题文献。凡是可以独立成篇的文献，称为"主题文献"，比如上文的《大乘百法明门论开宗义决》《阴阳六十甲子》都是主题文献。不能独立成篇的，称为"非主题文献"，主要有题记、印章、杂写三类。

题记是我们研究敦煌遗书的重要资料，一件遗书，往往因为上面附有题记，而使它价值倍增。但是，究其根源，题记本身不是独立的文献，它附着于有关主题文献之后，补充一些附加的研究信息。比如，北敦00111号（黄011号，缩微胶卷号：7619）所抄为《天地八阳神咒经》，卷尾背有题记："三界寺僧沙弥海子读《八阳经》者。"这条题记告诉我们，这部经典曾经被三界寺沙弥海子读过。由于题记本身不能独立成篇，所以称为"非主题文献"，著录时将它著录在《天地八阳神咒经》的"题记项"。

我在编目时，在"题记项"中，一般著录如下三种非主题文献：题记、题名与勘记。题记，大家都很熟悉，不用再介绍。所谓"题名"，一般为抄写者的题名，有时为所有者的题名，如《无量寿宗要经》后有"张瀛""索慎言""田广谈""唐再再"等许多写经生的题名。题名与题记有类似之处，也有不同。题记往往记录功德主身份、地位、写经的愿望乃至时间、地点等等，蕴含较多的研究信息；而题名则只有一个名字，表示该经典为该人所写或该人所有。所谓"勘记"，这是敦煌僧人整理这些遗书时留下的勘点记录。它与题记性质不同，但为简便起见，编目时也把它著录在"题记项"中。至于近人为自己或他人收藏的敦煌遗书所写的题记，性质与前不同，故另作著录。

敦煌遗书上的印章很复杂，有官印、私印、寺院印章、藏文印章等等。无论哪种印章，本身都不能独立成篇，只能附属于相关的文献，所以也作为"非主题文献"著录。例如北敦00111号护首背面有2.5厘米×7.7厘米的阳文墨印，印文为"三界寺藏经"。至于近现代人的收藏印、鉴赏印则另当别论，另作著录。

敦煌遗书是古代敦煌佛教寺院的弃藏，所以，许多遗书上都有杂写。杂写的内容千奇百怪。除了特殊情况外，这些杂写一般也不能独立成篇，故作为"非主题文献"著录。例如北敦00111号卷面有杂写"生则""言"，第七纸背有杂写"而说偈言"1行。

区别主题文献与非主题文献，可以使敦煌遗书的著录重点更加突出，内容也更加简明而有条理。

大多数敦煌遗书，一件遗书只抄写一个主题文献。遇到这种情况，编目相对简单。但也有相当数量的敦煌遗书，一件遗书抄写多个主题文献，甚至抄写几十个主题文献。遇到这种情况，编目便相对复杂。之所以复杂，在于需要分析、处理同一件遗书上不同主题文献的相互关系。

例如上述北敦00490号正反面抄写《大乘百法明门论开宗义决》与《阴阳六十甲子》两种文献，两种文献相互独立，没有关系。这显然是利用废弃的《大乘百法明门论开宗义决》背面的空白纸，抄写《阴阳六十甲子》。遇到这种情况，编目相对容易，只要将两者分别著录即可。有的遗书抄写两个主题文献，其中一个是序文，一个是正文。两者虽然都可以独立成篇，但又是一个密切联系的整体。为了正确著录每个遗书的内容，我们需要将两个文献分别著录；为了体现两个文献的内在联系，我们又需要将两个文献合并说明。如何在一个目录中，同时实现上述两种功能，是一个需要认真处理的问题。有时，遗书的一面抄写好几个文献，另一面抄写一个文献。仔细考察，可以发现那好几个文献的年代都比较早，而另一面的一个文献年代较迟。按照常规，年代早的一面应该定为正面，年代晚的一面应该定为背面；但是，进一步考察，可以发现年代早的那几篇文献大抵为废弃的。原来古代敦煌人将几张抄有废弃文献的纸张缀接起来，利用它们背面的空白，抄写新的文献，比如北图收藏的《坛经》就是这样。一面是几部吐蕃时期的《无量寿宗要经》，另一面是归义军时期的《坛经》。在这种情况下，只能把抄写《坛经》的一面当作正面，而把抄写《无量寿宗要经》的一面当作背面。

还有这样的遗书，一面是书仪，一面是类书。两面文字相同，乃一个人所抄写。粗粗看来，正反面是两个完全不同的文献；但仔细琢磨，这两个不同主题的文献，为什么会抄写在同一个遗书上？显然，这是当时敦煌知识分子用于书翰往来的参考书。因此，著录时，应该用适当的方式，将它们的这种关系交代清楚，而不能简单地将两个文献分别著录，从而割裂它们原有的内在联系，损害其原有的研究信息。

敦煌遗书中有一种疑伪经，名为《新菩萨经》，已有多人注意并做研究。我们可以发现,有的敦煌遗书,一件上抄写两部或者三部同样的《新菩萨经》,对此,编目者往往将它们分别著录。如果根据《新菩萨经》中"写一本免一身,写两本免一门,写三本免一村"的说辞,可知这种一件遗书抄写两部、三部的情况乃是有意为之,有其特有的宗教含义,那么,我们在编目时如何保留这一重要的信息呢?

类似的问题很多,比如不少敦煌遗书抄写一系列亡考文、亡妣文、患文之类的实用性仪轨文书,有的敦煌遗书连续抄写好几篇赞文,有的敦煌遗书连续抄写好几篇禅宗文献。现在的著录,往往把它们分别著录。但是,这些文献相互之间,是否存在什么内在的联系?我们怎样在编目时反映这种联系?

我想,我们或者可以采用分析文献类型的方式来解决这个问题,目前正在尝试中。

三、谈"转型"

去年,南京师范大学召开敦煌学国际研讨会,主题为"转型"。坦率地说,为什么要转型,怎么才能转型,我到现在也没有完全弄明白。按照有些学者的说法,似乎敦煌遗书大多已经公布,新资料已经很少了,现有的资料也已经整理得差不多了;所以主张各自拿敦煌资料回归各自的学科,发展丰富本学科的建设,这就是转型。不知道我的上述理解对不对。

首先,这里涉及周一良先生当年对敦煌学定义的论述。周先生认为，严格地讲，敦煌学不是一门学科，而是一门学问。只是各个不同学科的研究者，站在各自学科的背景上，利用敦煌遗书中的资料，推进本学科的研究。如果说，所谓"转型"就是回归各自的学科，则以前的研究者并没有脱离自己的学科，本来就是拿敦煌的资料研究本学科的课题。现在的学者，基本上也都是利用敦煌遗书的资料，在各自的学科领域辛勤耕耘。既然如此，站在各自学科的背景上，利用敦煌遗书中的资料，推进本学科的研究，完全是敦煌学从产生以来的常态运作，又何谈"转型"？

其次，各国所藏敦煌遗书，汉文部分总计大约是58000号。现在已经公布约40000余号，还有10000余号没有公布，其中包括北图8000号（其中较为完整者2000号、残片6000号）、英国残片7000号、中国国内散藏约1000多号、日本散藏约1000多号。这里特别要指出，日本的收藏有相当一部分为精品，尤其以大阪杏雨书屋为翘楚。中国散藏的，也有相当数量的精品。即使北图、英国的残片，也是常有精品出现。所以，由于新资料很少了，所以要"转型"的说法，不完全符合事实（当然，不同学科，情况会有不同）。只不过以前的资料虽然难找，但都已经公布，还算是在面上；余下的资料尚未公布，搜寻难度更大。然而，再困难也罢，只要敦煌学界的人，个个都来做发掘资料的工作，人人都来促进尚未公开资料的公布，则一定能为研究者提供更多新的研究资料。

再次，资料的研究价值，与它的整理程度成正比。只有经过认真整理的材料，才能真正显示与发挥其研究价值。百年来，我们在资料整理方面已经取得无与伦比的成绩，但是否已经把工作全部做完，再没有工作可做了呢？显然不是。目前我正在编纂《敦煌遗书总目录》，深感有大量的资料，还没有被研究者注意，还没有被研究者整理，自然谈不上研究；还有大量的资料，原本是相互关联的一个整体，却被人为割裂地从事研究。因此，说现有资料已经整理得差不多了，可以"转型"了的说法，完全站不住脚。仅就资料整理的工作而言，我同意季羡林先生在2000年的论断：敦煌学还要再搞一百年。

最后，敦煌学中各个学科发展不平衡，是人所共知的事实。在中国，最早从事敦煌学研究的是一批研究历史、研究文学的先生。其研究进路，也主要从历史、文学等方面开展，所以，我国的敦煌学，这两个学科的成果最为丰硕。但敦煌遗书是佛教寺院的弃藏，90%到95%的遗书都与佛教有关。遗憾的是，至今为止，中国的佛教研究界还没有充分意识到利用敦煌遗书来推进佛教研究的重要性；倒是原本不是研究佛教的学者，在敦煌佛教研究领域做出卓越的贡献。毋庸讳言，由于这些先生原本不是研究佛教的，他们对敦煌佛教的研究，虽然成绩巨大，但是难免会有这样那样的局限。凡此种种，使得我国的敦煌佛教研究，与敦煌学其他领域相比，显得相对的沉闷与滞后。就佛教文献整理而言，可以说，大多数敦煌佛教文献还没有得到整理或有效整理。敦煌遗书中佛教文献的基本面貌，目前只是初步展现。就初步展现的情况而言，敦煌遗书提供的资料，足以对中国佛教史中的不少问题重新进行研究，足以为中国佛教研究开辟出新的天地。但是，敦煌遗书中佛教文献的这些研究价值，基本上还没有被人们真正认识；而要让人们真正认识它们的价值，利用它们打开佛教研究的新局面，目前最重要的工作，就是尽快把这些文献整理出来，提供给相关研究者。就这一点而言，我们还有很多很多工作要做。因此，即使其他学科的敦煌学研究可以转型，敦煌学中的佛教研究，还需要一大批人老老实实地从爬梳整理基本资料，编纂目录、提要与索引开始，扎扎实实地把资料工作做好，离所谓的"转型"，还有很长一段路要走。

2008年3月28日于通州皇木厂

面对敦煌遗书的感觉
——答网友"禅茶一味"

网友"禅茶一味"问:"当您面对敦煌遗书的时候是什么感觉?"

人的心境随着环境的变化而不同,所以这个问题真的很难用一句话来回答。

初次接触敦煌遗书的时候,新鲜、激动。几万件看下来,新鲜、激动的感觉自然没有了。

时间充裕的时候,我会仔细品尝。遇到一些好卷子,真是心神俱醉。这种享受,人间难得,妙处也难以用语言形容。时间紧张的时候,只想在有限的时间中赶紧把工作做完,往往工作结束以后,才感觉腰酸背疼、眼不聚焦。这种罪,也挺难受;特别是遇到好卷子,却又没有时间仔细考察,感觉更加难受。比如这次在英国,一共五个人,他们四人著录,我最后验收复查并定时代。只要我动作稍微慢一点,面前等待复查的卷子就会堆起来。

有时遇到好卷子，我有意压下来，放在一边，想过一会再抽空仔细研究。有时可以如愿以偿，但大多数情况却是下班时间已到，还未能抽出空暇，只好匆忙验收、定时代，交回阅览室前台。遗憾呀！当然，大规模著录完成，大批人马回国后，我还是抽时间把其中部分卷子单独提出来，仔细品尝了一番；但时间不够，未能把应看的全部看完，所以依然遗憾。这里又要提到那个魏泓，如果不是她捣蛋，我还可以多看几个。

当看到那些精美的写卷、纸张乃至轴头，以及各种各样以前见所未见、闻所未闻的装帧方式，我会赞叹老祖宗高超的工艺并感到自豪。当发现新材料，或发现新问题时，会特别兴奋。新材料、新问题越重要，兴奋度越高；但有时一连几小时都泡在小残片中，或遇到的还都是些《金刚》《法华》《大般若》等常见的文献，自然索然沉闷。不过，敦煌遗书编目本身就是沙里淘金，沙子多、金子少的情况是正常的。不管金子怎么少，总得一粒一粒把沙子数完，还要睁大眼睛仔细数，以免放过金子。虽然工作中一直警惕自己，要仔细，要认真，要精益求精，但事后复查，总会发现有一些疏漏粗拉的地方，需要返工。这时候内心的懊恼，也是无以复加的。

在国外遇到国内见不到的好卷子，自然会心生感慨；遇到一些比较费思量的疑难卷子，会搜索枯肠，力争解答疑难。遇到有些单位故意刁难，拒绝阅览敦煌遗书的要求，我会憋气；遇到那些主动邀约以及充分给予协助的单位，我会由衷感谢。看到私人手中保管得很好的卷子，我会赞叹；无论公私，遇到那种有意撕裂、分割卷子的行为，或种种保护性破坏，我会心疼。

总之，我是一个普通而又普通的普通人，有着普通人的喜怒哀乐。我想，我上面说的感觉，大概是一般人都会有的。或者说，一般人有的喜怒哀乐，我都会有。要说不同，是我与敦煌遗书的缘分比较好，在很多好心人的帮助下，我看到的敦煌遗书比一般人多，所以我非常惜缘、非常感恩。这种惜缘与感恩，也是我一定要做好敦煌遗书编目的动力之一。

2010年1月13日于通州皇木厂

回答电视片《敦煌》对"废弃说"的一个疑问

十集大型专题片《敦煌》正在中央电视台热播，16日晚播出第三集《藏经洞之谜》。该集介绍了关于藏经洞封闭原因的两种主要观点："避难说"与"废弃说"。

1990年以前，在敦煌学界，"避难说"（这个名称是我归纳提出的）占据统治地位。从1990年我系统论证"废弃说"后，"避难说"开始动摇，但没有销声匿迹，且以"图书馆说""法难说""供养说"等各种改头换面的方式出现。其实，无论哪种说法，都无法改变如下几个基本事实：

第一，藏经洞封闭的时代。敦煌存有多部完整的写本藏经，包括好几部书写精美的金银字大藏经，北宋刻本《开宝藏》也已经传到敦煌。

第二，藏经洞是11世纪初封闭的。在敦煌地区，10世纪、11世纪整整两百年，敦煌佛教从来没有受到任何实质性的威胁，一直正常活动。

第三，当时一部藏经，应收佛典1076部。藏经洞58000号汉文敦煌遗书内容虽然繁杂，但是属于入藏佛典的只有400部左右，不到全藏的二分之一。也就是说，藏经洞中没有一部完整的佛教大藏经；相反，却有大量涂鸦的废纸、过时的文书、错抄的废经、不允许流传的伪造经典等等。

第四，敦煌遗书中不少经典，大量重复：仅《妙法莲华经》就有7800号，占总数的13.4%；《大般若经》有5400号，占9.3%。此外，《金刚经》有3500号，《大般涅槃经》有3200号，《金光明最胜王经》有2000号，《无量寿宗要经》有1800号，《维摩诘所说经》有1500号。上述七种经典，总计25200号，占总数的43.4%，亦即将近一半。

第五，藏经洞遗书绝大部分残头断尾，斯坦因最早大批得到敦煌遗书，所以英国图国家书馆所藏，相对其他收藏单位而言，最能体现藏经洞遗书的原貌。英国现存敦煌遗书14000号，其中首尾完整的（指有天竿护首，不一定有尾轴，但应该有尾题），只有120号左右。很多残卷被火烧水渍，多油污、霉烂和鸟粪。由于入藏后扰动较少，有些遗书至今能闻到一股酸臭的垃圾味。

如果尊重上述基本事实，那么，藏经洞封闭的合理解释只能是"废弃说"。哪个寺院，哪个个人，会在受到威胁时，扔弃精美完整的大藏经不顾，而把这些残破经卷、破旧复本当珍宝收藏呢？

电视片《敦煌》毕竟不是学术论文，也许是为了制造悬念，《藏经洞之谜》在介绍了"废弃说"以后，提出这样一个疑问：

公元1900年，当藏经洞被发现时，这些经卷文书，依然整整齐齐地码放在那里。虽然道士王圆箓不断地翻弄，但是，直到1907年斯坦因到来时，藏经洞还是基本保持了原貌。依据他在《斯坦因西域考古记》中对藏经洞的描述，有专家认为，藏经洞中的汉藏文佛经是按照佛教经录分帙存放的原则摆放着的，其他种类文字的文献以及绘画也都被分类存放在一个个包裹之中。既然是废弃物，为什么还要加以如此认真地处理？对于这一疑问，"废弃说"似乎也没能够给出一个确切的答案。

作为"废弃说"的代表人物，我应该对此有所回应。

如电视片所说，"直到1907年斯坦因到来时，藏经洞还是基本保持了原貌"，那么，这个"原貌"是怎样的呢？斯坦因的助手蒋师爷的一系列原始记录做出了明确的回答，请看：

斯00126号："内破烂不堪经一捆。"

斯00152号："破烂不堪经一捆。"

斯00198号："破烂不堪《佛说无量寿宗要经》。"

斯00384号："破烂无名经卷并杂件一包，无名目破烂经一包。"

斯01099号："破烂杂碎一包。"

斯01119号："破烂不堪杂碎经一包。"

斯01590号："破烂不堪经并杂件。"

斯08575号："内番经并印度经，一面汉文，又抄学西字一块，又判卦单一块，系自一号至一百四十四号捆内之件。"

斯11049号："内提去605有如意年号在外。"（此句又用朱笔划掉，用朱笔改写为"仍放在内"，旁边有墨笔写"外又有番经二卷提在外"）

类似记录，不再列举。斯坦因不懂中文，不懂佛教。蒋师爷不懂佛教，更不懂大藏经。依据《斯坦因西域考古记》，不可能得出"藏经洞中的汉藏文佛经是按照佛教经录分帙存放的原则摆放着的"这种结论。按照蒋师爷对敦煌遗书的最早编号复原其原始包裹状态，除了绘画及部分藏文遗书的确单独包裹外，其他遗书绝大多数是杂乱包裹的。具体复原过程这里从略。

因此，电视片《敦煌》所谓：依据《斯坦因西域考古记》，"有专家认为，藏经洞中的汉藏文佛经是按照佛教经录分帙存放的原则摆放着的"云云，只是那些专家的臆测。

坦率地说，即使藏经洞中的经典都依据佛典分类结构分类存放，也不能成为对"废弃说"的质问。因为，"废弃说"的前提之一，就是这些遗书是各寺院在清点过程中从佛藏中剔除的。既然是清点以后剔除，则清点出来的部分废弃佛典依然按照原有的某分类方式存放，丝毫不值得奇怪。所以，我在论述"废弃说"时，从来把这类问题当作外行提出的伪问题不予置理；但既然电视片《敦煌》又把这个问题提出来，所以在这里做一个回应。

2010年2月17日

关于伯3810号《呼吸静功妙诀》

敦煌遗书伯3810号，名为《呼吸静功妙诀》，卷后抄有"养生神仙食粥法"，其中有"山药"一名。杨雄先生首次发现这一问题，并考订：山药，本名"薯蓣"。唐代宗时，为避代宗李豫之讳，改名"薯药"。宋英宗时，为避英宗赵曙之讳，改名"山药"。宋英宗是1064年登基的，这说明伯3810号应该产生于1064年之后，所以杨雄先生提出藏经洞或许封闭在1064年以后。

我以为藏经洞应该封闭在1002年到1014年之间，但必须解答藏经洞中何以出现类似伯3810号这样的遗书。1993年，我撰写《敦煌藏经洞封闭原因之我见》（后载《敦煌文薮》，[台北]新文丰出版公司，1999年）一文，参加当年在香港地区召开的敦煌会议。该文引用了杨雄先生的上述资料以及其他类似的遗书，一共5号，并做出我的解释。2007年应《吴越佛教》之约撰写《敦煌遗书三题》（载《吴越佛教》第2卷，宗教文化出版社，2007年），延续了1993年的老资料、老观点。

2009年有机会看到伯3810号的高精度彩色图版，才知道以前对《呼吸静功妙诀》的立论依据错了。该《呼吸静功妙诀》不是宋代遗书，而是清代的道教抄本。显然是王道士放入的，而被伯希和从藏经洞弄到了法国。

其实，伯希和自己也知道藏经洞中混有后代的东西，但他没有把这件《呼吸静功妙诀》识别出来，以致造成后来的误会。

这件事情告诉我们：

第一，藏经洞中确有后代混入的遗书。

第二，光凭黑白图版，乃至一般的彩色照片，有时很难对遗书做出正确判定。最好能够看原卷，起码也要看高精度的图版。

两年多前的事情了，因为是一件小事情，一直没有写。今天写成这篇短文，放在这里。

2012年3月5日

伪梁武帝书《法华经》跋

方按：

此文原载《哲学、宗教与人文》（商务印书馆，2004年），后收入我的《随缘做去，直道行之》（国家图书馆出版社，2011年）。

这件遗书当年经我鉴定以后，没有进入拍卖市场；但最近发现，它将在9月5日（后天）拍卖。特将此文重新发表，请买家注意。

2012年9月3日

日前某单位请我鉴定一批敦煌文物。其中有一件写经，为《妙法莲华经》卷四，首残尾存，有尾题，卷尾有题记。据题记，该经乃梁武帝萧衍所写。卷后附有署名为著名藏书家李盛铎的题跋，称在他所得到的敦煌南北朝写经中，"惟此为冠"。去年嘉德拍卖公司拍卖过一件原藏清宫，传为晋索靖，实为隋唐人书章草，后为故宫博物院以天价收回。这件事曾在社会上引起一阵不大不小的轰动。如果此次出现的该写经真的出于敦煌藏经洞，真的是梁武帝亲手书写，则无疑又是一大新闻。

该写经长272.7厘米，高25.2厘米；共存乌丝栏141行，其中末尾有11个空行，实抄经文130行，每行大抵为17字。现存四纸，每纸长度及乌丝栏行数如下：第一纸，长91.4厘米，49行；第二纸，长44.8厘米，24行；第三纸，46.8厘米，24行；第四纸，89.7厘米，44行（空11行）。该写经卷面磨损严重，已被通卷托裱。

写经首部的经文已经残缺，起首经文为"尔时学、无学二千人闻佛授记"，相当于《大正藏》第262号《妙法莲华经》卷四，第9册第30页中栏第24行。末尾经文为"随顺是师学，得见恒沙佛"，相当于《大正藏》第9册第32页中栏第15行。所存经文为《妙法莲华经》"授学无学人记品第九"末尾部分及"法师品第十"全文，存品题"妙法莲华经法师品第十"及尾题"妙法莲华经卷第四"。

尾题后有题记1行，作"天监二年四月八日，梁国皇帝菩萨戒弟子萧衍敬写"。题记字迹与经文字迹一致，显然出于同一个人之手。尾纸末有一长方形朱印，文字字体甚古，但模糊难辨。不过，可以清楚辨别出的是所用印泥并非油质，而是水质。

从卷面看，此件曾由中国著名藏书家李盛铎收藏。第一纸首部有方形朱印"木斋/审定/"一枚。第四纸尾部朱色水印之上，有长方形朱印"德化李/氏凡将/阁珍藏/"印一枚。第四纸后附粘一纸，上有李盛铎题记6行。第四纸与题记纸骑缝处有长方形朱印"木斋"一枚。

题记原文如下：

> 考南朝梁武帝笃学善书。凡三教/九流之学，无不深究博涉，且尤崇奉/佛教。此卷为其手写，真非易觏之品，/希有之宝也。缘余自炖煌所获经/卷，南北朝人所写者，惟此为冠。庆幸/之余，因记以昭后人之重惜。

题记无年月。署名下押长方形朱印"木斋"，与骑缝印同。

该卷收藏在一个木盒中，从盒盖里侧题记看，这件写经曾流入日本，由日本某氏收藏。

经过仔细考察，这是一件民国年间伪造的敦煌遗书。民国年间伪造的敦煌遗书，有多种形态：有的遗书不伪题款伪，即在真的敦煌遗书上添写题跋；有的纸张不伪文献伪，即在敦煌藏经洞出土的空白古纸上抄写文献；有的纸张文献全伪，即在现代的纸张上抄写文献。前两种伪造的敦煌遗书只是部分伪，后一种则是全伪。所谓"梁武帝书《法华经》"（以下称"梁武帝法华"）就是这样一种全伪的赝品，理由如下：

第一，纸张有问题。

鉴定敦煌遗书，纸张为第一要素。因为古代的真篆隶草，均可模仿；但古代的纸张，出于古代的造纸工艺、古代的造纸原料、古代的造纸工场特有的水土条件，又经过千百年时光的老化，这些因素都是无法模仿的。敦煌藏经洞出土写卷时代跨度达八百年，纸张来源也十分丰富，因此纸张的形态非常复杂。虽则如此，不同时代的纸张仍然有着非常鲜明的时代特征，而"梁武帝法华"纸张的质料与我们现知的南北朝写经的纸张无一相同。虽然经过作旧、托裱等处理，但仍可以看出该件所用纸张较南北朝纸张厚实，质地也全然不一。

纸张的长度也有问题。南北朝写经随其每纸长度不同，书写的行数也不同，一般有两种规格：一种长37厘米到42厘米，抄写23行到25行；一种长50厘米到53厘米，抄写27行到29行。当然，上面所说只是一般情况，有时会有例外；但是，没有长达90厘米的单张纸。全部60000号敦煌遗书中，这种规格的纸也极其少见；而在社会上流传的伪卷中，则可以见到这么长的纸张。"梁武帝法华"的四纸中，两纸所抄为24行，但纸张规格不符合敦煌遗书南北朝写经的规范，还有两纸的长度均在90厘米左右，可谓异数。

第二，行款有问题。

如前所述，敦煌遗书中南北朝写经的行款并不统一，有每纸23行、24行、25行、27行、28行、29行等等，也有每纸行数更少或更多的，但最常见的是每纸24行、27行、28行等。"梁武帝法华"的四纸分别为49行、24行、24行、44行，颇为奇特。

第三，字体有问题。

敦煌遗书南北朝写经，早期字体为隶书或隶书意味甚浓之楷书。随着时代的变迁，渐渐脱隶入楷。到晚期，为略带隶书意味的楷书。不同时代、不同地区的写经，隶书的风格不同。总的来说，字体由局促到舒展。天监二年（503），为南北朝中期，此时的书法隶楷兼备，但南方的写经倾向笔法清秀，北方的写经倾向字形滞重。"梁武帝法华"看起来属于隶楷兼备，偏重于隶书的风格，但入眼给人一种不自然的感觉。从总体看，拙而做作。所谓"不自然""做作"，固然是鉴定者的一种主观感受，但我的经验，第一眼得到的这种感受很重要。仔细分析，这种感受建立在大量接触敦煌遗书所形成的对敦煌遗书的总体把握的基础上，也建立在对所鉴定遗书的总体风格的感受上。

一个人生活在隶书流行的时代，虽然当时流行的隶书的形态、笔画或许凝重沉滞，但是这个人天天写隶书，他写出的隶书笔画流畅，气韵通贯。相反，一个人写惯了楷书，当他摹仿敦煌遗书中的隶书时，为了摹仿得真，要尽量顾及原字的种种特征。这种心态反映到他的作品中，则运笔作势，气韵自然板滞，从而显得做作与不自然。有长期临帖经验的人，当亦有这种感受。

第四，文献有问题。

该件抄写姚秦鸠摩罗什译《妙法莲华经》"授学无学人记品第九"之后部分及"法师品第十"全文。该《妙法莲华经》当时甚为流行，本来应该没有问题，但问题出在分卷上。

根据历代经录及敦煌遗书实际调查，《妙法莲华经》有七卷本、八卷本、十卷本等三种不同的卷本。分卷虽然不同，内容完全一致。不同卷本的卷品开阖情况如下表所示：

品次	品名	七卷本卷次	八卷本卷次	十卷本卷次
1	序品	第一卷	第一卷	第一卷
2	方便品	第一卷	第一卷	第一卷
3	譬喻品	第二卷	第二卷	第二卷
4	信解品	第二卷	第二卷	第三卷
5	药草喻品	第三卷	第三卷	第三卷
6	授记品	第三卷	第三卷	第三卷
7	化城喻品	第三卷	第三卷	第四卷
8	五百弟子受记品	第四卷	第四卷	第五卷
9	授学无学人记品	第四卷	第四卷	第五卷
10	法师品	第四卷	第四卷	第五卷
11	见宝塔品	第四卷	第四卷	第六卷
12	提婆达多品	第四卷	第五卷	第六卷
13	劝持品	第四卷	第五卷	第六卷
14	安乐行品	第五卷	第五卷	第六卷
15	从地涌出品	第五卷	第五卷	第七卷
16	如来寿量品	第五卷	第六卷	第七卷
17	分别功德品	第五卷	第六卷	第七卷
18	随喜功德品	第六卷	第六卷	第八卷
19	法师功德品	第六卷	第六卷	第八卷
20	常不轻菩萨品	第六卷	第七卷	第八卷
21	如来神力品	第六卷	第七卷	第九卷
22	嘱累品	第六卷	第七卷	第九卷
23	药王菩萨本事品	第六卷	第七卷	第九卷
24	妙音菩萨品	第七卷	第七卷	第九卷
25	观世音菩萨普门品	第七卷	第八卷	第十卷

（续表）

品次	品名	七卷本卷次	八卷本卷次	十卷本卷次
26	陀罗尼品	第七卷	第八卷	第十卷
27	妙庄严王本事品	第七卷	第八卷	第十卷
28	普贤菩萨劝发品	第七卷	第八卷	第十卷

现"梁武帝法华"有尾题，为卷四，内容截止到"法师品第十"。这种分卷法，与上述三种卷本无一相合，至今在敦煌遗书中也未见先例，也是一件十分奇怪的事情。

第五，题记有问题。

"梁武帝法华"卷末题记作"天监二年四月八日，梁国皇帝菩萨戒弟子萧衍敬写"。"四月八日"是佛诞日，佛教寺院一般会在当天举行灌顶法会。在这一日写经供养，自然具有特殊的意义。问题在于，根据历史记载，虽然在天监二年（503）梁武帝也曾有过一些佛教活动，但当时他还没有舍道入佛。梁武帝正式宣布舍道入佛，是在天监三年（504）。这一年的四月八日，梁武帝发表《舍道文》，谓：

> 维天监三年四月八日，梁国皇帝兰陵萧衍稽首和南十方诸佛、十方尊法、十方圣僧。伏见经云：发菩提心者即是佛心，其余诸善不得为喻。能使众生出三界之苦门，入无为之胜路。故如来漏尽，智凝成觉；至道通机，德圆取圣。发慧炬以照迷，镜法流以澄垢。启瑞迹于天中，烁灵仪于像外。度群迷于欲海，引含识于涅槃。登常乐之高山，出爱河

之深际。言乖四句，语绝百非。应迹娑婆，示生净饭。王宫诞相，步三界而为尊；道树成光，普大千而流照。但以机心浅薄，好生厌怠。自期二月，当至双林。宗乃湛说圆常，且复潜辉鹤树。阇王灭罪，婆薮除殃。若不逢值大圣法王，谁能救接。在迹虽隐，其道无亏。弟子经迟迷荒，耽事老子。历叶相承，染此邪法。习因善发，弃迷知返。今舍旧医，归凭正觉。愿使未来世中童男出家，广弘经教，化度含识，同共成佛。宁在正法之中，长沦恶道；不乐依老子教，暂得生天。涉大乘心，离二乘念。正愿诸佛证明，菩萨摄受。弟子萧衍和南。[1]

按照佛教的惯例，信仰佛教必须举办一定的仪式。对居士来说，就是受三归五戒与菩萨戒。梁武帝何时受菩萨戒？史传阙载，但我们可以根据有关资料推得。

发布上述《舍道文》的三天后，亦即同年四月十一日，梁武帝下诏督促群臣也舍道入佛，谓：

> 朕舍邪外道以事正，内诸佛如来。若有公卿能入此誓者，各可发菩提心。老子、周公、孔子等，虽是如来弟子，而化迹既邪，止是世间之善，不能革凡成圣。其公卿百官侯王宗族，宜反伪就真，舍邪入正。[2]

---

[1] 《广弘明集》卷四，载《大正藏》第52卷，第112页上。
[2] 《广弘明集》卷四，载《大正藏》第52卷，第112页上、中。

四月十七日，有人响应梁武帝的号召，表示愿意舍道入佛，请求准予受菩萨戒。

> 四月十七日，侍中安前将军丹阳尹邵陵王上启云："……臣昔未达理源，禀承外道。如欲须甘果翻种苦栽，欲除渴乏反趣咸水。今启迷方，粗知归向。受菩萨大戒，戒节身心。舍老子之邪风，入法流之真教。伏愿天慈，曲垂矜许。谨启。"[1]

由此可见，在当时，受菩萨戒是接受佛教信仰的必备手续。既然梁武帝在天监三年四月八日大张旗鼓地宣布舍道入佛，则可以想见，他必然在此前不久，很可能是当天，举行了受菩萨戒的仪式。无论如何，不可能在一年以前已经受了菩萨戒，而要到一年以后，再宣布舍道入佛。在此，由于作伪者的文献功底与佛教知识的缺陷，使赝品露出明显的马脚。

我以为，作伪者正是利用天监三年四月八日的《舍道文》中"梁国皇帝"云云，再加上敦煌遗书中常见的"菩萨戒弟子某某敬写"之类的题记，凑成"天监二年四月八日，梁国皇帝菩萨戒弟子萧衍敬写"这条题记。

第六，印章有问题。

应该说，作伪者具备了相当的古代文史知识，知道古代的印泥均用水调制而成。因此，捺在"梁武帝法华"卷末的印章也

---

[1] 《广弘明集》卷四，载《大正藏》第52卷，第112页中、下。

是水印。问题是，像梁武帝这样的人所写的佛经，应该捺个什么印呢？史传阙载，无可考察。作伪者又不死心，一定要造出个印来，以便结结实实地唬人。既然史传阙载，便只能凭空划虚，不过凭空划虚更容易露出破绽。所以一般作伪者的心态，到这种时候，就给你搞一个模模糊糊、似是而非的东西，让你无从查考。"梁武帝法华"卷尾的印章就是这样一个东西。

细察卷尾印章，看来应有2行六个字，但点画断断续续，文字模模糊糊。最后一个字，隐约可辨，似乎是个"院"；其他五个字的辨识，就在虚无缥缈间了。

第七，作旧勉强。

本件很明显地给人一种有意作旧的感觉。

为了把新写的经卷伪装成经历千百年风尘的古物，需要作旧；但有意的作旧，总是不能替代千百年风尘的自然侵蚀，本件也是如此。本件全卷四纸虽然完整，但卷面磨损较为严重，且通卷磨损均衡。要造成这样的效果，有几种方法：一是无数次地反复打开、卷起，并且卷起的时候一定要特别使劲，有意加强卷面的摩擦；二是用另一物体，反复摩擦卷面；再就是埋到沙堆中摩擦。谁会这样去对待一件由梁武帝书写的如此珍贵的写经呢？只有作伪者。

按理说，下了如此大的功夫造出来的一个伪卷，不应在作旧方面这样马虎，露出这样明显的破绽。是否作旧者害怕把这个著名帝王抄写的佛经搞得过分破旧，品相搞得太差，会损折它的市场价格？而不作一些旧，则不像是一千多年前的古物，所以如此处理？这种心态还可以再研究。如果我的上述推测可以成立，则作伪者在作旧方面并非很马虎，而是很动了一番心计的。

下面就要谈到李盛铎了。

李盛铎，生于1858年，死于1937年，字椒微，号木斋，江西德化（今九江）人。1909年，清政府学部咨甘肃学台，收购残存敦煌遗书并押解送京。当时，由何彦升（1860—1910）办理此事。1910年，敦煌遗书从甘肃敦煌押解到京，首先被送到何彦升的儿子何鬯威家。何鬯威便伙同岳丈李盛铎，以及刘廷琛（1867—1932）、方尔谦（1872—1936）等人肆意窃盗，每人各得数百卷精品。

李盛铎所得敦煌遗书后大多流入日本，中国公私诸家亦有收藏。20世纪市场上出现一批敦煌遗书伪卷，据传不少与李盛铎有关。李盛铎所藏及托名李盛铎所藏敦煌遗书，往往钤有"德化李氏凡将阁珍藏""敦煌石室秘籍""李盛铎印""两晋六朝隋唐五代妙墨之轩""木斋审定""木斋真赏""麐嘉馆印""木斋"等印章。

"梁武帝法华"钤李盛铎印三种四方："木斋审定"印一方，卷首；"德化李氏凡将阁珍藏"印一方，卷尾；"木斋"印两方，骑缝处与题记后。

前两种印，藤枝晃先生发表过专题论文，附有这两种印的多幅照片，充分论证了这两种印有各种形态。北京图书馆有"木斋审定"印，为铁线篆，与"梁武帝法华"所钤完全不同，也可以证明藤枝晃的观点。藤枝晃没有指出在他文章中被示众的诸多印章，到底哪个是真的，哪个是假的。不过我们知道，李盛铎死后，他的藏书印连同藏书落到书贾手里。李盛铎因收藏敦煌遗书而出名，据说有的书贾为了提高藏品身价，在自己收集的真真假假的敦煌遗书上盖上李盛铎的印章；亦有书贾为了提高藏品身价，自造李盛铎印章钤印在真真假假的敦煌遗书上。因此，目前外间流传的敦煌遗书，钤有李盛铎真印者未必是真的敦煌遗书；钤有李盛铎假印者未必是伪卷。这次同时让我鉴定，与"梁武帝法华"同一出处的另一件敦煌遗书，首尾亦钤有与"梁武帝法华"一模一样的"木斋审定"印与"德化李氏凡将阁珍藏"印。虽然有此两枚印章，虽然该件的贞观年间道宣书写的题款为伪，但原件的确是南北朝晚期的敦煌遗书，品相甚佳。因此，在日本大阪某收藏家所藏的李盛铎藏品的主体部分公布之前，在对李盛铎的用印规律进行充分研究之前，仅凭目前的流传品，想要仅依据上述李盛铎的印章，就做出敦煌遗书真伪的鉴别，恐怕难得要领。

最后要讲讲李盛铎的题记。笔者此后特意到北京大学图书馆考察了李盛铎手迹，此伪卷题跋与李盛铎手迹完全不类，可以肯定并非李盛铎所书。

由此，这是一个彻头彻尾的伪卷。

唐景龙二年（708）薛崇徽写
《大般涅槃经》卷九跋

　　新近从日本回流敦煌遗书一卷，前此曾为日本京都藤井有邻馆收藏，见载于昭和十七年（1942）出版的《有邻大观》（玄）。此遗书系唐景龙二年（708）薛崇徽写《大般涅槃经》卷九，首尾经文均全，且存首尾题。首题作"《大般涅槃经》如来性品之六"，尾题作"《大般涅槃经》卷第九"。卷轴装，共21纸，1039.5厘米。惜原卷护首、尾轴已脱落，后由日本收藏者加接护首、拖尾、尾轴等。所接护首贴有经名签，作"《大般涅槃经》，唐景龙二年写"，中式缥带，系有中式云头白玉别子。原卷末纸有日本收藏者钤印"月明庄"一枚。透光可见所接拖尾粘有作废的日本公文纸，似为户籍类，待考。

　　该卷卷尾有题记23行，今录文如下（录文保留原文行款，并加注行号"/"）：

夫以顾复难追,昊天罔极。驰景远感,痛结终/
身。故知不籍福基,无酬恩造。崇徽、崇/
[昹]等不幸薄福,早丧尊亲。泣泉壤以/
增悲,仰穹昊而何及。况复承/
恩膝下,早荣花萼之欢;念爱掌中,预沾珠/
玉之美。追思鞠育,至勤之 泽实深;敬/
荷劬劳,返哺之诚无逮。崇徽、崇[昹]奉为亡/
考妣敬写《涅槃经》一部,罄此微诚,庄严供/
养。冀使远津灵识,业静福崇;通济幽明,/
障销德满。/

维大唐景龙二年岁次戊申五月壬辰朔廿六日丁巳,弟子朝议郎成州同谷县令上柱国薛崇徽敬写。/

夫人阴氏庐舍那供养。/

弟雍州永乐府左果毅上柱国崇[昹]供养。/

弟妻令狐氏大法供养。/

孙男上柱国英彦供养。/

英彦妻令狐氏成实相供养。/

孙女明正信供养。/

孙男英谅供养。/

孙男为政供养。/

孙女小王供养。/

孙女母娘供养。/

孙女明尚智供养。/

孙男鸿鹤供养。/

据目前调查所得，敦煌遗书中保存的薛崇徽写《大般涅槃经》共有三卷，其余两卷为：

北图14949号，系卷五，首脱尾全。今存20纸，984.2厘米。尾有题记，与上述卷九题记的文字、行款完全相同。

斯02136号，系卷十，首全尾全。今存18纸，865.7厘米。存首、尾题。尾题与上述卷九题记的文字、行款基本相同，唯第5行末尾的"珠"字书写在第6行首，"薛崇徽敬写"作"薛崇徽写"。

此外，2007年新竹玄奘大学中国语文研究所张明莱撰硕士论文《初唐敦煌佛经写卷书法之研究》，称日本东京书道博物馆收藏有薛崇徽写《大般涅槃经》卷七。论文附图版一张，为卷末写经题记。如果该论文所述无误，则目前存世的薛崇徽写《大般涅槃经》，除上述三卷外，尚有日本东京书道博物馆所藏之卷七，共计四卷。该硕士论文未标注书道博物馆对该卷七的馆藏编号，亦未说明所用资料及所附图版的具体出处。笔者查检2005年出版的大型图录《台东区立书道博物馆所藏中村不折旧藏禹域墨书集成》，未见收录此卷。又，张明莱论文虽附卷七写经题记之图版，但仅为局部，无尾题，难以复核其卷次；论文所附图版不甚清晰，难以与其他三卷的图版做进一步比对。加之客中乏书，检索不便，故目前该卷七的具体情况不清，本文亦不将它作为讨论的对象。

综上所述，唐中宗复辟之后的景龙二年（708），薛崇徽兄弟为亡过父母做功德，由薛崇徽亲手书写《大般涅槃经》一部。中国国家图书馆所藏卷五、日本京都藤井有邻馆所藏卷九、英国国家图书馆所藏卷十，均为这部《大般涅槃经》的孑遗。至于日本东京书道博物馆是否曾经收藏过这部《大般涅槃经》的卷七，原物目前收藏在何处，尚需进一步调查。

我认为，对某件敦煌遗书的价值，可以从文物、文献、文字等三个方面进行评判。

就文物价值而言：

首先考察年代。该卷年代已如上述，为公元708年盛唐写卷，距今已经1300多年。

其次考察长度。该《大般涅槃经》卷九的长度为1039.5厘米。目前笔者的敦煌遗书数据库记录了中国国家图书馆（全部）、英国国家图书馆（汉文）共计30000余号敦煌遗书的详细数据。按历年调查估计，上述两个单位所藏汉文敦煌遗书的总长度或总面积约占藏经洞汉文敦煌遗书的68%。在上述30000余号敦煌遗书中，长度超过10米者为610号，占这两个单位所藏汉文敦煌遗书的2%，由此可评价该《大般涅槃经》卷九的稀珍程度。

再次考察书写所用纸张。本卷书写于盛唐，用纸亦属盛唐常用之经黄纸之一种，且经过砑光上蜡工艺，洵为敦煌遗书用纸之上品。

最后考察保存状态与目前品相。由于敦煌遗书系佛教寺院弃藏，绝大部分断头残尾。本卷虽然也缺失护首、尾轴，但经文首尾俱全，较为难得。就已经发现的敦煌遗书中所存薛崇徽写三卷

《大般涅槃经》而言，三卷均无护首、尾轴；其中卷五首部脱失；卷十虽然亦首尾完整，但总体保存状态及目前品相不如本卷；且本卷长达10米多，为三卷之最。就笔者已掌握完整数据的中国国家图书馆与英国国家图书馆而言，两个单位共收藏《大般涅槃经》（北本）1740余号，其中首尾经文完整者仅有94号，约占两个单位所藏《大般涅槃经》（北本）总数的5.4%，亦可由此评价该《大般涅槃经》卷九的文物价值。

故从文物价值的角度综合评价，本卷不仅为现知薛崇徽写三卷《大般涅槃经》中最珍贵者，亦为敦煌遗书中较为稀见的珍品。

就文献价值而言：

本遗书所抄为北凉昙无谶所译四十卷本《大般涅槃经》，俗称"北本《涅槃经》"或"《涅槃经》（北本）"，以区别于其后南朝沙门慧严等依《泥洹经》改治的三十六卷本，亦即所谓"南本"。《大般涅槃经》的传译在中国佛教史上具有非常重要的意义，在佛教中国化的进程中发挥了极其重要的作用，此不赘述。该经在流传过程中分卷发生变化，故现在诸大藏经所收《涅槃经》（北本），虽然均为四十卷本，分卷却有不同。经考订，薛崇徽所抄此经与其后中原系刻本藏经（亦即中国第一部木刻大藏经——北宋的《开宝藏》）分卷相同。《开宝藏》所收的这种卷本，其后经《高丽藏》影响到日本《大正藏》，至今依然为人们常用的卷本。至于敦煌遗书本与《大正藏》本的行文是否有差异，囿于时间，尚未仔细比对。

需要指出的是，用数据库搜索以前的调查结果，世界敦煌遗书共保存《大般涅槃经》3000多号。其中属于北本卷九，且分卷与《开宝藏》完全相同者，共计91号。在这91号中，没有1号的经文首尾完整；而今出现了第92号，它的经文首尾保存完整，实为可喜。

但是，本号的文献价值更体现在它卷末的题记中。众所周知，写经题记蕴藏着有关当时社会乃至佛教发展的诸多信息，从来都是研究者关注的重点。遗憾的是，敦煌遗书中具有题记的写经数量很少。例如英国国家图书馆共有汉文敦煌遗书约14000号，有题记的遗书不足600号（不计题名、勘记）；中国国家图书馆收藏敦煌遗书约16000号，有题记的遗书也不足600号；而本卷拥有长达500余字的写经题记，在敦煌遗书中极为罕见。

问题不仅在于此类题记极其罕见，还在于该题记为我们提供了大量的研究信息。

比如，在《敦煌百家姓》中，"薛"姓仅次于"张、王、李、赵、阴"，位列第六，为敦煌大姓，由此可知薛崇徽属于敦煌世家弟子。据题记可知，景龙年间，薛崇徽曾任成州同谷县（在今甘肃陇南市的成县）县令，弟弟薛崇［睐］则任职雍州（开元年间改为京兆府，在今西安及其周边），可作为考察当时敦煌人士到内地任官为宦的资料。弟兄两人的妻子，一为阴氏，一为令狐氏。"阴"与"令狐"均为敦煌大姓，反映了当时敦煌大族相互联姻的关系。

题记中凡属女性，除了"小王""母娘"两人，其他人的名字皆用法名，说明除两人外，其他女性均已受戒，为优婆夷，这反映了佛教在敦煌流传的普遍性。题记中男性却无一使用法名。按常理推测，薛氏男性成员中，应有受戒者，起码薛崇徽本人应曾受戒。是否依照当时习俗，女性参与佛教活动时使用法名，而男性则用本名？总之，本题记为我们研究敦煌当时有关佛教活动的习俗、佛教在不同性别人群中流传的实际情况，提出新的课题。这可以联系印度佛教碑铭资料，做进一步的研究。

从题记中的"敬书""书"等，可知该《涅槃经》为薛崇徽本人亲笔所写。薛崇徽时任成州同谷县令，书写此经乃为追念已逝世多年父母的恩德，为他们做功德、销业障。题记在功德芳名中同时罗列了他弟弟、弟媳及孙辈的名字。由于大唐律法规定诸外任官人，不得将亲属宾客迁往任所，故功德芳名中所列诸人当时不可能均在同谷县；而这些写卷最终保存在敦煌遗书中，可能是薛崇徽卸任后将它们携回敦煌。如果上述猜测不错，则薛崇徽在同谷县任所写经做功德，功德芳名中既罗列在雍州任职的弟弟，又罗列在敦煌的亲属、孙辈，反映了薛氏兄弟感情笃深，亦可作为研究当时社会伦理、家族理念的资料。

最后，该题记的书写格式，是否受武则天为母功德愿经后面的写经列位的影响，可以研究。进而，这种书写格式与敦煌莫高窟壁画中常见的家族功德芳名有何关系，也可以研究。限于篇幅，此处一概从略。

根据目前调查所知，薛崇徽所写佛经，除了该《大般涅槃经》外，还有两卷：

一为《妙法莲华经》卷五，现存中国国家图书馆，馆藏编号为北图13829号。尾有题记3行："大周证圣元年岁次乙未四月戊寅/朔廿一日戊戌，弟子薛崇徽奉为/尊长敬造。/"

一为《金刚般若波罗蜜经》，现存上海图书馆，馆藏编号为"812404"。尾有题记1行："大唐景龙元年岁次丁未十二月乙丑朔十五日乙卯，同谷县令薛崇徽为亡男英秀敬写。"需要说明的是：笔者至今尚未考察该卷原件，所见仅为公开发表的图录，故对该卷及其题记的真伪不发表意见；并认为对这几件写经中反映的薛崇徽子孙姓名的排行，也需要进一步研究。

如上海图书馆写卷确为薛崇徽所写，则可知，大周证圣年间，薛崇徽尚未为官。景龙元年（707），已到同谷县任县令。景龙二年（708）的《大般涅槃经》题记中，只提到孙辈，没有提到他的儿子，原来其子在景龙元年或景龙元年以前已经逝世。

总之，这些题记对我们了解盛唐时期敦煌高姓大族之间的联姻、在内地任官为宦、与佛教的关系，乃至薛崇徽及其家族的具体情况，都留下活生生的资料。

就文字价值而言：

薛崇徽为一个县令，在当时仅属一个下层官员、一个普通的知识分子，但本号书法无疑达到较高的水平，这对我们评价盛唐一般的文化风气，可以成为一个指标。当然，书法水平的高低，因人而异；对某书法作品水平高低的评价，研究者可以有不同的看法，此处从略。

值得注意的是，初唐以来，由于唐太宗的倡导，书法宗二王，讲法度。传卫夫人所作《笔阵图》有所谓："善笔力者多骨，不善笔力者多肉；多骨微肉者谓之筋书，多肉微骨者谓之墨猪；多力丰筋者圣，无力无筋者病。"初唐四大书法家中，早期的欧阳询（557—641）、虞世南（558—638）、褚遂良（596—658）等三人，可谓当时书法的代表，他们的书法均上承王羲之而又有自己的创新。其后薛稷（649—713）出，张怀瓘在《评书药石论》批评薛稷书法说，"书亦须用圆转，顺其天理；若辄成棱角，是乃病也，岂曰力哉"，但也有人认为薛稷书法开宋徽宗瘦金体之先河。薛崇徽写经时，正处在欧、虞、褚已经逝世，薛稷正在活动的时代。现知敦煌遗书中保存的薛崇徽5号写卷，共存文字约4万字。其书法近欧，正可以成为我们考察这一时期书风的重要资料。如果因缘成熟，笔者拟编纂一个"薛崇徽书法字库"，将薛崇徽写经中的所有文字一一搜集、按序编排，供书法研究之用。

上面从文物、文献、文字三个方面介绍了该《大般涅槃经》卷九的研究价值，可知该卷确为敦煌遗书中少见的珍品。本文仅简单介绍其大致情况，但已经超出预定字数一倍有余，谨此打住。深入研究，且俟他日。客中乏书，疏漏之处，还望方家指正。

2017年5月3日于新西兰奥克兰

周绍良先生藏《金刚经》跋

《金刚经》，全称《金刚般若波罗蜜经》，是印度大乘佛教般若部重要经典。该经在中国流传甚广，影响极大。从东晋十六国到唐，曾由鸠摩罗什、菩提流支、真谛、玄奘、义净等人先后五次译为汉文，现存译本六种，其中以姚秦鸠摩罗什译本最为通行。

本遗书为鸠摩罗什译本，首脱尾全。现存九纸，181行，计360.3厘米，原状未整修。另附启功先生题字，装以护首、玉池，首部经文起自"辱波罗蜜，如来说非忍辱波罗蜜"。尾全，存尾题。唐楷，"世"字有缺笔。从原件形态考察，确属藏经洞所出敦煌遗书，为7至8世纪唐写本，由周绍良先生收藏。

卷尾有题记2行，作："我愿常侍佛，遂愿得出家。常修净梵行，世世度众生。/［虚］空法戒（界）净，我愿亦如何。发愿已至［心］，归命礼佛宝。弟子范光晖共（供）养。/"题记与经文正文非同一人所书。

卷首玉池有启功先生鉴题："唐人写《金刚经》。启功题端。"题字右上钤圆形阳文朱印，直径0.8厘米，印文为"启/"（反字）。题字后部钤2枚印章：一为长方形阴文朱印，0.9厘米×1厘米，印文为"启功/私印/"；一为正方形阳文朱印，0.9厘米×0.9厘米，印文为"元伯"。卷首下边有正方形阴文朱印，1.5厘米×1.5厘米，印文为"周/绍良/经眼/"。此外，本号附一纸笺，略残，上书："《金刚般若［波罗蜜］》经一卷。/弟子范光晖供养。/此卷经文旁间有梵字音注，与众卷不同，亦/一特色也。亦翁识。戊寅蒲节。/"下有正方形阳文朱印，1.5厘米×1.5厘米，印文为"李家/章/"。

周绍良先生所藏此卷在行间对一些汉文词语注有藏文，亦即附笺所谓"梵字"。藏文的书写规则应为从左到右横向书写，但因古代汉文为从上到下竖向书写，故本号行间加注的藏文也一律竖向书写。笔者寡闻，在3500多号敦煌遗书《金刚经》中，此种在汉文经文旁加注藏文本，唯此一见。

在历史上，藏文化曾先后六次大规模向汉地传播。8世纪下半叶到9世纪上半叶，敦煌曾被吐蕃统治六十余年，为藏文化第一次向汉地传播的重要组成部分。本号上的藏文，应为吐蕃统治时期敦煌某位兼通汉藏文字的人士，在该《金刚经》上所作的标注。

我们知道，吐蕃统治时期，敦煌著名僧人法成曾从事藏汉佛典的互译。英国国家图书馆至今保存有当年他翻译圆晖著《楞伽阿跋多罗宝经疏》所用的汉文底本，不少文字旁注藏文，以为翻译时参考。那么，本号《金刚经》上标注的藏文，是否也是法成或其他哪一位计划将《金刚经》由汉译藏前所注？还是某位藏族僧人阅读汉文《金刚经》时所注，以供本人参考？凡此种种，颇有兴味，值得深入研究。

此号《金刚经》可谓第一次汉藏文化大交流的又一见证，弥足珍贵。

2019年2月10日

2019年3月31日略有修订

周绍良先生藏《瑜伽师地论开释分门记》跋

　　周绍良先生藏《瑜伽师地论开释分门记》一卷，存10纸，长275.9厘米。正面抄写147行，背面抄写94行，共计241行。现在已修整，接出护首、天竿与拖尾。

　　《瑜伽师地论》为印度佛教瑜伽行派的重要著作。当年玄奘赴印的目的之一，就是寻求《瑜伽师地论》。玄奘回国后，将该论译为汉文，计100卷，成为中国佛教唯识宗立宗的基本典籍。9世纪下半叶，即敦煌归义军统治时期，著名义学僧人法成曾参照唐玄奘译《瑜伽师地论释》，为弟子们讲解该《瑜伽师地论》。听讲弟子有洪真、一真、悟真、福慧、谈迅、福赞、福性、法镜、智慧山、明照等等。法成的讲解包括科分与疏义两方面，弟子在听讲现场做了笔记。本遗书即为保存在敦煌遗书中的某弟子笔记，内容为对"本地分"的科分，即《瑜伽师地论》卷二、卷三部分文字的科分。由于原卷个别部分曾被后人剪开重装，故次序略有错落、缺漏。

现知敦煌遗书存有此类分门记数十号，其中与本号内容基本对应者约有两号，即伯2035号、斯2552号。日本《大正藏》曾把这两号录文收入第85卷，《藏外佛教文献》亦曾依据伯2035号发表过整理本。由于这些笔记由不同弟子分别记录，内容难免有详略差异，本遗书的发现为整理这一文献提供了新的资料。

令人意外的是本遗书正面第八纸抄写《八转声颂》一篇。首尾俱全，有首尾题，首题下署"国大德三藏法师法成译"。《八转声颂》乃用两首偈颂论述梵文名词的八格变化，每首五言八句，是古印度声明学的重要著作。前此，我们仅知道法国国家图书馆及中国北京大学藏有《八转声颂》的敦煌遗书抄本，现知天地间尚有第三个抄本，由周绍良先生收藏。本遗书《八转声颂》首题、译者署名下有"至德/周绍良/"阳文朱印一方，由此得知周先生对该《八转声颂》的关注，可谓"巨眼"。敦煌遗书中也存有《八转声颂》的藏文写本，且有题记："大编审堪布、译师法成由天竺本译出并审定。"这说明法成亦将该文献翻译为藏文，汉、藏本所据的底本均为梵文。本文献反映了当年敦煌地区梵、汉、藏佛教文献的流传，以及当时对梵文、对不同语言佛教经典的翻译与传习，甚为可贵。又，本遗书背面有用"楞严弯"勾画的科分，这在敦煌遗书中亦甚为罕见。

本遗书的价值还不仅仅在此。

若干年前，我曾经撰文提到：从东汉到北宋，中国的写本流通期约1100年；而从东晋到五代，写本的盛行期约为700年。遗憾的是，随着刻本的产生，写本的地位变化，乃至后人论古籍，言必称"版本"，且唯以"宋版"为矜贵。写本研究的缺失，起码使中国700年学术文化之依托难明。

写本研究包括写本形态、写本对学者治学与学术沿革之影响等方面。本遗书就是我们研究写本的极好标本。比如：

本遗书有各种朱笔圈点，可供我们研究古人如何用圈点标示文献结构。

本遗书有大量朱笔、墨笔的修订，行间加字、行间加行，朱笔、墨笔的涂抹，还有倒乙、校改等种种书写符号，不但让我们了解一篇写本文献的形成过程，而且可以由此窥见当年寺院的教学过程。

本遗书所抄的《八转声颂》属于加文，这种情况在敦煌遗书中非常罕见，可谓特例，故更加值得注意。

本遗书通篇是对《瑜伽师地论》的科分，何以在文间抄写这一《八转声颂》呢？考察原卷，原来此处法成正在讲述"六色"中的"声"。佛教不同派别对"声"有不同的解说，此不具述。想必此处为法成解释《瑜伽师地论》所主张的"十八种声"时顺便提及，该听课弟子则全文照录。有意思的是，本遗书对"声"的笔记从第九纸开始，但《八转声颂》却抄写在第八纸。可能正因为如此，抄写者在《八转声颂》的首题下特意标注其科分："三杂明声等聚之相。"而这一科分正是第九纸的第一句话。这不但为我们提供了研究古代寺院佛教教学的信息，也为我们整理此类笔记应如何处理此种文字提供了样例，这无疑是写本研究的珍贵资料。

又如，本遗书背面抄写文字94行，其中有些亦为《瑜伽师地论》卷二的分门记，大部分则属于我所谓的"补记"。这种补记一般书写在所补文字的背面，是对正面文字的补充。因此，整理写本时，应把背后的补记与正面文字视为一体；但以往研究者有把它们当作杂写甚或直接予以忽略者，当然这也是由于仅从图版难以确认正背面文字位置的缘故，不可苛责。本遗书则为我们研究写本的此类补记提供了直观的样本，识者鉴之。

2019年2月25日

书 评

略谈《中华大藏经》在汉文大藏经史上的地位

《中华大藏经》(汉文部分,上编,以下简称《中华藏》),1982年在当时的国务院古籍整理规划小组支持下立项起步,由任继愈先生主持,组成《中华藏》编辑局进行编辑,1994年编辑工作完成。该书由中华书局出版,1997年出版工作完成,全106册。在中华人民共和国的编辑出版史上,这可算是一个屈指可数的重大工程。先后获得全国古籍整理一等奖、中国社会科学院科研荣誉奖、国家图书奖荣誉奖。

汉传佛教在中国酝酿成熟,流遍东亚。近代以来,日本于20世纪20年代编辑的《大正新修大藏经》被当作汉传佛教大藏经的代表,得到世界普遍的承认。因此,编纂一部高水平的汉文大藏经,便成为中国佛教界、研究界百年来的梦想。20世纪20年代以来,不少仁人志士为实现这一梦想而努力奋斗。

承载着百年的梦想,任继愈先生主持的这部《中华藏》,作为由国家立项的重大课题，从一开始就受到各方面的关注。各方面的人士，从不同的角度出发，对这部大藏经的编纂，都曾经提出自己的设想。面对这一局面，《中华藏》编辑局当时的方针是：不坐而论道（即不争论），不成立编委会，不受各种议论的干扰，把事情做出来。这一方针的结果是：经过13年的努力，《中华藏》上编106册编辑完成。13年中，也时常听到对于《中华藏》的各种议论。在这些议论中，褒奖的议论在此暂且不论，批评的意见主要有两条：一为百衲本，一为使用不便。

当笔者撰写这篇文章时，距《中华藏》的编辑完成已经11年，距它的全部出版也已经8年。虽然不能说什么"盖棺定论"，但拉开一定的时间段，站到今天的立场上回顾《中华藏》，我们的评论可以更加客观一点。

评论《中华藏》，可以从各个角度去进行，本文主要想把它放在汉文大藏经史的背景中来考察。

汉文大藏经从形成到如今，大体可以分为四个时期：写本时期、刻本时期、近现代印刷本时期与数码化时期。目前，我们正处在近现代印刷本时期与数码化时期交替的过程中，《中华藏》则属于近现代印刷本时期的藏经。

近现代印刷本时期的藏经，按其采用的方式不同，可分为排印与影印两种。

属于排印的，又可以分为两类：一类是铅印，即用铅活字排版，做成纸型，然后印刷。用这种方式印刷的藏经，日本先后有《弘教藏》《大日本大藏经》《大日本续藏经》《大正新修大藏经》等，中国则有《频伽藏》与《普慧藏》等。另一类是激光照排，即计算机录入，激光制版，然后印刷。用这种方式印刷的藏经，中国有《文殊大藏经》（中途夭折）、《佛光大藏经》（正在进行）。铅印与激光照排，虽然方式不同，科技含量不同，但都要全部重新植字（录入），然后印刷，就藏经形态而言，两者并无本质差异。

排印本藏经文字清晰，装帧实用，信息量大。特别应该提出的是，排印本藏经的出现，与近现代佛教学术研究的兴起基本同步。由此新编的藏经，学术含量高。这不但体现在独具一格的分类体系，也体现在校勘、断句、标点等方面。其方便、实用与科学，远远超过古代的木刻本。因此，问世不久，便以其无可辩驳的优势，淘汰掉古代的刻本藏经。不过，排印本需要大规模植字。校对精细的，仍难免疏漏百出；校对粗疏的，则鱼鲁之讹，不忍卒读。日本《大正藏》号称水平最高，按照最近的研究，其植字错误至少达万分之十几，大大超过万分之三的一般要求。按照中国目前的通行标准，它肯定上不了优秀图书的参评线。

属于影印者，也可以分为两类：一类是单纯影印，即不改变原底本的编排，如近年影印的《明北藏》《清龙藏》等。这些影印本可视为原藏经的一种重印。另一类是重编影印本，即改变了原底本的编排，按照新的体例重新编排所收经典，如《中华藏》。这种影印本实际上已经与原底本脱节，形成新的藏经。

今天，古代刻本藏经基本上已经成为文物，单纯影印本使它们化身百千，既可以满足寺院供养法宝的需求，也可以让更多的人一睹它的真面目。相对于排印本藏经的大量植字错误，单纯影印本为我们提供了可信的核对依据；单纯影印本还保留了刻本藏经的原始形态，大大方便了刻本藏经研究者的工作；加之影印本改用现代装帧，使用方便。如此种种，都是单纯影印本受到人们欢迎的原因。

但是，单纯影印本均以古代某一特定刻本藏经为底本，而囿于各种原因，古代刻本藏经的收经范围都有不足。此外，古代刻本藏经都存在程度不同的各种错谬，而上述单纯影印本的操作者大抵着眼于经济效益，并没有做校勘之类费钱吃力的工作。有些单纯影印本在印刷过程中曾做修版、补版，而又不予以说明，从而损害了它的可信度。凡此种种，又不免降低了这些影印本的价值。

而《中华藏》这样的重编影印本，与排印本相比，它具有影印本忠实于底本的优势，起到反映刻本面貌、可供研究刻本状况之功；与单纯影印本相比，它又吸收了排印本校勘的优点，把历代主要藏经的行文差异聚集在一起，使读者得持一本而揽全局之效。也就是说，《中华藏》凭现代印刷科技之便利，积13年孜孜校勘之苦功，使得它在写本、刻本、近现代印刷本、数码本这一汉文大藏经的发展序列中位于最高端；从而在汉文大藏经发展史上，产生出一个新的品类，树立起自己独特的地位。

谈到《中华藏》在汉文大藏经史上的地位，还必须谈到一点，就是大藏经的收经标准。

我曾经提出大藏经的三要素，首先是收经标准。一部藏经，总有它的编纂目标。收经标准,是体现这一目标的主要方面。考察古代藏经,无不有自己明确的收经标准;但我们考察《大正藏》,可以发现,它竟然没有确定的收经标准。我曾有专文评述过《大正藏》的这一缺憾,在此不拟详细展开。《中华藏》则赓续了我国的编藏传统,其上编收入历代大藏经中有千字文编号的所有典籍。由此,一藏在手,历代诸藏总揽于此。

我在这里提出收经标准这一问题,还在于像《大正藏》这样在世界上具有重大影响的藏经竟然不将收经标准纳入自己的工作规范,此例一开,势必对后代的编藏实践造成负面影响。《中华藏》重新严格规范收经标准,这在汉文大藏经的编纂史上自然会记上一笔。

下面谈谈人们对《中华藏》的两点批评。

关于百衲本的问题,我想,这既是《中华藏》的缺点,也是它的优点。由于是百衲本,使得《中华藏》缺乏统一的版式,显得不那么美观;但正因为是百衲本,使得《中华藏》可以尽显古代各种木刻藏经的风采。得失相比,应该还是得大于失吧。何况《中华藏》本身全部现代装帧,上下三栏,总体风格还是一致的。

关于使用不便的问题,可以分为三个方面:一是经文没有标点断句,二是校勘记放在卷末,三是长期缺乏可供读者使用的实用目录与索引。

经文没有标点断句,的确是《中华藏》的一大缺点。公允地说,至今为止所有汉文大藏经,包括日本《大正藏》,乃至网上的大藏经都缺乏全面、正确的标点。《中华藏》没有施加标点的原因有两条：第一，《中华藏》是影印，影印本上无法施加标点；第二，1982年《中华藏》启动时，我国的佛教研究力量还不足以完成大藏经标点这一艰巨的任务。二十年来，我国的佛教研究突飞猛进，佛教研究队伍也飞速成长。现在，我们已经完全具备对大藏经进行标点的学术力量。我想，只要经费落实，组织落实，《中华藏》标点这一问题，将会在佛典数码化的进程中得到解决。

校勘记放在卷末，使用的确非常不便。这也是影印本的不得已处。这一问题的解决，也只能寄希望于下一步的数码化。

关于实用目录与索引，我想做一点说明。1997年《中华藏》编辑完成，任继愈先生便把编撰《中华藏总目索引》的任务交给我，中华书局责任编辑毛双民先生也曾多次催稿。由于我设计的《总目索引》包括多方面信息，纳入多种功能，自我加大了工作量；又因为我还承担了其他一些工作，未能全身心投入《总目索引》的编纂：从而使这一工作迟迟不能完成。最后在任先生的决断下，交由潘桂明先生继续承担，才使得《总目》在短期内编成，并在2003年由中华书局出版。在此，我应对迟迟未能向读者提供《中华藏总目索引》承担责任，并向读者及中华书局致歉。2003年版的《总目》，已附有简单索引。至于更详尽的索引，有待日后完成。

寒霜欺鬓风欺面,可怜廿年磨一剑
——评张国风《太平广记会校》

最近,北京燕山出版社推出张国风先生的呕心之作——《太平广记会校》(以下简称《会校》)。

经过五代战乱,宋代初年随着社会的安定、经济的发展,兴起了文化建设的高潮。其标志就是编纂了四部大书——《太平广记》《太平御览》《文苑英华》《册府元龟》。其中太平兴国三年(978)编成、太平兴国六年(981)雕版的《太平广记》是一部类书,其荟萃资料之多、研究价值之大,历来为人们称道。不少人据此辑佚钩沉,做出了卓越的成果。我以为,过去人们往往将《太平广记》视为"小说家之渊薮",将《太平广记》的面世看作是中国小说史上的分水岭。我是研究佛教的,就佛教研究而言,如能善加考辨,则《太平广记》中有大量珍贵资料可供利用。例如,卷九四"仪光禅师"可与《宋高僧传》"唐上都青龙寺光仪传"相参看;卷九十六"僧伽大师"保留了亡佚已久的《僧伽本传》的原文，是研究晚唐、宋代泗州僧伽大圣的第一手资料。《太平广记》中"异僧""释证""报应"等佛教专篇，不仅辑录了大量宋以前佛教的资料，也反映宋初人士对佛教的态度。举一个例子，有些研究者从敦煌遗书中发现古代敦煌僧人可以饮酒，以为这是敦煌佛教特有的习俗。其实从唐宋笔记，我们可以知道这在当时并不是一个稀见的现象，《太平广记》中也有僧人饮酒食肉的记载，可相印证。除了上述佛教专篇，还有大量佛教资料散见诸处，其中不乏珍贵史料。比如三国佛教，曹魏、孙吴均有史料留存。至于蜀汉，除经录记载蜀地可能翻译过一两部佛经外，没有留下任何文字记录，以致隋费长房叹息道："既魏、蜀、吴三国鼎跱，其蜀独无代录者何？岂非佛日丽天而无缘者莫睹，法雷震地［而］比屋者弗闻哉。"（《历代三宝记》卷五）感叹蜀国的老百姓可能与佛教没有缘分，佛教大概没有传到蜀国。但从《太平广记》卷五百"姜太师"条，我们可以得知蜀汉有佛教活动，且已流传斋僧习俗；而以往书写中国佛教史的研究者，谁也没有注意到这一条史料。又，卷四九五记载晚唐潞州李抱贞哄骗僧人自焚以筹措军资，这一故事亦为当时的政教关系做了很好的注释。此外，《太平广记》还包括大批后代已经亡佚的道教资料，其中颇有可与敦煌遗书相互发明者。因此，对《太平广记》的史料价值，完全应该做出新的评价。

遗憾的是，中华民族虽然是一个非常善于创造文化的民族，却实在不是一个能够很好保护自己文化的民族。就《太平广记》这样一部著作而言，虽然北宋、南宋均曾刊印，但是今天已难以寻觅那些刻本的踪迹。今天我们还能看到的最早刻本是明嘉靖、隆庆之际无锡谈恺本。谈本据某抄本翻刻，而该抄本"传写已久，亥豕鲁鱼，甚至不能以句"。虽经谈恺与他的朋友们努力订正文字，但残文缺卷，未成全璧。近几十年来，学术界通行的是1961年中华书局出版的汪绍楹先生校点本（新一版）。汪本以谈本为底本，校以明沈与文抄本、明许自昌刻本、清陈鳣校本、清黄晟刻本。汪本用力甚勤，但在底校本的收集、利用及点校体例方面颇有可商榷处，故此次北京燕山出版社推出的张国风《会校》本想必将起到推陈出新之效。

我认为张国风的《会校》本今后必将取代汪绍楹本，是因为《会校》本具有如下四大特点：

第一，精研诸本，查核佚异。

古籍整理须以底校本为基本。能够利用到的底校本越多，古籍整理的基础就越扎实，质量也将越高，这已是古籍整理的常识。汪绍楹虽然收集了五种传本，可惜未能充分利用。张国风经过艰苦努力，除上述汪绍楹利用的五本外，又寻觅到刊刻于隆庆、万历年间的活字本，康熙年间孙潜据宋钞的校本，四库全书本，古代朝鲜刊刻的《太平广记详节》与《太平通载》两种选本。这样，可利用的底校本增加到十种，其中如孙潜校本乃据宋本校勘，而《太平广记详节》保存大量宋本原文，不仅均为极稀见的传本，且校勘价值极高。这就为张国风的《会校》本奠定了更加广阔坚实的基础。

然而，笔者在长年整理敦煌遗书的经历中认识到，有时底校本数量的增加与提高整理本的质量未必一定是正比关系，反而也有可能徒增纷乱。此时的关键是要搞清楚不同底校本的渊源流变、传承关系，了解它们各自的优点与不足。只有恰如其分地认识它们、评价它们，才能更好地使用它们。这就对古籍整理者提出了更高的要求。

张国风整理《太平广记》，正是从清理、研究诸传本的关系入手。为此，他在着手会校之前，先对每一种传本的传承、优劣、相互关系做了详尽的研究，撰写了30多万字的《〈太平广记〉版本考述》。通过这一研究，他解决了不少《太平广记》版本方面含糊不清的问题，对《太平广记》版本的演变了然于胸，这就让他在下一步的校勘整理工作中取得主动。

不仅如此，张国风在前人研究的基础上，对《太平广记》的引书做了进一步考证、查索，由此补充、查核了一批《太平广记》的佚文与异文，纳入《会校》；还尽量对照、查核每篇故事在其他古籍中的引用情况，由此不仅校勘错讹，更能全面把握故事演变、行文演化之线索。

张国风在本书《后记》中说："就我的体会来说，版本的研究适成为文本整理的前提和基础。"佳哉斯言！我以为这可以成为古籍整理的一种理论概括。正由于张国风在版本研究方面下了苦功夫，得到真收获，因此与一般的古籍整理相比，这部《太平广记会校》的起点高、基础实。这是该《会校》能够取得成功的基本保证。我不敢说这一《会校》已经尽善尽美，但从一个从事古籍整理多年的同行的角度，我以为对《太平广记》这一部类书,《会校》的前期准备工作能够做到张国风这种程度,应该是到位了。

第二,校勘详尽,体例转精。

五十年来学界流传的汪绍楹本,的确用功匪浅,嘉惠学林亦匪浅。但是,正如程毅中先生在《〈太平广记会校〉序》中所说:"限于当时的条件,出版社为避免'繁琐校勘'的批评,只要求忠于底本,尽量少作改动,不校异文,某些明显的错误可以径改而不出校记。因此留下了一些遗憾。"由此,汪绍楹先生虽然收集了五种本子,却未能充分发挥这些本子的优点,做出一个更好的校本。

古籍整理到底应该怎么做?人们也是在不断的前进中总结经验。如程毅中先生上文所示,20世纪五六十年代,标准的做法是"忠于底本""不校异文",以避免"繁琐校勘"。那样做的好处是减少了工作量,加快了古籍整理的进度。应该说明,那种做法并不源自当时流行的"多快好省"的总路线精神,而是沿袭了此前的传统。

在理论上,不排除某本古籍一点错误也没有;但在实践中,我们总是利用诸多优劣互见的本子进行古籍整理。所以,如采用传统的"忠于底本""不校异文"的做法,则在整理古籍之前,最重要的是选择理想的底本。底本错误少,校起来省劲,校记也少;底本错误多,校记自然也就多。但根据我自己从事古籍整理的实践,有时固然会遇到诸本中某本显然较优的情况,但更多的情况是诸本各有优劣,很难说哪个更好。所以,选择底本的工作往往变成"矮子里拔将军",且往往具有一定的主观性。

进而，在校勘实践中采用"忠于底本""不校异文"那种做法，整理本的最终价值完全取决于整理者的水平。如果整理者的水平高到足以发现与纠正底本中所有的错误，那么该整理本的价值自然非同一般；否则，如底本有错，整理者便跟着错，那整理本的价值未免要打个折扣。但整理者不可能是天才或全才，错误总是难免的，只是错得多与错得少、错得大与错得小而已。由此，传统的"忠于底本""不校异文"那种做法的弊病就非常清楚了。采用那种方法，整理者虽然收集了诸多校本，但因"忠于底本"，"不校异文"，整理本自然不能完全反映出诸多校本的面貌。有那么多校本又有多少用处？岂不等于入宝山而空手归。且因所用校本大抵为善本，一般读者难得见到，故读者与整理者双方便处于信息不对称状态。在那种情况下，读者不可能对整理本的质量进行校验，只能被动地接受整理者的整理成果，其后果必然是读者或者得益于整理本，或者被整理本所误导。

张国风《会校》本的"校勘凡例"规定："底本与他本两通者，一般不改文字而出校说明。"这样，《会校》本提供给读者的，不仅仅是整理者的整理成果，也公布了整理者所利用的原始资料。这不仅让读者窥见其他校本的风貌，也等于把文本准确性的最终裁量权交到读者手中。读者可以参用整理者校定的文字，也可以拒绝整理者校定的文字，依据校记中的异文参用其他本子的文字。这样的整理本，不是整理者对读者的单向知识传输，而是为文本正确性的双向互动提供条件。这种体例，无疑远优于"忠于底本""不校异文"。我以为，就《太平广记》这种资料性著作而言，如果能够做到"逢异必校"，使读者一本在手，诸本在胸，则价值可能更高。当然，"逢异必校"的方法大大增加校记的数量，不适于普及性的古籍整理。

《会校》本"校勘凡例"第七条规定："采用通行的繁体字。凡异体字、简体字，皆径改为通行的繁体字而不出校记。人名、地名除外。"我非常赞同。

古籍整理的对象虽然是古籍，但毕竟是今人在做，为今人而做。也就是说，古籍整理有它的时代性。体现这种时代性的标志之一，就是正字，也就是用当代通行的文字标准来规范各种不符合当代标准的字。汉字的基本特点是具有音、形、义三要素，我以为，音与义规定了该汉字的最基本特性。在古籍整理时，只要某字的读音不变、意义不变，则字形的差异应该予以统一，应该用通行的繁体字来予以规范，这就是"正字"。如果读音有异、意义有异，自然不可随意改订。现在有的古籍整理者不考虑字音、字义因素，力图保持原书的字形。我以为这种方法既增加出版社造字成本，又增加读者阅读困难，不值得提倡。有人以为这样有利于文字研究者研究文字。其实，真正的文字研究者一定会查阅原书考察原字形，不会利用这种二手的印刷资料。因为谁也不敢担保电脑所仿造的那个字形是否真正原原本本复制出古字的原貌。当然，正如《会校》凡例所定，凡属人名、地名，应该名从主人，即使是异体字、简体字，依然需要原样保留。

第三，索引实用，功德无量。

像《太平广记》这样一部篇幅达五百卷的类书，若无实用索引，使用极为不便。索引这种工具，古代没有。现在类似《太平广记》之类的古籍整理都附有索引，这也是古籍整理时代性的标志之一。

就索引的形式而言，《会校》本与汪本一样，都附有两个索引：一为"篇名索引"，按照汉语拼音音序将全书篇目一一罗列；一为"引书索引"，先按照汉语拼音音序将全书所引书籍一一罗列，然后再将从该书征引的资料按照其在《会校》本中的次序一一罗列。但是，汪本对原书出处中同书异名、异书同名的情况未加考订、交代，对原书出处错误者亦一仍其旧；而《会校》本则对同书异名、异书同名详加考订，纠正了原书出处中的错误。

特别值得提出的是，《太平广记》原书有些篇目没有出处，汪本亦不出索引；《会校》本不但尽量考定出处，列入索引，还查阅大量古籍，说明该资料在其他古籍中的用例，然后将这些用例出处全部作为校记，列于每篇的后面。有些篇目的用例出处，竟多达十多条。由此可见张国风爬梳资料之勤、所下功力之巨，亦说明《会校》本资料价值之大。此类校记虽然没有以索引的面目出现，实际也起到索引的作用。

由于《太平广记》网罗宋以前类书、小说笔记等古籍甚多，不少被它引证的书籍其后亡佚，故后代不少学者都据《太平广记》做钩沉索隐。可以想见，将来的有心人如能善用《会校》本的这一篇名索引，善用每篇资料后面张国风所列出的用例出处，可以做出多少锦绣文章。

因此，如果说《会校》本的前一个索引仅提供了阅读的方便，则《会校》本的后一个索引及每篇的用例出处校记将成为研究者钩沉索隐、进一步研究《太平广记》的重要工具，实在嘉惠学林，功德无量。

第四，补缺弥漏，正本清源。

本文开头讲了一堆《太平广记》的好话，诸如资料丰富等等。但是，客观地讲，《太平广记》也有自己先天的不足——这是一部皇家编的官书。坦率地说，自古以来，凡是皇家编的此类大书，不少是豆腐渣工程。我的经验，利用此类古籍时，如有可能，最好查核原书；如原书亡佚无从查核，亦无其他引文出处可供参考，那只能因陋就简，徒呼奈何。《太平广记》煌煌数百万字，仅用一年半时间就编成，其粗制滥造之处，自然不少。什么引文错漏、出处错漏，诸如此类，不一而足。古籍整理时，遇到这种情况怎么办？是抱残守缺，还是尽量依据原始资料予以订正？采取前者，也说得过去，即所谓"尊重古人，尊重原书"；采取后者，更是对读者负责，对中国文化负责。《会校》本采取的是后者，即尽可能查找原始资料，依据原始资料纠正错误，并将原文情况及修订依据一并写入校记。这样，读者既可以依据校记复原出原书面貌，达到"尊重古人，尊重原书"的效果；又给读者以更加准确的信息，实际是代替读者查核了原始资料。我以为《会校》本所采取的后一种做法远胜前一种"抱残守缺"的态度，应该提倡，但作者为此付出的辛劳也可以想见。

张国风的这部《会校》有无可以商榷的地方？自然也是有的。在此提出两点：

第一，如前所述，在我看来，如果能在校勘体例中加一条"逢异必校"，可以达到一本在手，总揽诸本之效，本书的资料价值也许更高。当然，"逢异必校"这种方法，虽然在编校《中华藏》时曾经实践，目前我主持的《藏外佛教文献》仍在继续实践，但是并没有得到古籍整理界的普遍认同。本文提出这一问题，不过是希望与古籍整理界的同行对这一校勘体例交流意见。

第二，《会校》本中，凡属校改底本文字的校勘记，有两种写法：

一种为：某，原作某，现据某某本改。

一种为：原作某，某某本作某，现据某某本改。

窃以为前一种简洁、直观、明了，后一种行文拖沓，且略嫌晦涩。既为同类校记，统一表述方法为好。

至于书中的漏校、错录，我想这是所有的古籍整理作品都难以完全避免的。坦率地说，搞古籍整理，整理对了，那是应该的，整理有错，注定要被批评。这就好比铺路，路铺得平整，那是应该的，路上有坑洼，铺路者自然要挨骂。但人非圣贤，孰能无过？于是古籍整理者挨批，就成为天经地义的事情。《藏外佛教文献》提倡"以精益求精之心，求尽善尽美之境"，实际如我一篇文章所说："真正的尽善尽美之境仅存在于彼岸世界。但俗话说：'取法于上，得之于中；取法于中，得之于下。'我们只有高标准、严要求，才能在整理中少犯错误，犯小错误。"我一贯认为，古籍整理不可能毕其功于一役。一个优秀的文本必然是在整理者与读者的互动中逐渐形成，这也是我主张"逢异必校"的原因之一。从某种意义上讲，张国风《会校》本的出现就是与汪绍楹本互动的结果，从而使《太平广记》的文本整理达到一个全新的高度。我相信，张国风的这个《会校》本起码能为学术界服务几十年。几十年以后，一百年以后，一定会有更好的本子再次出来履行推陈出新的使命，我们的学术就是这样前进的。我们每个人的工作实际只是中华文化绵延数千年的长链中的一环，我们民族的文化因此而历久常新。

20世纪90年代初，我与张国风在国家图书馆善本部共事，他从那时开始萌发重新会校《太平广记》的意愿。无论哪一位，只要略知《太平广记》那宏大的卷帙、繁杂的内容，就可以想见这实在是一项非同小可的工作。张国风毅然自我承担这一工作，这需要下定怎样的决心，准备付出多大的辛劳！在这二十年中，我看着他海内海外，上下求索；看着他从研究版本着手，然后逐字会校、反复修订，乃至编制索引、再三校对；看着他如何克服常人难以想象的种种困难，诸如书稿损毁，甚至居无定所；看着他从一个壮年，成为一个老头；也看着他矢志不移，兀兀穷年，终于以个人之力，把这件事情做成了。今天看到燕山出版社出版的这二十册煌煌大作，不禁涌起"寒霜欺鬓风欺面，可怜廿年磨一剑"之叹，现在做一点实实在在的古籍整理工作，真是太难了；但也为他高兴，一个人一辈子做不了多少事，能真正为民族文化的积累做成一件事情，在民族文化的长链中铸上坚实的一环，此生足矣。

2012年3月30日于通州皇木厂

《中国地方志佛道教文献汇纂》
出版座谈会书面发言

《中国地方志佛道教文献汇纂》出版座谈会诸位与会学者及朋友：

首先对以何建明为首席专家的团队完成如此规模的旷世工程表示热烈的祝贺，也为我因故未能参加今天的出版座谈会表示衷心的歉意与深深的遗憾。

我曾经撰文指出，中华民族是一个有着高度文明自觉的民族。其表现之一，就是中华民族对自己创造的文明有着充分的价值评估，并力图采用一切方式使这一文明传承下去。"惟殷先人，有典有册"，孔子以下，历代整理典籍的仁人志士前赴后继，都是这一文明自觉的体现。我也曾经提到，佛教传入以后，中国有两大文化景观：一是历朝历代都要修正史，一是历朝历代都要造大藏经。其实上述提法有缺陷，因为中国还有一大文化景观，就是历朝历代都有大批乡贤士绅出面编纂当地方志（从宏观讲，这里有一个从氏族志向地方志转移的过程）。如果说正史是皇权的体现，佛教大藏经、道教道藏是神权的体现，则方志就是地方士绅意志的体现。古代中国几千年治不下县，乡贤士绅是地方秩序的维护者、地方文化的主要承载者。宋以下，从垂直层面上讲，中央政权、地方士绅、底层社会三者的互动，决定了社会发展的主要方向。因此，如果缺少对士绅文化的研究，则对中国历史、文化、宗教的研究就是不完整的。实际上，我认为就中国佛教研究而言，宋以下佛教研究目前出现的种种不足，问题恰恰就在于关注上层佛教的种种表象较多，而对各地区佛教乃至底层佛教关注不够，甚至未予关注。这也就难以真正反映宋以下中国佛教的实际情况，从中总结出规律性的东西。中国的文化是分层的，不同层次的文化在不停地互动，仅仅关注某一层面，难以把握中国文化、中国佛教的真实历史。

1995年出版《藏外佛教文献》第1辑，我在《卷首语》中把地方史志列为整理的对象之一；但当时只是一个设想，实际并不具备从事这一工作的条件。《中华大藏经》（汉文部分，续编）最初筹备时，经任继愈先生同意，正式把地方史志列入编辑计划，但主要整理对象是佛教寺志、山志。《中国地方志佛道教文献汇纂》则有两大特色：第一，《中国地方志佛道教文献汇纂》收录1949年以前编纂的包括港澳台地区在内的全国各省市区县及乡镇的各种地方志文献（寺观志除外）6813种。这一规模，使它成为前所未有，大概在今后一定时间段内也难以超越的佛道教方志资料的高峰。第二，这一文献汇纂把佛教、道教资料一并纳入，适应了当前学术发展的需要。因为当今越来越多的佛教研究者与道教研究者已经认识到，佛教传入以后，中国佛教与道教的发展相互影响，不可分割，并已着手从两者关联的角度开拓研究。佛教说"应时应机"，《中国地方志佛道教文献汇纂》就是一部适应了时代需要、适应了研究者需要的好书。《中国地方志佛道教文献汇纂》的出版，想必会对这一领域研究起到极大的促进作用。

一部好书，如何让它真正发挥作用，而不是成为书架上的摆设，还需要编纂者再下功夫。研究者都知道方志中有各种佛道教资料，但方志数量之大、版本之多、收藏之分散，给研究者的研究利用带来很大的困难。何建明团队把这些分散的资料集中起来，分类排比，使研究者免于搜检之劳，的确功德无量。但是，如何让研究者真正把握《中国地方志佛道教文献汇纂》里到底有些什么资料，知道其中有没有自己的研究课题所需要的资料，并方便地找到自己所需要的资料，还需要设计并完成一个比较好的索引系统，以方便研究者使用。知道何建明先生已经把索引的编纂列入工作计划，非常高兴，预祝早日完成。

关于编纂索引，有一点建议。我向来认为，资料的使用价值与它被整理的程度成正比。各种资料内涵的很多知识点，相互之间都有着内在的联系。打通这些联系，可以使资料的使用价值以几何级数增加。数据库技术的出现，为我们对资料进行深度加工提供了锐利武器。如果能够利用关联数据库，将《中国地方志佛道教文献汇纂》的各种知识点甄别罗列，打通它们内在的联系，并加适当的权重，则我相信《中国地方志佛道教文献汇纂》将能发挥无可比拟的作用，从该书将会生发出各种各样新的学术增长点，亦即它本身就会成为开辟学术新天地的基础。诚如此，它在中国佛教、道教研究中的作用将无可限量。

祝愿何建明先生及其团队能够再接再厉，为中华文化的重新崛起做出更大的贡献。

2013年5月22日

任继愈《中华藏》与吕澂《中华藏》
——答高山杉先生

方按：

此文已发表于2015年6月7日《南方都市报》，6月7日的《南方都市报》同时发表了高山杉先生的《对方广锠先生的回应》。

高山杉先生又在其"豆瓣"上刊发《对方广锠先生的回应》的未删节本。本人对高山杉先生回应的回应，已经寄给《南方都市报》。

我这篇文章提出不少问题，对照一下高山杉的《对方广锠先生的回应》，看看他对哪些问题回应了、哪些问题回避了、哪些问题噤若寒鸦，还是挺有意思的；对那些他已经回应的问题，看看是堂堂正正地正面回应，是气急败坏地开口骂人，还是像泥鳅一样滑来滑去，也是挺有意思的。

浮躁的学术界需要有啄木鸟，即使有几条鲶鱼也好。所以，虽然我对高山杉先生的文风不太欣赏，对他有时跨疆越界对自己不熟悉的领域、对自己不了解其背景的事物随便发表议论的作风也不以为然，但是对他勇于发声的精神很是赞赏，有人讲话总比一潭死水强。

言多必失，高山杉的议论自然会有疏失，这不足怪。最近从网上看到高山杉先生发表在《南方都市报》2014年10月12日的《关于吕澂编〈中华大藏经〉目录后分草稿》（以下称"《高文》"），由于文中提出的问题涉及任继愈先生《中华藏》与吕澂先生《中华藏》的关系，亦即涉及中国当代大藏经编纂史，无论作为当年任继愈先生编纂《中华藏》的主要助手之一，还是作为大藏经研究者，我都有义务澄清事实，以免错误说法继续流传，误导后人，误导历史。

《高文》原是公布吕澂先生《〈中华大藏经〉目录后分草稿》的一个说明，涉及任继愈先生《中华藏》与吕澂先生《中华藏》关系的是文章的第一段。为行文方便，今引用如下：

> 以前发表的有关《中华大藏经》出版过程的文字，如任继愈《〈中华大藏经〉编纂记》、童玮《〈赵城藏〉与〈中华大藏经〉》等，总在有意无意之间使读者认为《中华大藏经》的策划和编辑开始于1982年。其实早在1961年，汤用彤（1893—1964）就已提出影印百衲本汉文大藏经的建议，而且得到吕澂（1896—1989）的支持。在一份意见书中，吕澂提出影印百衲本汉文大藏经需要先做好三项准备工作，即编

定一部汉文大藏经目录、搜集底本和重点校勘（参看李林收藏、笔者整理的吕澂在1961年7月2日所写关于影印百衲本汉文大藏经的意见书，载《世界哲学》，2010年第3期）。关于搜集底本一项，吕澂建议"百衲本可以现存的金刻藏经为底本的主要部分"，这与任继愈在《〈中华大藏经〉编纂记》提到的《中华大藏经》是"以《赵城金藏》为基础，进行对校"，原则上并无不同。现在还在出版中的《中华大藏经》，其形式也正是影印的百衲本大藏经。

上文的主要意思是：任继愈《中华大藏经》的"策划和编辑"实际始于1961年学部拟议中的《中华藏》；吕澂当年曾提出三条建议，编了一本目录；任继愈《中华藏》之"搜集底本"一项与吕澂"原则上并无不同"，且亦为"影印的百衲本"，但任继愈、童玮等"总在有意无意之间"地隐瞒、割断了这一历史，误导读者。

真的是这样吗？否。

关于如何区别不同的藏经，笔者曾有论述。我认为，区别古代写本藏经的标准是目录，区别古代刻本藏经的标准是版片，而区别近现代印刷本藏经的标准又回归到目录。当然，高山杉先生也许没有看到我的论述，即使看到，也可以不同意我的论述；但他除了底本"原则上并无不同"这一含糊且错误的理由、百衲本这一外在形态之外，没有说明为什么任继愈的《中华藏》就是吕澂当年"策划和编辑"的《中华藏》，便发出任继愈等"总在有意无意之间"误导读者之类的诛心之论，实为不妥。

实际上，任先生主持的《中华藏》与吕澂的《中华藏》除了名称相同（台湾地区还有一个同名的《中华大藏经》）之外，没有继承关系，并非"策划和编辑"于1961年、实施于1982年的同一个项目，而是各起炉灶的两个不同项目。理由如下：

第一，委托主体不同。

吕澂的工作是学部布置，属于学部项目；任先生《中华藏》是国家古籍整理小组委托，属于国家项目。

第二，委托目标不同。

《高文》交代得很清楚：学部"开始计划编辑影印《中华大藏经》……推选吕澂负责起草《中华大藏经目录》"。吕澂不负所托，编了一个目录（其后正式发表时改名为《新编汉文大藏经目录》）。但学部是否委托吕澂先生实际启动编藏呢？据我所知是没有的。任先生的《中华藏》则是国家委托给他的一个实实在在的具体任务，要编成并交出一部藏经的。

不言而喻，吕澂先生编目的目的就是为了编藏。遗憾的是，吕澂的这一目的没有成为现实，学部并未为编藏立项。任继愈接受的任务就是编藏，他实际领导并完成了国家委托的这一任务。

研究大藏经的都知道，编目与实际编藏是两回事。

第三，承接主体不同。

一个仅是学部的一种设想，为此进行了若干前期的论证、预备工作，但其后并未实际开展。所以，就编藏而言，也就没有具体的承接主体。另一个，严格地讲，是国家下达给任先生的个人项目，任先生是项目的承接主体。

第四，编纂理念不同。

吕澂出身支那内学院系，他的编藏思想属于佛教传统，且有宗派倾向，所以他的目录受到佛教界内部人士的批评。我也曾经撰文评论吕澂《新编汉文大藏经目录》，认为他站在宗派立场上，没有摆脱中国佛教传统的思维框架，立场是护持正法，结构是重大轻小，甚至从日本《大正藏》倒退。

任先生的《中华藏》则从大文化理念着眼，从整理中华文献的角度出发，两者完全不同。关于这一点，我有多篇文章阐述，此处不赘。

第五，编藏目录不同。

因为任先生的理念与吕澂不同，所以不采用吕澂的《新编汉文大藏经目录》。任继愈《中华藏》的早期工作目录是童玮编的，那是任先生委托给童玮的一项工作。上文提到，区别近现代印刷本藏经的标准是目录。任何人，只要比较任继愈先生主持的《中华大藏经》的目录与吕澂先生的《新编汉文大藏经目录》，都会得出"这是两部不同的藏经"这一结论。

第六，也谈底本与百衲本。

高山杉先生从底本的角度及百衲本的形态，认为两者有继承关系。他说：

> 吕澂建议"百衲本可以现存的金刻藏经为底本的主要部分"，这与任继愈在《〈中华大藏经〉编纂记》提到的《中

华大藏经》是"以《赵城金藏》为基础，进行对校"，原则上并无不同。现在还在出版中的《中华大藏经》，其形式也正是影印的百衲本大藏经。

这说明高山杉先生只看到事物的表象，对编藏工作缺乏必要的知识。

先谈底本。"以现存的金刻藏经为底本"与"以《赵城金藏》为基础"在编藏实践中是两回事，其结果也不相同。高山杉先生所引任先生《〈中华大藏经〉编纂记》发表于2005年7月14日《光明日报》，受篇幅限制，该文实际是任先生《中华大藏经总目·序》（载《中华大藏经总目》，中华书局，2004年）的缩写。其实，任先生在上述《中华大藏经总目·序》中对这个问题已经做了非常清楚的交代，不知为何高山杉先生不去引用任先生的更加完整、正确的表述：

> 为了避免过去各种大藏经的缺点，我们编印的《中华大藏经》力求做到版本要"精"，内容要"全"。我们慎重考虑，选用了八种有代表性的不同版本的"大藏经"，以《赵城金藏》为基础，进行对校。……《中华大藏经》编辑者申明以《赵城金藏》为基础而不说以《赵城金藏》为底本，是经过考虑的（方按：任先生在下文介绍了《赵城金藏》残破霉烂的情况，及中华藏编辑局进行修补的情况，文繁不录）。按照传统校勘义例，虽经过编辑人员慎重加工，《赵城金藏》

已不能称为底本，而只能说是以它为基础。《中华大藏经》成为中国众多版本大藏经之后的另一种新版本……

由于《中华藏》以《赵城金藏》为基础，经过修版，形成新的《中华藏》版本。所以任先生交代我要编纂《中华大藏经》版本目录，向后人交代补版的情况。这一工作历经内外阻挠，现在终于有条件了，可以做了。

至于百衲本，那是由编藏时的现实条件决定的，藏经是否百衲本与它们是否为同一种藏经完全没有关系，台湾地区的《中华大藏经》也是百衲本。

此外，《高文》发表于2014年10月。众所周知，《中华藏》上编106册已于1997年之前全部出版，《总目》1册则于2004年出版。《中华藏》续编正在编辑中，尚未出版。高山杉先生所谓"现在还在出版中的《中华大藏经》，其形式也正是影印的百衲本大藏经"一语，实在让人不知所云。

2015年5月2日

再谈任继愈《中华藏》与吕澂《中华藏》
——再答高山杉先生

方按：

本文作为对高山杉先生"豆瓣"上《对方广锠先生的回应》一文的回应，发表在2015年6月21日《南方都市报》GB08版。

发表时，编辑对原文做了一些删节。

本次所发表文本的首段，是未被编辑删节过的原文；尾段原本已被编辑删掉，此次补入；中间的诸段落尊重编辑的删节意见，未做补足，为《南方都市报》的发表文本。

2016年3月4日修订按语

今年5月1日，偶尔在网上看到高山杉先生发表在《南方都市报》2014年10月12日的《关于吕澂编〈中华大藏经〉目录后分草稿》（以下称"《高文一》"）。平时遇到此类事情，我一般采取

"惹不起躲得起"的态度；且如果介绍一些吕澂《中华藏》的情况及与任继愈《中华藏》的先后因缘，也有助于大家了解现代中国编藏史。但是，该文中有所谓任继愈"总在有意无意之间使读者认为《中华大藏经》的策划和编辑开始于1982年"之类的诛心之论，先生已经辞世，学生应该讲话。于是写了《任继愈〈中华藏〉与吕澂〈中华藏〉——答高山杉先生》（以下称"《方文》"），举出六条理由，论证任继愈《中华藏》与吕澂《中华藏》虽然名称相同，但实际并"没有继承关系，并非'策划和编辑'于1961年、实施于1982年的同一个项目，而是各起炉灶的两个不同项目"。文章于5月2日寄给《南方都市报》，6月5日我给《南方都市报》编辑去信，要求增加一句话。6日，编辑回信："昨天已经见到清样，明天刊出。"故那句话未能加入。

6月7日，《南方都市报》刊发《方文》，同时发表高山杉先生的《对方广锠先生的回应》。高山杉先生随即在自己的"豆瓣"上刊出《方文》及《对方广锠先生的回应》，并称："报上刊出的有一些删节，这里贴出的是全文。"所以我的这篇《再答》是对高山杉先生"豆瓣"刊发的《对方广锠先生的回应》未删节稿（以下称"《高文二》"）的回应。

《高文二》开宗明义称："首先得澄清一下，我那篇文章只是间接涉及这个问题，再加上行文有些简略，在表述上存在一些模糊的地方，但不论如何，我可从来没有主张过吕、任从事的是同一项目！"

依我看，高山杉先生原来的表述还算清楚，现在反而更加模糊。因为他虽正式表示"我可从来没有主张过吕、任从事的是同一项目",但并没有明确表示"吕、任从事的不是同一项目"。《高文二》的模糊自然是有意的,蓄意制造一个"不一不异"的假象,就可以"理直气壮"地坚称"两者有继承关系"。

什么是高山杉先生所谓的"继承关系"呢?《高文二》称:"吕澂等人计划编印的《中华大藏经》与任继愈主持完成的《中华大藏经》,其间有着明确的继承关系可寻。这一关系不仅体现在相同名称的采用上,更表现在底本、校勘、影印等编印方针的设定上。"我真不知道高山杉先生是否明白什么叫大藏经的"继承关系",怎样去考辨大藏经的"继承关系"。《方文》已经用六条理由充分论证两者没有继承关系,是两个不同的项目;可惜《高文二》用"浮词甚多"四个字轻轻巧巧地打发掉了五条,称"没有回应的必要"。其实,只要认真把六条理由好好看看,好好想想,即使不熟悉这个领域,也不应该再提出诸如"更表现在底本、校勘、影印等编印方针的设定上"之类的问题。《方文》批评高山杉先生对自己不熟悉的领域随便发表议论,此为一例。

再谈几个小问题:

第一,《高文二》称"从方先生的商榷文中,我看不出他读过那封意见书(方按:指吕澂先生的意见书)";但在《方文》中,用归纳《高文一》的方式,明确提到"吕澂当年曾提出三条建议"。请注意,《高文一》原文是"吕澂提出影印百衲本汉文大藏经需要先做好三项准备工作",而《方文》的表述则为"三条建议"。对照吕澂先生意见书原文,高山杉先生有何评论?

第二，吕澂意见书的要点只有寥寥几百字，可高山杉先生竟然没有全部看懂。《高文二》谈及底本时特别强调要"注意'主要部分'四字"，并由此指斥我"捏造证据"；但正是这些言辞，恰恰暴露出高山杉先生对古籍整理，特别是对利用《赵城金藏》编纂《中华藏》的无知。所以，他既没有看懂我的那些"浮词"，以为我捏造了证据，又以自己的无知去解读吕澂先生的意见书，以致误解了吕澂的原意。《方文》批评他对自己不熟悉的领域随便发表议论，此又一例。

第三，《高文二》称："大概方先生不知道，任继愈在承包《中华大藏经》项目之初，曾多次咨询过吕澂的意见。"

对任先生拜访吕澂先生之事，高山杉先生既非当事人，且明明知道我是任先生的学生，参与了《中华藏》的编纂，怎么就敢说出"大概方先生不知道"这种话呢？上面提到6月5日我给《南方都市报》编辑去信，要求增加一句话，这句话正是"任继愈先生曾为编纂《中华藏》登门拜访，请教咨询过吕澂先生"。虽然这句话最终没有加入《方文》，但6月5日我给编辑的电邮可以覆按。

第四，《方文》论述时使用了委托主体、委托目标、承接主体等词语，高山杉先生讽之为"涉及'招标公司''包工队'和'广告策划'"，乃至干脆称任继愈"承包"《中华藏》，不知道高山杉先生又如何评价国家社科基金目前实行的重大项目招投标制度？一项严肃的学术活动，怎么到了高山杉眼中却成了商业行为？我以为，后辈出于不同的学术观点，对学术前辈可以有不同的评价，但对前辈所从事的学术活动应有一点起码的尊重，这也属于"敬畏学术"。

第五，高山杉先生提到杜继文先生在第二次世界佛教论坛的发言及他的文章。可以告诉高山杉先生的是，我正是第二次世界佛教论坛大藏经分论坛的筹备者与主持人。我想高山杉先生还应该明白一个最简单的道理：凡与《中华藏》有关的事项，只要发生在任继愈先生去世之前，最权威的发言者是任先生本人。

第六，《高文二》说我"默认"百衲本这一称呼，这才叫"自说自话"。我什么时候"默认"过？相反，我从未公开承认任继愈《中华藏》是百衲本，包括在《方文》中。可见高山杉先生没有认真阅读《方文》，或根本没能读懂。

本文并不打算向高山杉普及大藏经知识与介绍《中华藏》的编纂背景。一则高山杉先生未必有兴趣，因为在他眼里都不过是"浮词"而已；二则《南方都市报》不可能允许我用大量篇幅来论述这些问题。我想，任何人，看了高山杉先生的两篇文章与我的两篇文章，都会做出自己的判断，《中华藏》的历史也就不那么容易被高山杉先生误导了。

最后谈一点感想。1978年我考取中国社科院研究生院，报到前向我中学时代的语文教师刘建邦老师告别。他曾在学部文学所工作过，临别时再三叮嘱我要注意两点，其一为身处学术环境，切忌"撒凉腔"。我当时不懂什么叫"撒凉腔"，他教导我：不懂不丢人，千万不要不懂装懂。他的教导，我记一辈子。

2015年6月10日

学术研究要注意相关新资料

今天看到《绵阳师范学院学报》2016年第4期发表的黄唤平先生撰《北6204号〈法华经解〉实为〈妙法莲华经讲经文〉押座文考辨》一文。文章指出，我在《敦煌遗书中的〈法华经〉注疏》（载《世界宗教研究》，1998年第2期）一文中将北6204号定为"《妙法莲华经讲经文》的序品"是错误的，文章接着用很大篇幅考订该号。考订中利用到《维摩经押座文》等，称："本文发现北6204号写卷实为《妙法莲华经讲经文》的押座文。"

黄唤平先生的观点是对的。该北6204号，现在的正式编号是北敦07849号，的确是"《妙法莲华经讲经文》的押座文"；但是，这个问题在八年前已经解决。

北图07849号的最新图版收录在《国家图书馆藏敦煌遗书》第99册（北京图书馆出版社，2008年）。在该册图录的卷首目录、标版目录与条记目录中，均将该号著录为"妙法莲华经押座文

(拟)"。不仅如此，在该号遗书条记目录的"说明"项中，也已经提到该文献与《维摩经押座文》的关系，进而提到"该押座文亦可用于其他经典"。

我注意到黄唤平先生称该卷"全卷为行体手写，残污颇多，前半部分墨迹涣漫现象较为严重，仅个别字依稀可辨，末尾处没有尾题。且卷子整体天头部分由于残破或污损，部分字迹也不可辨"。看来黄唤平先生利用的是20世纪80年代台湾地区出版的《敦煌宝藏》，而不是我上面提到的《国家图书馆藏敦煌遗书》。《敦煌宝藏》图版质量较差，而《国家图书馆藏敦煌遗书》则全部重新照相，制版印刷。不仅如此，在编辑该北敦07849号时，考虑到该文献比较重要，我特意安排将该号通版印刷。因此，该号的每个字，在《国家图书馆藏敦煌遗书》第99册中都可以清晰辨认。在该号的条记目录中，又有关于该号文献的最新研究成果，有关内容还可以参见中国人民大学出版社今年3月出版的《中国国家图书馆藏敦煌遗书总目录·馆藏目录卷》。

黄唤平先生做了很认真的考订，这是值得赞许的；但是，如果在从事某个课题的研究前，检索一下关于这个课题的最新资料，一定可以让自己少走弯路，少做无用功。

2016年6月21日

他人论著序跋

《〈金刚经赞〉研究》序

达照是1998年中国佛学院的本科毕业生。按照中国佛学院的安排，1998年秋季起跟从我学习研究生课程，专攻佛教文献学。我与达照，名为师生，实际上可说是忘年交。从达照身上，我看到解行相应的僧人风范，也看到中国佛教的希望。

本书是达照研究生毕业论文的扩充。毕业论文的题目是我给的，当时的想法，是对《梁朝傅大士颂金刚经》做一个异本的清理。《梁朝傅大士颂金刚经》属于藏外佛教文献，自形成后，一直在民间流传。宋代以后出现的多种关于《金刚经》的集解，都将它作为批注之一收入。有关情况，可以参见本书的第一章第一节。或者由于这类集解的流行，《梁朝傅大士颂金刚经》的单行本反而逐渐湮没。20世纪20年代，日本矢吹庆辉在英国国家图书馆收藏的敦煌遗书中寻找未入藏典籍，发现其中保存着《梁朝傅大士颂金刚经》的单行本，如获至宝，收入他的《鸣沙余韵》。

其后，日本编纂出版《大正藏》时，特意在第85卷设立"古逸部"，收入敦煌等地发现的历代大藏经未收古逸典籍，《梁朝傅大士颂金刚经》被列为"古逸部"之首。由于一直在藏外流传，所以该《梁朝傅大士颂金刚经》有多种异本出现；而《大正藏》所收只是其中的一种，不能反映该文献的全貌，应该重新加以整理。再说，佛教典籍在流通过程中出现异本，这属于佛教文献学应该研究的重要现象。前此，《藏外佛教文献》已经整理发表了若干种异本佛典，如《天公经》《佛母经》《华严十恶品经》等。我希望通过《梁朝傅大士颂金刚经》的整理，把佛典异本演化的研究向前推进一步。

此外，敦煌遗书《梁朝傅大士颂金刚经》被发现后，引起学者持久的兴趣，百年来研究一直在进行。已经发表的成果，既有一般的学术论文，也有学位论文；最近的成果，则有四川大学张勇先生的研究，后纳入作者的博士论文《傅大士研究》。从总体看，新的资料虽然不断被发现，但新的突破却非常有限。近几十年来，研究者的结论始终局限在这部著作是后人托名之作，但到底是何人所作，什么时候所作，就所说纷纭，莫衷一是了。至于《梁朝傅大士颂金刚经》的思想，则很少有人涉及。所以，我也希望达照的研究不要局限在所谓的"书皮之学"，即不仅要做传本、作者的考证，也要对该文献的思想倾向做一个深入的研究。

但坦率地说，达照研究后最终得到的成果之大，出乎我的意料。

首先，他在敦煌遗书中发现了一批以前不为人们所注意的新资料，从而证明早在《梁朝傅大士颂金刚经》出现以前，已经出现了一种名为《金刚经赞》的文献。该文献是根据无著所造《金刚般若论》科判中的"七义句"创作的，创作者应该是一个深受唯识思想影响的僧人。该文献本来以偈颂的形式单独流传，但在流传的过程中被其他人改造，从而出现诸多异本，包括加入天台思想、用无著的"十八住处"统摄全部偈颂以及将偈颂与《金刚经》经文相配等等。其后，又出现对该《金刚经赞》的注释，并产生将"赞"改称为"颂"的倾向。最后，大约在公元822年到831年之间，有人将该《金刚经赞》改名为《梁朝傅大士颂金刚经》，并编纂了所谓傅大士拍板唱经歌的故事。《梁朝傅大士颂金刚经》产生后，又经过若干演变，出现了不同的异本。达照根据目前收集到的资料，将从《金刚经赞》到《梁朝傅大士颂金刚经》的整个演变过程，分为三个阶段，并整理出八种互有异同的传本。这一工作，完全突破了以往研究者因把眼光仅仅集中在《梁朝傅大士颂金刚经》这一文本本身从而造成的局限，在更广大的范围内，将这一文献发展演变的来龙去脉做了一个彻底的清理。

其次，在本文清理的基础上，达照对《金刚经赞》的思想做了深入的研究。他主张该文献以"唯识思想"为中心，涉及唯识无境、唯识三性、五重唯识观、唯识修道五位、唯识熏习说等唯识的基本理论，同时也具有浓厚的禅法思想以及其他大乘佛教的思想。在上述研究的基础上，提出该文献是宗派佛教兴盛时期的产物，将对《梁朝傅大士颂金刚经》的研究提高到了新的高度。

最后，作者还对文献中涉及的本生故事、典故与历史人物做了专题研究。

总之，达照在广泛掌握原始资料的前提下，在继承百年来学术界对《梁朝傅大士颂金刚经》研究成果的基础上，在"书皮"与"内涵"两个方面全面地突破了前人的研究水平，其工作是值得充分肯定的。就一部文献而言，考证与研究的工作能够做到这一程度，应该说是难能可贵的。

但达照本书的意义并不局限在此。

首先，中国佛教中有些现象很值得注意。不少僧人生前名气很大，比如担任过显赫的高级僧职，死后却默默无闻，乃至现在已经完全不为人们所知。有些僧人乃至俗人生前名气并不大，但随着时间的推移，他们的名气却越来越大，甚至称祖、称圣。对于前一种现象，古人就有过评论，即慧皎所谓的"寡德适时"云云。慧皎的评论一直被后世认同，以为确论。其实在我看来，问题并不这样简单。当然这是另外一个问题，与本文无关。至于后一种现象，古代似乎没有引起人们充分的重视，现在则开始为人们所注意。傅大士就是后一种现象的代表人物之一。

傅大士，即傅翕，浙江东阳人，生活在南北朝晚期，主要活动于著名的崇佛君主梁武帝时代。由于时代风气的熏习，他成为一个崇佛的居士。作为一个下层的百姓，有着深厚中华传统文化的积淀，却深研佛教义理，他很自然地带有浓重的三教合一色彩，并很自然地走上了信仰性佛教的道路。傅翕不甘寂寞，诣阙上书，希求得到梁武帝的赏识；但他不可能挤入以精英文化为主流的佛教上层,所以他的活动地主要在东阳一带。他的著作与事迹,也主要靠门弟子及傅氏家族而流传。从傅翕的一生,我们可以知道,三教合一思想在中国的出现,并不是偶然的,它有着深厚的社会文化背景与民众基础。

从中国义理性佛教的层面来看,傅翕是一个不足道的人物。道宣的《续高僧传》对他虽有记载,乃承袭法琳《辩正论》的文字;而法琳的《辩正论》,所据乃"傅大士碑"。至于隋唐诸种经录,对傅翕的著作都不屑一提。但随着经典崇拜的流行,傅翕作为转轮藏的创制者,其形象被刻造在转轮藏上,因而留名。我以为,转轮藏上的傅翕形象,可以看作义理性佛教与信仰性佛教相互连接的一个象征,因为这时在民间的信仰性佛教中,傅翕已经逐渐被塑造为弥勒的化身。这也就是《梁朝傅大士颂金刚经》产生的基本背景。值得注意的是,从晚唐五代起,傅翕在中国佛教禅宗中的影响逐渐加深,这与《梁朝傅大士颂金刚经》在这一时期的广泛流传也是互为表里的。死后几百年,傅翕总算达成生前的愿望,挤入了佛教的主流文化;但这时,傅翕已经被改造成傅大士了。

如何看待上述现象?我以为这说明中国佛教与其他一切文化形态一样,本身是可以分为若干个层次的,比如义理性佛教与信仰性佛教就是两种不同的层次。但是我们又必须看到,这两种不同形态的佛教,中间并不存在绝对不可逾越的鸿沟,而是互相依存、互相渗透、互相转化的。《金刚经赞》,亦即《梁朝傅大士颂金刚经》的产生与演化过程,就是对上述观点的极好证明。从这个角度讲,"《梁朝傅大士颂金刚经》现象"还值得我们进一步深入研究。

其次,敦煌遗书中,佛教文献占据90%以上,决定了佛教研究在敦煌学研究中举足轻重的地位。但是,与敦煌学的其他领域相比,敦煌佛教研究在我国显得相对滞后。追究其原因,应该是多方面的。研究者的不谙熟佛教,或者说,佛教研究者不注意利用敦煌资料,应该是重要原因之一。由于达照有较好的佛学素养,所以,他从文本中的一个"七义句",敏感地意识到《金刚经赞》与无著论的关系,从"一大阿僧劫"与"三大阿僧劫"的差异,追索到天台思想的介入。达照的成功再次证明,研究要靠资料,而资料只有在行家的手里才能充分显示其价值。从这一点讲,只有佛教研究者真正重视敦煌资料,或敦煌遗书的研究者加强自己的佛学素养,中国的敦煌佛教研究才能真正兴盛起来。我期待着这一天的早日到来。

从中国佛学院毕业后,达照到普陀闭关,开始他修学生活的新阶段。我预祝他在解行相应的道路上不断前进,不断取得新的成果。

2002年3月30日

《中国佛教经论序跋记集》序

本书是中国古代佛教典籍之序、引、跋、记的汇集,收集时限上自后汉,下至清末,共计二千五百篇左右。

佛教于两千多年前传入中国。两千多年来,佛教与中国传统文化深相互动,其结果既极大地改变了中国文化的面貌,也极大地改变了自己;使得原为域外宗教的佛教,成为中国文化的有机组成部分,与儒道两教一起,共同支撑起中华文化之鼎。

佛教的传播,就其本质来说是一种文化的传播。文化的传播需要载体,典籍就是佛教传播的重要载体。正因为有了典籍,思想的传播才能够超越时间与空间;正因为有了典籍,我们今天才能追索佛教传播与演化的过程。

中国佛教的典籍,可以分为两大部分:域外传入的翻译典籍、中国人自己编撰的中华佛教撰著。翻译典籍记录的原本是域外的思想,但从这些典籍被翻译成中文之时起,它们所承载的思想就或多或少地受到中国传统思想的影响而产生变容。思想文化因翻译而发生变容转型，这可以说已经成为文化交流的一种规律。那么，由佛经翻译而发生的佛教思想的变容转型，究竟是怎样展开的？这就需要具体地考察每一部典籍的翻译过程，包括它的翻译时间、地点、译主、译场的其他翻译者、参与翻译的人员对该典籍的理解等等。而关于这些典籍翻译情况的第一手资料，就是相关的翻译记以及序、引、跋。除了翻译时的变容外，其后的中国人在学习这些典籍的过程中，到底是如何看待与接受域外的这些佛教思想的呢？这就要考察中国人阅读这些典籍之后所写的著作与文章。这里主要包括中国人为这些典籍专门撰写的各种章疏，以及他们为这些典籍所写的序跋。至于中华佛教撰著，则更加明确地记录了中国人如何吸收、消化外来佛教，以营养自己的全过程。所以，中华佛教撰著的序、引、跋、记，自然也是我们研究这些撰著的第一手资料。

总之，典籍是我们研究佛教的基本资料，而序、引、跋、记浓缩了关于典籍的大量信息，所以在佛教研究及佛教文献学上具有极其重要的地位。有意思的是，印度古代虽然编撰出大量的佛教经典，但除了个别例外，我们没有发现有如同中国那样的序、引、跋、记。我认为这与汉民族的民族特性有关。汉民族是一个有着高度历史观念的民族，自古以来，便采用各种方式，记录自己民族各个方面的发展史，包括利用序、引、跋、记记录自己在佛教典籍方面的活动。可惜的是，由于种种原因，这些记载很多已经湮没在历史的长河中，今天我们能够看到的只是其中很小的一部分。

　　从现有材料看，在中国佛教文献学史上，第一个注意利用序、引、跋、记来研究佛典的是东晋十六国的著名高僧释道安。释道安不但在钻研与注疏佛典的过程中撰写了不少序跋，而且在自己编撰的《综理众经目录》中，充分利用了前人撰写的序、引、跋、记。只是道安没有能够把他所见到的序、引、跋、记全部汇总收集，这一工作是由南朝梁的著名高僧僧祐承担起来的。僧祐认识到"经序总则胜集之时足征"，即根据经序，可以考察到各佛教典籍翻译的情况，于是在他的名著《出三藏记集》中特意设立了一个部分以总列经序。在这一部分中，僧祐汇总了他当时能够收集到的序、引、跋、记共计一百一十篇[1]，其中只有三十三篇为后代大藏经所收录，另外的七十七篇则赖有僧祐的汇总，才得以保存至今。这些序、引、跋、记，是我们研究汉魏两晋南北朝佛教不可或缺的重要资料。例如，释道安的著作绝大部分都已经亡佚，只有少数经序留存；而这些经序，绝大部分保存在《出三藏记集》中。以至我们不能设想，如果没有《出三藏记集》保留的这些经序，应该怎样从事释道安的研究。

　　遗憾的是，僧祐以后，除了《古今图书集成》之外，再也没有人注目于此。收集汇总佛典序、引、跋、记的工作似乎要成为绝响，这将是我国佛教文献学的一个巨大损失。鉴于此，几年前我就有重新编纂佛教典籍序跋集的设想，并着手收集了若干资

---

[1] 其中有个别的是后人增补的。

料。但是，由于另外一些更加紧迫与重要的工作压手，收集工作断断续续，虽未中止，但完成无时。

今年春天，许明同志抱着篇幅长达二千六百页的《中国佛教经论序跋记集》前来找我，说他用两年多的时间，编纂了这部大书，希望我帮助他审阅一下，还希望我写一篇序。当时，我真是又惊又喜。吃惊的是年轻的许明同志能够有这个眼光，认识到佛典序、引、跋、记的重要价值；也对他竟然下这么大的功夫把这件事情做成感到吃惊。高兴的是自僧祐以来断绝了一千多年的这一工作终于赓续有人，僧祐有知，亦当颔首；也为这件事已经有人在做，我可以给自己卸载而感到高兴。尤其当我得知许明同志没有工作，没有稳定的收入，却不顾一切地花费几年的时间，从事这一非常有学术价值却未必有什么经济效益的事情，真是非常感动。在社会普遍浮躁，学术正在腐败的今天，这实在是一股清新的空气。面对许明及他的工作，许多人应当羞愧。人之所以为人，是要有一点精神的。

本书共收入佛典的序、引、跋、记约二千五百篇，是《出三藏记集》的二十多倍。仅这一数字的对照，就说明本书资料价值之高。本书的诸多序、引、跋、记虽然大多集录自《大正藏》《卍字续藏》《全唐文》等大丛书，但编者不是简单地照录原文，而是做了一番艰苦的考订工作。这主要体现在对作者的考订上：有些篇章传统无作者名，但编者将其考出；有些篇章原注作者有误，编者做了订正。这些都是值得肯定的。

当然，这样一部大书，又是重新移录标点，其鱼鲁之讹、误标之处，在所难免。为了对读者负责，编者特意在篇名索引中注明每篇文章的出处。这样，读者可以根据需要，覆按原文。这说明编者对人、对事的态度是诚恳的，对自己从事的这项工作是老实的、认真的。说起来，标明出处，实际只是对文献工作者的基本要求；然而，就是这一基本要求，有些专业的文献工作者还没有做到。比较之下，业余的文献工作者——许明同志的努力就更显得难能可贵了。

许明同志已经做了很好的工作，但佛典的序、引、跋、记数量甚大，没有被本书收入的还有不少。希望许明同志或其他有意于此的朋友们共同努力，彻底完成这项工作。

2002年6月2日夜于惠新北里

《曲肱斋全集》序

宗教文化出版社拟出版陈健民先生的《曲肱斋全集》，约我写一篇序，我答应了。

对陈健民这个名字，我并不生疏。1997年7月，宗教文化出版社出版了他的著作《佛教禅定》；1998年11月，宗教文化出版社又出版了他的传记——陈浩望著《佛学泰斗陈健民》。这两本书现在就在我的书架上。我有一个习惯：新书入手先翻翻，大致知道一个梗概，兴趣较大就看一遍，兴趣不大就放一边。看一遍的属于学习，放一边的属于备查，关于陈健民的两本书就属于兴趣较大之列。

作为一个佛教研究者，为什么会对陈健民感兴趣？就我而言，主要出于如下几点：

第一，我从印度佛教着手，开始学习佛教，学到密教，学不下去了。密教的一系列问题，经籍中、书本上都含含糊糊，令我恍恍惚惚。设法找人求教，有人告诉我三脉，态度神神秘秘，讲时欲言又止。后来看《密宗道次第广论》，才大致建立一点轮廓。再后来，对密教的知识逐渐积累，总算知道它是怎么一回事；但对它的宗教修习部分，还是不很清楚，因为不同的书籍说法不同。好奇心，或者说求知欲，应该是人的天性，别人越说是秘密，自己就越想知道它的底细。既然这么多人都说陈健民的修习如何好，那我自然产生兴趣，一则通过他来检验我以前所学的知识，一则用我学过的知识来检验他。

第二，宗教不仅有理论，还有实修。研究宗教而不知道实修，不承认实修，也就不可能真正研究好宗教。宗教实修有各种形态：禅宗认为，担水砍柴，都是修道；但密教，特别是瑜伽修习，那完全是另一种路子。我曾经在拙作《印度禅》一书的跋中这样说："我对瑜伽虽然不能说完全不熟悉，但起码是不太熟悉。更正确地讲，应该说对其中的有些部分比较熟悉；而对其中的另一些部分则知之不多；至于实修部分，虽然从门外窥望过，但毕竟至今仍然站在门外。"密教实修，过去是不允许别人从门外窥望的。现在佛教瑜伽士陈健民先生公开举办展览会，我自然要从容浏览一番。

第三，作为一个与佛教有了二十多年因缘的佛教研究者，我所关心的不仅仅是佛教研究，也希望当今中国的佛教能够健康地发展。佛教要能够健康发展，需要有应时应机的理论、应时应机的修证方法以及应时应机的行为规范。我曾经撰文指出，修证法门的缺位，造成当前的"出离汉传佛教现象"；而"到印度佛教、南传佛教、藏传佛教中去寻求新的修持方法，以为汉传佛教进一步发展的营养"[1]，可以是解决修证法门缺位的途径之一。蓝吉富先生评论说："在古代，密宗一向是西藏、蒙古佛教徒的专业，而为汉地所不熟谙。而陈先生恐怕是有史以来的汉人中，对密宗理论与实践，下过最深功夫的一位。……陈先生是在密宗、禅宗、净土、华严四方面的理论与实践，都有独特见解的现代研究者。虽然这些观点并不一定能完全被人接受，但是他的创发性看法是值得赞叹的。"[2]我个人以为，陈健民先生一生的宗教实践，可以看作是20世纪汉传佛教对密宗诸派理论与实践的探索与研究。故无论是经验还是教训，我们都应该尊重他的经历，重视他的探索。

为了写这篇序言，我用两三天的时间把《曲肱斋全集》翻了一遍。内容之丰富，在意料中，也在意料外。但仅仅是简单的浏览，不可能对该书做出全面的评价；就我个人的学力、水平而言，也不足以对这部著作做出中肯的评判。应该说，这是一部需要学习、需要研究的著作。这一类的学习与研究，实际上已经开始。它也许会带来中国历史上的第五次汉藏佛教交流的高潮；也许结果完全相反，为汉传佛教开辟一条完全不同的新路。佛教讲因缘，在这个问题上，诸种因缘将怎样汇聚、怎样发展，现在还不能看得很清楚，我将继续关注这个问题。

20世纪是西方文明全面胜利的世纪；但文化的传播从来是双

---

[1] 参见方广锠：《二十一世纪中国佛教的走向》，载《法音》，2001年第9期。

[2] 蓝吉富：《旅美佛教瑜伽士陈健民先生》，载《曲肱斋全集总目录》，（台北）圆明出版社，1993年。

向的，20世纪也是中国佛教（包括藏传佛教）开始走向世界的世纪。1972年后，陈健民先生一直在西方传播佛教。《曲肱斋全集》中的《耶稣教五圣尊息法火供仪轨》，可以说代表了陈先生力图调和佛教与基督教的努力。这一努力既是陈先生在西方传教的需要，其中也可以看到中华文化的烙印。佛教将怎样在西方传播？或者说西方的佛教将沿着一条什么样的道路前进？我也将继续关注这个问题。

2002年3月24日于太阳宫西

《禅宗三书》序

（1）从古至今，说禅者众；但众说纷纭，莫衷一是。

（2）这使我想起两个故事。

一个故事是瞎子摸象。几个瞎子，各各摸到大象的一个局部，各各以为自己摸到的就是大象，以致众说纷纭，莫衷一是。

一个故事是近视眼看匾。匾还没有挂起来，几个近视眼便凭幻构虚，以致众说纷纭，莫衷一是。

我们到底是幸运的瞎子，还是倒霉的近视眼？

为什么瞎子幸运？为什么近视眼倒霉？

（3）卧轮说："卧轮有伎俩，能断百思想。对境心不起，菩提日日长。"

慧能说："慧能没伎俩，不断百思想。对境心数起，菩提作么长？"

两位禅师的禅法，为什么这样针锋相对？

（4）滔滔东流的长江，从巴颜喀拉山麓发源，到崇明岛出海，一路上吸纳百川，浩浩向前。那么什么叫长江？是它发源地的潺潺轻唱的清清溪流？是在横断山脉间冲折怒号的金沙江？是昔日伴着三峡的猿啼催送轻舟的急浪？是今日在三峡库区为巫女峰照影的静水？还是不分古今，始终在肥沃的东部平原缓缓徜徉的洪波？什么算长江？那卷浪挟沙注进主流的众多支流，那雅砻江、岷江、嘉陵江、汉水、湘江算不算长江？

　　从印度到中国，进而流遍世界，禅这一东方神秘主义中蕴藏着太多的历史积淀。我们怎样才能既见木又见林，把握禅的全貌？它是否真有全貌？什么是它的全貌？它的全貌是否真的能够被人把握？

　　（5）禅从古代传到现代，从东方流入西方。西方的一些人士认为，禅正在超越宗教。禅已经成为一种优雅潇洒的生活态度，一种超脱烦恼的处世方式，一种科学的健康身心的锻炼手段，一种优秀的对话技巧，或者干干脆脆就是一种气功。

　　禅只能让古代东方人明心见性，不能让当代西方人证悟解脱？

　　是禅对当代西方人失效，还是当代西方人改造了禅？

　　禅是可以被改造的吗？

　　（6）禅堂的禅与课堂的禅，僧人生活中的禅与学者书斋中的禅，是否为同一个禅？

　　（7）禅的底蕴是否存在一种统一的东西？如果存在，它到底是什么？如果不存在，禅本身为什么能存在？

（8）从古至今，说禅者众；但众说纷纭，莫衷一是。这或许就是禅的魅力所在。

（9）感谢某某寺院的某某法师，在主持出版某某之后，又发愿编纂《禅宗三书》，为构建禅与禅宗研究的大厦，进一步添砖加瓦。也感谢某某某先生，下功夫把散见在各处的瞎子的话、近视眼的话结集在一起，免去我们的翻检之劳。

2005年6月 于伦敦

《中国佛教疑伪经综录》序

佛教传统认为佛亲口所说或佛认可者为"经",不符合上述标准而妄称为"经"者为"伪经",真伪难辨者为"疑经"。正统的佛教徒为了纯正信仰,历来主张禁绝疑伪经。

疑伪经问题在印度已经出现。印度佛教传入中国,以佛教为代表的印度文化与中国传统文化相互濡化,中国佛教疑伪经大量涌现。随着中国佛教自我意识的日益清晰,以道安为代表的中国佛教徒逐渐发现这一问题,力求解决这一问题。保留在大藏经中的历代经录,记录了中国佛教徒在这方面的不懈努力。大批疑伪经因此被摒除出佛教大藏经。除少数始终在民间流传,保存至今外,绝大多数疑伪经均已亡佚。赖敦煌藏经洞的发现,经多年调查,我们发现敦煌遗书中保留疑伪经一百多种。其中不少为历代经录曾经著录,亦有不少为历代经录从未著录。

从20世纪开始,日本以矢吹庆辉、宇井伯寿、冢本善隆、牧田谛亮等先生为代表，中国以梁启超、吕澂、汤用彤等先生为代表，对中国佛教疑伪经进行了卓越的先行研究。这一时期研究的主要贡献有两点：第一是为疑伪经平反，指出疑伪经具有极其重要的研究价值，从此疑伪经进入研究者的视野；第二是通过对若干疑伪经的研究，提出一些佛教研究中的重大问题。不足则是以形而上学的观点看待佛教典籍及佛教的传播与发展，从而打乱了疑伪经的判别标准，将疑伪经研究导向混乱，由此掩盖了佛教发展中的一些重大问题。

20世纪下半叶，特别是21世纪以来，疑伪经研究已经成为国际佛教研究的一大热点，新的成果层出不穷。日本有木村清孝、落合俊典、船山彻、西本照真等，美国有太史文、博斯韦尔、Harumi Hirano Ziegler等，法国有郭丽英等。中国也有不少研究者关注这一课题，发表了一批成果，如张总关于三阶教经典的研究，汪娟对忏礼佛典的研究，还有杨梅、张淼、张磊、伍小劼等新秀的努力。这一时期研究的贡献也有两点：第一是进一步认识到佛教疑伪经与中国传统文化的关系，特别是与道教、民间巫道的密切关系；第二是对某部或某类疑伪经的个案研究有所推进。不足是从全局看，还缺乏对疑伪经的总体把握。此外，有关疑伪经判别标准的混乱加剧，导致疑伪经研究平台有被颠覆的危险。

为此，从源头上对疑伪经研究进行拨乱反正，就是摆在我们面前的一项十分紧迫的任务。从某种意义上讲，曹凌这本《中国佛教疑伪经综录》，就是对当前疑伪经研究进行拨乱反正的工作之一，而且是一项重要的基础性工作。

本书由曹凌在他的硕士论文的基础上修订而成。当初设计这一课题，就是想从源头上对中国佛教疑伪经做一个清理：在中国佛史上，到底出现过多少疑伪经，其中多少曾经产生过影响、多少已经亡佚；目前保存的有多少，保存在哪里。在看了不少用"抓住一点，不及其余"的方式写出来的论文，看了不少凭空构虚的结论之后，我特别希望给研究者提供一个基本的工具书，使他们能够比较方便地把握疑伪经的全局，找到相关的原始资料，避免再犯类似的错误。

但要完成这样的工具书，需查阅资料之多、花费精力之大，非亲身经历，恐怕难以想象。虽然我们已经有多年敦煌遗书调查的积累，但那仅是一个尚未完成的草目；虽然中华电子佛典协会（CBETA）已提供有《电子佛典集成》——CBETA（2016）这样优秀的工具书，但还有大量的资料尚未有类似的电子文件。因此，类似《中国佛教疑伪经综录》这样的著作是对作者毅力、耐心以及牺牲精神的一种考验。我高兴的是曹凌经受住了这一考验，从而不但让自己在学术研究的道路上迈出坚实的一步，也为疑伪经研究做出重要的学术积累。

对于本书的学术价值，我想用一句话概括：在新的质量更高、内容更加全面的类似作品出版之前，这是一本今后的疑伪经研究者必读的工具书。相信读者翻阅本书以后，会同意上述评价。

对本书的不足，我想提出如下两点：

第一，本书以汇集、整理相关资料为己任，而资料是不可能穷尽的。因此，本书必然会有遗漏。校书如扫落叶，整理资料也同样。因此，本书必然会出现各种错误。作者在修订时已经发现并改正了若干错误，但我相信一定还有不少错误有待发现。作为论文的指导教师，我对这一不足有无可推卸的责任；也希望诸位先生不吝指教，使本书在将来修订时得以补正错漏。

第二，本书只包括到唐《开元释教录》为止中国历代经录所著录的疑伪经，没有包括保存在敦煌遗书中而未被上述经录著录的疑伪经，也没有包括《开元释教录》以后中国新出现的疑伪经。这一不足，责任完全在我，因为选题及其范围由我确定。我以为，对一个硕士研究生而言，三年能够完成这样一个题目已经满负荷了。

在写作本书的过程中，曹凌对原始资料所下的苦功及由此得到的锻炼，相信对他将来的学术生涯会有所帮助。硕士阶段实际只是奠定基础，博士阶段则应在学术前沿做出贡献。相信他会继续努力，向更高的目标前进。

2011年3月6日于通州皇木厂

《江月松风》序

言者或曰僧诗不入藏，天竺已然。诧探其原，则谓偈非诗而诗未集故，不觉哑然。咏遍五天，苏达拏赞；流布南海，《本行》《庄严》。诗言志，歌咏言，有情皆然。人异中外，性则同焉。"人尚歌咏"见《西域记》，"赞咏之礼"如《寄归传》。奘净二师，岂我欺哉？

天台子达照，幼染缁林，长探奥典；闭关普陀，获智者之秘；修禅鹿城，得永嘉之玄。识自性于浮沤，亦真亦幻；散法雨于大千，为诗为偈。佛幢高标，花雨纷繁。乃转轮妙果，如马鸣之嘶；弘法安福，似龙树之赞。今掇英贯鬓，成江月松风；当根随机，将拂云识鉴。以般若语而化有缘，岂可以小道论之；因老婆心而愍众生，即所谓苏婆师多[1]。纂持圣教，能生福利；摄义既

---

[1] 方按："苏婆师多"，意为"微妙语"，典出《南海寄归内法传》。

多，读者忘倦。

或殖宿缘，托在忘年。既索小序，敢奉短言。

邗江方广锠壬辰四月识于古运河北端

《当代台湾宗教研究精粹论集》序

2013年12月中旬，因参加《"中研院"历史语言研究所傅斯年图书馆藏敦煌遗书》首发、有关的学术演讲会，寻访台湾地区公私收藏的敦煌遗书，再次来到台北。在此期间，特意抽出时间，到北投江灿腾先生寓所拜访他。

与江先生相识有年。还记得20世纪90年代他初次访问北京，在北长街中国佛教文化研究所做讲演时的挥斥方遒的神态；也记得后来我到台湾地区参加某学术研讨会，在我发表论文后，江先生"发难"的场景（不过他"发难"的对象不是我，而是评点我论文的另一位先生）。在一般的学术研讨会中很难出现这种情景，所以记忆更加深刻。其后我们多次见面，也时有电邮往还，就某些问题进行讨论乃至相互质疑、争辩。每次到台北，只要时间许可，我总会去拜访他。与他交谈是一种快乐：交流的内容都是学术，是佛教研究；交流的内容非常广泛，信息非常密集。与他交流时经常会有不吐不快之感，于是两人经常会抢着说话，但往往话一出嘴，便相互会心，后半句话也就不用再讲。对一些学人、著作与学术问题，我们的观点往往相近。有时从表面看来似乎差异较大，但一经深入质辩，结果发现实际上大家的观点本质一致。记得有一次他寄来一份学术争议材料，我回信谈了不同看法；并说如能就此"借火烧荒"，推动这一领域的深入研究，很有意义，或许这就是他的真实用意。他回信说："你完全知道我的用心。"又有一次谈到一位我们两人都熟悉的学者的论著，他用"写作技巧"四字加以评述，而这正是我的看法；只是我曾在某次给学生上课时，用了大约五分钟来评论这位学者的论著，而他只用四个字便轻松地概括了这位学者的优点与不足。他的这种能力，使我佩服不已，所以我经常会说他"眼光狠辣""眼毒"。虽然我经常承他青睐，用他的话说："是看你一个人在默默地工作，所以鼓鼓掌。"但有时也会受到他不客气的批评，如一次我把由我主持的读书班所完成的敦煌本《坛经》校读、疏释寄给他，他回信说："觉得校对工作相当细腻，可是在对禅思想的解说上，执笔者并不严谨，并且佛教哲学的训练有待加强，行文中的过于自信并不可取。"坦率说，学术界有时犹如一片荒漠，不管如何大声呼唤，都很难听到回声，更不要说认真而善意的批评。因此，虽然我并不完全认同江先生的批评，但依然空谷足音，感怀不已。自然，他的批评也使我警惕，所以我把他视为学术的"诤友"。

今年这次拜访，就我而言，不像以前那样仅是"上穷碧落下黄泉"地神聊，而有着明确的目的。在我看来，20世纪初以来，大陆的佛教研究大体经历了三个阶段，第三个阶段至今已有三十多年。大家都承认，三十多年来，大陆佛教研究取得很大的成绩，也有不少不足之处；但我更加关注的是，三十多年来，一些重大问题，蛹伏在大陆佛教研究的深处逐渐孵化，很可能在不远的将来，这些问题将破蛹而出，使大陆佛教研究出现突破、出现转型，甚至面貌大为改观。那么，台湾地区的情况如何？六十多年来，台湾地区与大陆走过不同的道路，两岸的佛教研究，同中有异，异中有同。台湾地区佛教研究未来的走势如何？将会与大陆佛教研究有怎样的互动？所以我对江先生说："我要对你做一次专访，请你谈谈对台湾地区佛教研究今后发展趋势的评估。"

江先生向我介绍了他已经编就并即将出版的《当代台湾宗教研究精粹论集》。当夜将全部稿件用电邮发给我，命令我写一篇序言，并说稿件已经发排，序言必须几天内交稿。虽说《当代台湾宗教研究精粹论集》中的文章，大多数曾经在《世界宗教文化》上发表，故我曾经浏览，对其中几篇关于佛教研究的文章读得仔细一点，但几天内完成序言，实在不敢承当。因为我在台北时间很短，日程排得很满，且屁股下面已经积累了一批火烧火燎的文债，但江先生说："写这篇序言，不仅是请你发表意见，也是我们这么多年学术友谊的见证。"他好比一个武林高手，一下子点中对方的要穴，使我无言以答，只好硬着头皮答应。话说回来，江先生实际是用这本书来回答我的专访，我自然要重视这本书，于是只好勉为其难。

当初阅读《世界宗教文化》上发表的这些文章时,我并不知道这些文章实际由江先生在策划、组织,但深感每篇文章能够在不长的篇幅中完整描述台湾地区宗教研究的某一领域,的确很不容易。如今有机会把这些文章贯穿为一个整体重新阅读,则二十篇文章与两个附录从各个不同角度展示了台湾地区当代宗教研究的全貌以及在其中活动着的人物,特别是《编者序》从宏观上对本书及台湾地区当代宗教研究做了高度概括,实属非大手笔不能为也。

现代社会,随着知识爆炸,学科越分越细,在知识的海洋中,每个研究者只能取一瓢水饮。这是事物的一个方面,然而另一方面,我们所生活的社会却因为信息的顺畅流通而越来越小,于是各学科之间的相互关系变得越来越密切。无论研究者本身是否意识到这一点,各学科间的交互影响正在日益深入,这已经是一个不可改变的事实。记得鲁迅曾经说过这样的话:评价一个人的作品,要了解他的一生,要了解他的全部作品,要了解他生活的社会(大意)。《当代台湾宗教研究精粹论集》给我们提供了一个当代台湾地区宗教研究的具象全貌,使我们得以把握台湾地区当代宗教研究的总体情况;又给我们提供了在具象大环境中活动着的研究者个体的精细描述,使我们得以深入了解这些研究者的研究活动及其业绩产生之所以然。我想,这或许是《当代台湾宗教研究精粹论集》独特价值之所在,这是任何一个单独问题的研究史或某一领域的断代研究史所无法企及的。从这一点讲,本书对学术研究提供了一个方法论的范例,并将成为后人了解、学习台湾地区当代宗教研究的基本参考书。

本书按照"当代性、现代性、台湾地区本土性特色"等三个要求为基准,"针对每位作者,按其曾在各类宗教研究上的近十五年成果或其最新的发展趋势,乃至其和国际学界的互动状况,再来确定其论述的个别主题",所以正好回应了我此次拜访想谈的题目——台湾地区佛教研究今后的发展趋势。俗话说,看一个人的过去,可以知道他的现在;看一个人的过去与现在,可以知道他的将来。所以,要感谢江先生组织一批优秀学者编纂这样一本著作,使像我这样的人可以直接利用他们的成果,把握台湾地区宗教研究的过去、现在与将来。当然,为了达成上述目标,我还要继续认真研读《当代台湾宗教研究精粹论集》中的每一篇文章。

大陆过去流传一句话:"不能光低头拉车,还要抬头看路。"其实,学术研究乃至任何工作都一样,必要的时候,都应该停顿一下,回顾来路,瞻望前程,总结经验与教训,以利更好地前进。这个道理,大家都懂;这件事情,做起来很难。特别是学术研究的回顾总结,往往是"横看成岭侧成峰,远近高低各不同",何况还有学派差异、人事纠葛。因此,做这种事,不但要有高屋建瓴的学力、统揽全局的能力,还要有势如破竹的魄力。江灿腾先生做成了这件事,本身说明了一切。

拉拉杂杂,说不上是序,也就算是与江先生多年学术交往的一份记录吧。

2013年12月22日夜,从台北返回上海的第二天

《高丽大藏经构成、底本及板刻之研究》序

　　佛教起源于南亚次大陆，其后遍传中亚、东亚、东南亚。经过复杂的历史变迁，现在依然是东亚、东南亚的主流文化之一，对当地社会的各个层面发挥着巨大的影响。

　　东亚佛教分为汉传佛教与藏传佛教两支。其中汉传佛教乃印度佛教传入中国，经过与汉文化的交融、接受汉文化的涵养，成为当今中国传统文化的有机组成部分。从历史上看，汉传佛教先后传播到朝鲜半岛、日本、越南等汉字文化圈，并在传播的过程中，与朝鲜半岛文化、日本文化、越南文化相互交流与影响，产生种种新的文化形态。在汉字文化圈其他各国形成的新的佛教文化，又以各种方式反哺中国本土的汉传佛教。因此，汉传佛教固然因南亚次大陆文化与中国汉文化的交流而形成，但它在东亚的发展历史表明，它得益于中国文化、朝鲜半岛文化、日本文化、越南文化等各种文化的滋养。这也说明文化的交流从来不是单行

道，而是相互影响的。就中国佛教与朝鲜半岛佛教而言，在汉传佛教影响古代朝鲜半岛新罗等三国，影响古代高丽、朝鲜王朝的同时，朝鲜半岛新罗等三国、古代高丽、朝鲜王朝的文化也影响到汉传佛教的形态。这就是笔者这些年一直关注"佛教发展中的文化汇流"的原因之一，汉文大藏经的历史也说明了这一点。

汉文大藏经是汉传佛教的经典依据。汉文大藏经产生在中国，最早主要由域外传入的佛教典籍翻译后组成，其后逐渐加入中国僧人乃至东亚其他国家僧人撰写的佛教著作。其早期形态为写本，北宋初年出现第一部木刻本大藏经——《开宝藏》，从此汉文大藏经进入刻本时期。在中国，由于写本的流变性，故各地流传的写本藏经的形态往往会有不同。因此，从北宋初年到北宋末年，依据当地写本藏经先后刊刻的刻本大藏经出现三个不同的系统：以《开宝藏》为代表的中原系、以《契丹藏》为代表的北方系、以《崇宁藏》《毗卢藏》为代表的南方系。高丽时代刊刻的两部《高丽藏》，虽然以《开宝藏》为底本，但吸收了原来在朝鲜半岛流行的若干佛教典籍，并参校了《契丹藏》。因此，它不仅兼有中国刻本大藏经中原系与北方系的优点，还涵括了在高丽流传的部分佛教典籍的优点。

情况不仅如此，众所周知，从《开宝藏》版片运到北宋汴京以后，曾多次进行过增补与修版，但在金朝入侵汴梁的战火中，《开宝藏》版片荡然无存。由于历史的原因，我们现在能够找到的《开宝藏》印本，只有12卷，现已影印为《开宝遗珍》出版。据传闻，天壤间或许还有若干《开宝藏》零本存世，我们希望它们能够早日问世。但即使这些零本全部面世，估计其数量也非常有限。也就是说，纵然存世的《开宝藏》零本能够统统面世，依然难以让我们得知《开宝藏》的全貌，难以了解《开宝藏》增补、修版等历史变迁。因此，现在要想真正了解《开宝藏》，除了考察存世《开宝藏》印本及《大藏经纲目指要录》等传世资料外，必须通过另外两个途径：调查研究依据《开宝藏》覆刻的《赵城金藏》，调查研究依据《开宝藏》覆刻的《高丽藏》。

就《赵城金藏》而言，20世纪80年代至90年代编印出版的《中华大藏经》（汉文部分，上编）系以《赵城金藏》为基础；但因《中华大藏经》图版经过修版，已经形成新的《中华藏》，并不体现《赵城金藏》的原貌。至于某单位出版的影印本《赵城金藏》，乃属欺世盗名的东西，不能作为研究《赵城金藏》的依据，好在中国国家图书馆已决定将馆藏《赵城金藏》全部仿真出版。相信不久的将来，我们将能真正一睹《赵城金藏》的真面目，为《赵城金藏》研究、为《开宝藏》研究揭开新的一页。

至于《高丽藏》，《初刻》虽然已经亡佚，赖韩国高丽藏研究所的努力，已搜集到数千卷，且在网上正式公布，可以使研究者得知其大概。《再刻》版片保留完整，印本颇多流传。特别是近代日本《大正藏》以《再刻高丽藏》为底本编印，使《再刻高丽藏》的影响扩展到世界，也对中国汉传佛教的发展与研究起到反哺作用。其中种种殊胜因果，令人赞叹。

在韩国，对《高丽藏》的研究始终是佛教文献学、书志学的研究重点之一，成果斐然；但以往的研究，往往局限在《高丽藏》

本身。多年来，柳富铉先生从东亚佛教的整体着眼，把《高丽藏》放在整个汉文大藏经的发展链条上去考察，做出了卓越的工作。他的《汉文大藏经异文研究》中文版，今年已经由宗教文化出版社出版。最近，他又完成新作《高丽大藏经构成、底本及板刻之研究》。本书以《高丽藏》为基础，全面考察了《高丽藏》与《开宝藏》《契丹藏》乃至与《赵城金藏》的关系，提出一系列新的观点，将早期汉文刻本大藏经的研究大大向前推进一步，对我们厘清《开宝藏》《赵城金藏》《高丽藏》的关系，具有重大的意义。

大藏经研究是实证研究，要靠资料讲话，但这只是问题的一个方面。无论什么资料，只有经过研究者认真的辨析，才能分辨其真伪，确认其价值，这就需要研究者辛勤的思辨劳动。坦率说，资料的获得，虽然与研究者的学科定位及所付出的发掘资料的努力有关，但是有时也与研究者的机遇、社会关系乃至社会地位有关；而对所得资料的辨析与研究，才真正体现出研究者的实际水平。我国的大藏经研究虽然已经取得不少成绩，但总体来看，还需要有关研究者付出更大的努力，去发掘资料、考辨资料，做出更加深入的思辨劳动以更上一层楼。

这些年来，柳富铉先生孜孜于《高丽藏》的研究，锲而不舍，力耕愈深。他的新作《高丽大藏经构成、底本及板刻之研究》即将付梓，征序于余。故略述感想，一方面为柳富铉先生贺，另一方面希望汉文大藏经研究取得更多、更好的成果。

2014年7月9日于中国古运河北端

《"白密"何在
——云南汉传佛教经典文献研究》序

本书是侯冲继《云南与巴蜀佛教研究论稿》之后的又一本论文集，论述重点依然是云南地区的汉传佛教。其实，侯冲已经出版的两本专著——《白族心史——〈白古通记〉研究》与《云南阿吒力教经典研究》，论述的重点也是云南地区的汉传佛教。但比较之下，可以看出侯冲的研究从云南地区汉传佛教的表现形态、所依经典，逐渐走向综合性研究，在研究中把云南地区与其他地区大体相同的佛教形态放在中国佛教发展史的大背景下进行整体的考察，并尝试进行理论的阐述。这说明，二十多年来，侯冲研究视野越来越广，在这块土地上的耕耘也越来越深。

本书的主要内容、所收论文的内在联系及学术创新之处，侯冲本人在本书《后记》中已经交代，毋庸我再置喙，我想谈谈由此延伸出来的若干感想。

《"白密"何在——云南汉传佛教经典文献研究》序

学术研究靠学术资料,这一点,凡是搞学术研究的,人人都懂;但什么是本学科的学术资料,这一点,就未必人人都明白。学术资料为从事学术研究提供了前提条件,这一点,凡是搞学术研究的,人人都懂;但如陷入盲目性,研究所用的资料有时反而会框限自己的视野,这一点,就未必人人都有清醒的认识。

就佛教研究而言,很多研究者至今把收集资料的眼光局限在传统大藏经中。无疑,传统大藏经至今依然是我们研究佛教最基础的资料;但我们还应该认识到,传统大藏经所收的典籍实际是被当年编纂大藏经的人们过滤以后留存的,还有大量的资料被他们排除在传统大藏经之外。所以,不把那些藏外的资料一并纳入视野,我们的佛教研究就是不完整的。当年陈寅恪先生评论敦煌遗书发现的意义,称:

> 一时代之学术必有其新材料与新问题。取用此材料以研求问题,则为此时代学术之新潮流。治学之士得预此潮流者,谓之"预流"。其未得预者,谓之"未入流"。此古今学术史之通义,非彼闭门造车之徒所能同喻者也。"敦煌学"者,今日世界学术之新潮流也。[1]

陈寅恪在上面提出"新材料""新问题""新潮流",在他看

---

[1] 陈寅恪:《敦煌劫余录序》,载《敦煌劫余录》,(台北)"中研院"历史语言研究所,1931年,第1页A。

来，利用"新材料"，研究"新问题"，便可以形成学术的"新潮流"。我以为：虽然从"老材料"中也可以发现"新问题"，利用"新材料"也可以为论证"老问题"提供新依据，但是确如陈寅恪所说，"新材料"本身，必然会促使我们考虑许多"新问题"。所以，不管最终是否能够形成"新潮流"，"新材料"都能促进学术的发展。正因为如此，百年来以敦煌遗书为基础，出现了所谓"敦煌学"。

在敦煌遗书中，各类佛经及与佛教有关的文献约占总数的90%，其中不少都属于当年被编藏僧人过滤掉的东西。百年来，人们利用敦煌遗书在佛教研究领域取得一系列重大成果。但遗憾的是，至今为止，这些成果大部分出现在国外。我国佛教研究界利用敦煌遗书自然也取得不少成果，但与国外相比还有一定的差距。不少研究者似乎依然习惯于用老材料来研究老问题。自然，研究中有些老材料得到新的解释，有些老问题有了新的开拓，这些都是可喜的现象；但也有不少论著，看来似乎花样百出，认真细读则可以发现实际上了无新意，这种现象未免令人惋惜。

百年来出现的佛教新材料，已经非常多。除了敦煌遗书、金石资料、方志资料、日本古写经之外，值得注意的，还有大批至今依然在民间流传并还在实际中发挥着作用的法事文本。这些法事文本的重要性在于：一方面，它们至今影响着广大信众的宗教生活、思想信仰、生活态度；另一方面，它们所反映的佛教形态曾经是宋元明清中国佛教的主流之一，属于信仰层面的佛教。但这些典籍基本被排除在作为义理层面佛教的典籍总汇——传统大藏经——之外，因而长期没有被纳入佛教研究者的视野，使佛教研究者对宋元明清以下中国佛教的认识产生偏差。可以这样说：不把握这批资料，无法了解唐、五代佛教如何演变为今天我们所看到的佛教，也无法把握当今佛教在民间的实际地位及当今中国的宗教生态。在此，我们还应该注意这样一个现象：近代以来，佛教在文化层面的振兴与在学术层面的成果，往往遮蔽了乃至转移了研究者对信仰层面佛教的关注。实际上，从古到今，信仰层面佛教与义理层面佛教始终是一个钱币的正反两面，无论偏废哪一面，都难以使我们全面、正确地把握、评价佛教。

佛教从来被称为"难治"。以前所谓的佛教"难治"，主要还是指一般读者认为佛经难读、难懂。关于这一点，我曾经写过一篇小文章——《怎样读佛经》，刊登在《世界宗教文化》2001年第2期上。我以为，只要解决那篇文章中提出的问题，佛经其实不难读、不难懂。但对佛教研究者来说，《怎样读佛经》中提到的问题自然都不是问题。佛教"难治"的主要原因还是在材料，亦即需要重视与发掘新材料，需要鉴别与重新审视老材料。只有这样，才能开拓佛教研究的新局面。这个问题很大，在此难以全面论述，仅是点题。

这些年来，侯冲通过各种渠道，从全国各地收集的各类民间法事文本已经有1000多种。他的研究，既建立在前人研究的基础上，建立在传统佛教文献的基础上，更建立在这1000多种法事文本的基础上。当然，这1000多种法事文本，他目前已经研究的只是其中的一小部分；但仅这一小部分，已经使他取得与众不同的创新性成果。这再次说明掌握学术材料，特别是掌握学术新材料，在学术研究中的重要意义。

收集到材料以后，用什么样的观念、视角、方法去考察、整理这些材料，发掘其中的内涵，也是一个重大的问题。举例而言，正因为有从全国各地收集到的这1000多种法事文本，使侯冲在处理云南地区的佛教形态时可以游刃有余，亦即他可以从整个中国佛教历史发展的大背景下来考察云南地区的这些佛教形态，并与其他地区大体相同的佛教形态进行比较研究，从而更好地解释云南地区这些佛教形态的性质与把握它们在中国佛教史上的地位。他的这条研究路径进一步证明了学术研究需要有大局观，没有中国佛教历史发展这一大局观，难以真正处理好云南汉传佛教这一局部问题。现在回过头来看，从某种意义上讲，那些主张云南"阿吒力教"为"白密""滇密"的观点：其底蕴或被云南"阿吒力教"法事文本所框限，或因未能建立起中国佛教发展的大局观，或两者均有，以致未能全面、正确地认识"阿吒力教"法事文本的真正性质。

所以，大局观的建立，固然应该归结为研究者本人的思想方法；但在科研实践中，它又往往转化为研究者占有材料的多少，以及研究者处理这些材料时的观念、视角、方法等问题。可以说，研究者的大局观是随着他所占有材料的增加与研究的深入而逐渐建立起来的，而研究者大局观的完善程度与他的材料占有量和研究的深入程度成正比。由此，学术研究本身就变成材料的收集、分析、消化与观点的提炼、扩展、升华这两项科研活动的不断转换与轮回。在这一方面，我想侯冲二十多年研究的经历，本身就可以成为一个典型的个案。如果侯冲能够抽时间把自己的科研历程总结出来，对年轻学者的成长一定会有所启迪。

本书所收诸多论文，当然并非篇篇珠玑；论及的诸多问题，当然并非均为定论。正因为是拓荒，缺点与不足便在所难免。在学术史上，一个新观点提出以后，学术界翕然而从，这种现象也是有的，但很少见，更多见的是新观点受到质疑，受到批评。但只要新观点的大方向是正确的，它会在质疑与批评中不断完善，成长起来，经过时间的检验，最终被学术界认同，成为大家的共识。这种被质疑、被批评的过程，实际也是新观点成长的过程。或者说，在这一过程中，新观点本身就成为学术的新的增长点。当然，如果大方向是错误的，这种所谓的"新观点"不可能经得起学术界的质疑与批评，不可能经得起时间的检验，最终自然也不可能得到学术界的认同。

本书提出的有些问题，目前在相关的研究者中仍存在不同的看法乃至较大的争议。我以为，这是好事，符合上述新观点产生以后的学术发展规律。有正常的学术讨论，学术才能得到发展与提高，我期待今后这一讨论能够更加深入地进行。

认识侯冲已近三十年。看到他一步一步成长，在新开拓的学术领域中辛勤耕作，不断取得新的成果，为他高兴，并预祝他今后取得更大的成绩。

2015年7月17日于古运河北端

《中国佛教仪式研究
——以斋供仪式为中心》序

宗教是一种信仰，每一种宗教都有以自己的信仰为核心构筑起来的独特的教义体系。信仰只有掌握群众才有生命力，为此，作为意识形态的宗教教义必须采用各种外化的形式去影响群众、争取群众。宗教外化的形式多种多样，因各宗教的不同而不同，因各宗教所活动地域的文化形态的不同而不同；但外化形式中的宗教仪轨，或称宗教仪式[1]则是各宗教必备的，可称为是宗教外化形式中最重要的部分。正因为如此，我主张"仪轨是宗教的伴生物"，亦即有宗教就会有仪轨。有学者提出："仪式，就是宗教信仰和教义的行为语言的表达。"我很赞同，但仔细思考，觉得

---

[1] 学术界习称"宗教仪式"，我比较倾向采用"宗教仪轨"，理由可见《在"经典、仪式与民间信仰"国际学术研讨会开幕式上的致辞》。本文应不同语境，两种表述并用，但两种表述完全等价。特此说明。

还可以简化，因为宗教"信仰"本身是宗教"教义"的核心部分，所以可以把上面那句话表述为"仪轨是用行为、语言表达的宗教教义"。在我看来，宗教有三个必备的要素：宗教教义、宗教承载者（亦即宗教信徒）与宗教仪轨。其中教义是灵魂，承载者是躯体，仪轨则是维系灵魂与躯体的必不可少的纽带。当然，需要强调的是，上面所述只是本文为行文方便所做的简略论述，在现实社会中活动着的宗教要复杂得多。纽带并非只有仪轨，还有寺院、雕塑等各种宗教的物化形态。仅就上述三要素而言，教义属于意识形态，仪轨与承载者则涉及该意识形态的"外化"与"物化"。三者呈现出错综复杂的关系，都需要进一步厘清。如此等等，此处从略。

我认为，如果我们对历史与现实中佛教的种种表现形态做一个大致的观察，则可以发现佛教由义理层面及信仰层面等两个层面组成。所以我始终主张，在佛教研究中对两者都应充分重视。用上述佛教具有两个层面的理论来考察上述宗教的三个要素，可以大致观察到这样的现象：宗教教义偏重于义理层面，宗教仪轨偏重于信仰层面，宗教承载者则是上述两个层面的"物化"基础。当然，此处所说仅为"偏重"。因为"信仰"本来就是"宗教教义"的核心组成部分，所以，宗教教义中自然包含着大量信仰层面的元素，这也是信仰层面佛教得以立足的理论依据。而宗教仪轨一方面依据宗教教义组织，另一方面又是义理层面佛教倡导与组织广大群众的方式。所以，义理层面佛教与信仰层面佛教虽然各有侧重，但是在现实中又相互影响、相互渗透，在不同的时空条件下甚至相互转化，成为一个有机的整体，使整个佛教显得五光十色、丰富多彩。

基于上述分析，逻辑的结论就是：研究宗教及其发展、变化时，上述教义、承载者、仪轨等三个要素不可偏废。遗憾的是，长期以来，由于种种原因，我国的佛教研究更多地偏重于义理层面佛教的研究，而对信仰层面佛教特别是仪轨佛教的研究不甚注意。其实，印度佛教从传入中国的第一天起，就受到中国信众所承载的中国文化的影响，在教义、仪轨两个方面不断改变自己的面貌，从而最终演化为中国佛教。这也就是我们通常所说的"佛教中国化"的过程。仅从教义方面进行研究，不注意从仪轨方面进行梳理，不注意中国佛教的承载者—中国信众—原有的文化积淀，不可能真正厘清佛教中国化的进程。那种中国佛教研究，是残缺不全的。顺便提一句：从20世纪开始，经过我国学界、教界近百年的努力，"佛教中国化"本来已经成为大家的共识；但近些年来，无论在学界，还是在教界，都出现一股否定"佛教中国化"的思潮。在有些人看来，只有忠实祖述印度佛教理论与践行的佛教，才是正统的、正确的。佛教因中国社会的现实需要而出现的新的理论、新的信仰与践行形态，则是非正统的，甚至是错误的，是应该批判与排斥的。这种思潮的底蕴，实际是企图彻底颠覆中国佛教的主体性，值得我们严加关注。这是另一个问题，本文暂不涉及。

总之，由于受到中国信众所承载的中国文化的影响，印度佛教逐渐演化为中国佛教。那么，中国佛教怎样在印度佛教教义的基础上，吸收中国文化的影响而发展出自己独具特色的教义？它的仪轨又是怎样在与中国其他宗教仪轨共存并相互影响的氛围中逐渐形成与发展？上述种种，都是摆在中国佛教研究者面前不可回避的问题。

我还有一个观点，即以"会昌废佛"为界中国佛教的面貌开始发生巨变。晚唐五代以下，特别是宋以下，佛教逐渐形成两大主流：一大主流是"禅净合一"，属于佛教的义理层面；还有一大主流就是以水陆法会为代表的仪轨佛教，属于佛教的信仰层面。这两大主流，实际上在广大群众中，后一主流的规模与影响要超过前一个。中国文化从来是分层的，在这一背景下，仪轨佛教其后又往下层潜沉。往下层潜沉以后，它与各种各样的民间宗教形态（包括因为被镇压而潜入民间的诸如景教、摩尼教等外来宗教）相结合，出现种种光怪陆离的宗教现象。上述种种，都应该是我们佛教研究者不可忽视的问题；但遗憾的是，这些重大问题，至今很少有人去关注。

侯冲是北京大学哲学系宗教学专业第三届本科毕业生。他上本科的四年，正是我跟随任继愈先生攻读在职博士的四年。当年，我曾按照任继愈先生的安排，为宗教学专业前三届学生讲授过"印度佛教史"。因为上课要点名，有答问，所以我当时大体能记住该专业各位同学的名字。不过该课虽为宗教学专业所设，但旁听的人不少，包括哲学系以及其他系的本科生、研究生、进修生等，所以对听课的宗教学专业学生，没能一一与本人对上号。若干年后在一次学术会议时碰面，他告诉我毕业后分配回云南，目前正在搜集、整理阿吒力教的经典。恰好当时我在主编《藏外佛教文献》，便让他把整理好的资料寄给我看看。

众所周知，云南是我国的宗教大省。我这里所谓的宗教大省，主要是指我国的各主要宗教在该省均有流传。比如佛教、伊斯兰教、基督教等世界三大宗教，在云南均有悠久的历史。就佛教而言，世界现存佛教有汉传佛教、藏传佛教、南传佛教等三大系，而云南则三大系佛教俱全，这在我国、在全世界也是独一无二的。作为少数民族聚居区，民间巫教在云南也依然有活动。为此，当年中国社科院世界宗教研究所曾经专门在云南设立过工作站。所以，侯冲分配回云南这一宗教大省从事宗教研究，是他学术生涯的一大机遇。当然，更加值得称道的是他抓住了这一机遇，发掘了不少研究价值极高的阿吒力教科仪文本，由此起步，开拓了中国宗教研究的新领域。

仔细阅读侯冲寄给我的那些阿吒力教科仪文本，结合敦煌遗书中的相关资料，使我联想起以前看到但被我忽视了的其他一些资料。这促使我对中国佛教发展进程与其不同表现形态进行更加深入的思考，从而解答了我以前学习中国佛教史时产生的若干疑惑。我当时的那些思考，简略记录在《藏外佛教文献》第6辑和以下诸辑的卷首语，以及当时发表的一些论文中。

其后侯冲提出希望进一步深造，师从我攻读博士研究生，进一步提高自己的学术素养，以更好地开拓自己的研究。刚开始，我是很犹豫的。因为我自己虽然涉猎过印度佛教、中国佛教，涉猎过佛教思想、佛教史，但这些年主要精力花费在佛教文献学，特别是敦煌遗书的调查、编目、研究上，对侯冲研究的仪轨佛教只有非常粗浅的知识。所以，我并不是一个合适的指导教师。但如前所说，侯冲研究的领域正是被目前的中国佛教研究所忽略的，可以预期，这一领域的深入开拓可以为我国宋以下佛教的研究开辟全新的天地。从这一点讲，我又希望能够为侯冲提供一些更好的研究条件，帮助他深入开拓这一块处女地。记得我们曾经在北京通州我寓所的阳台上有过一次深入的交谈，我提出："所谓阿吒力教科仪文本，所反映的不仅仅是云南的某种地方性宗教的形态，实际对研究中国佛教中的信仰层面佛教，具有普遍意义。这一问题如果能够突破，中国宋以下佛教史将完全改观。"他说，他在研究中也已经意识到这一问题。我提出："你的研究方向，可以直接从宋以下佛教研究切入，把宋以下信仰层面佛教的形态搞清楚；也可以从头开始对仪轨佛教做一个全面的梳理，那样可以为将来进行的宋以下佛教的研究奠定更加扎实的基础。究竟怎样为好，由你自己决定。"他表示，愿意从头梳理中国仪轨佛教的全部历史。当时，我明确告诉他："就仪轨佛教而言，我没有能力指导你；但我可以像任先生尽力为我搭建平台那样，尽力为你搭建平台；至于如何把研究深入搞下去，完全靠你自己。"

四年在职博士研修，侯冲独立完成了博士论文《中国佛教仪式研究——以斋供仪式为中心》。本书在博士论文的基础上，反复修订而成。其实，博士毕业以后，我曾多次催促他将论文正式发表，他则一直说还要修订打磨。毕业至今已经约十年，真可谓"十年磨一剑"。

我曾经撰文称:"经济有新的增长点,学术也有新的增长点。"什么是新的学术增长点?无非是陈寅恪先生所说的"新材料、新问题"。新的学术增长点犹如朝阳,充满了生命力。作为一个研究者,应该努力发现、发掘新的学术增长点,把自己的精力更多地放到新的学术增长点上,这样才可以让自己的学术研究为促进学术发展发挥更大的作用。侯冲博士论文所着力的,正是中国佛教史中一个生机勃勃的学术增长点。该论文利用新材料,对一系列问题提出自己的新观点。对这些观点的学术价值,我想,学界同行心中都有一杆秤,可以做出自己的评价。当然,由于这是一个过去甚少有人涉猎的领域,许多问题是侯冲首次提出与论述的,故论文中不少观点必然有可以进一步商榷的地方。学术研究不能缺少学术商榷,正常的学术商榷可以推动学术更加健康地向前发展。

最后谈两点感想:

第一点,说来不过是老生常谈,就是学术研究要凭资料说话。侯冲能够取得今天的成绩,除了他自己的天分、机遇与锲而不舍的努力外,一个重要的原因是他始终下大力气搜集、整理各种关于佛教仪轨的原始资料,认真研读这些资料,把自己的学术研究建立在扎扎实实的资料基础上。二十多年来,他已经收集到的各种法事文本(含复印件)多达2000余册,都是传统大藏经中没有收入的、一般的研究者不甚关注或者虽然关注却难以见到的。据我所知,目前世界范围内,收藏同类法事文本达数百册的还有几家,但收藏量达2000余册者则唯有侯冲一家。正是因为有这些资料垫底，他才能够在这个过去不甚为人们关注的领域驰骋，取得令人瞩目的成绩。关于他是如何搜集资料、整理资料、研读资料的情况，他在《走进斋供——我的学思历程（1984－2009）》一文中有涉猎，该文已作为附录收入本书，我想年轻的学者或许可以从中得到启发。

第二点，说来也不过是老生常谈，就是所谓"教学相长"。这里加一个"所谓"，是因为如上所说，我实际上并没有指导侯冲从事仪轨佛教研究的能力。所以，上面"教学相长"中的"教"，实际上有点名不符实。但不管怎样，侯冲读博挂在我名下，有了这个因缘，我得以看到大量以前没有关注的资料，得以最早看到他的研究成果，这对我是一个"增上缘"。我得以把这些资料与敦煌遗书结合起来，并思考中国佛教中的诸多重大问题，由此提出一些新的观点。本文前面提出的一系列我对中国佛教的新观点，有些正是在侯冲提供的资料与观点的启发下产生的，有些从他收集到的资料中得到印证。这里举一个具体的事例，若干年前我注意到宋以下的信仰层面佛教出现一种很值得重视的现象，就是上面提到的："仪轨佛教其后又往下层潜沉。往下层潜沉以后，它与各种各样的民间宗教形态——包括因为被镇压而潜入民间的诸如景教、摩尼教等外来宗教——相结合，出现种种光怪陆离的宗教现象。"我曾向某年轻研究者谈过这一观点，要求他在今后的研究中注意这一现象。最近，侯冲给我三册他搜集到的民间法事文本，正是佛教与景教、摩尼教在民间相互浸润的证据。

应该说，我从其他学生身上，程度不等地也学到各种知识，所以我曾在一篇文章中提到（大意）：学术研究就是凭资料讲话，谁掌握的资料多，谁的话语权就大。有时我的学生看到的资料，我没有看到，那么就他们讲，我听。《孟子》将"得天下之英才而教育之"作为"三乐"之一，想必也包含着这一层含义。

希望并相信侯冲在将来的科研中，能为中国佛教研究做出更大的成绩。

是为序。

2017年4月14日于新西兰奥克兰太阳雨中

《伍伦经眼古经图录》序

近年来，随着经济的发展，人们对收藏的兴趣日益高涨。由此促成了我国拍卖市场的发展，一批拍卖公司应运而生，北京伍伦国际拍卖有限公司亦为其中之一。

伍伦拍卖公司的丁德朝先生前此在卓德拍卖公司工作，2015年曾主持《杭州西湖昭庆寺结莲社集》的鉴定与拍卖，使一部埋没多年的北宋刻板、刷印的图书重新回到人们的视野。该书以1610万人民币成交，创单册中国古籍拍卖的世界纪录。笔者寡闻，似乎这一纪录至今尚未被打破。其后，伍伦拍卖公司又致力于将曾流散到日本的滨田德海藏部分敦煌遗书回收国内，并将回收成果结集为《滨田德海搜藏敦煌遗书》（国家图书馆出版社，2016年）出版，我曾应邀为该书写序。此次，伍伦拍卖公司又将《滨田德海搜藏敦煌遗书》未收且伍伦曾经手的古代刻经、写经汇集为《伍伦经眼古经图录》出版。

我以为，作为一个拍卖公司，不仅仅满足于做一个图书文物流通的中介，而是将这些经手的珍贵图书文物经过考订后作为正式出版物出版。这种方法，使这些珍贵图书文物化身百千，嘉惠学林。因为文物拍卖以后，密藏在收藏者手中，如果研究者想要考察研究，就需要凭借种种因缘，但如因缘不足，只能徒唤奈何。而有了《伍伦经眼古经图录》这样的书，研究者就有了最基础的依凭，不至于指虚画空。此外，我们都知道，文物需要著录，经过著录的文物可以进一步提升它的研究价值。古代的文物著录主要依靠文字，即使描摹，也很难说完全不走样；现代印刷技术可以使文物原样呈现在读者面前，其价值是不言而喻的。

《伍伦经眼古经图录》收入写本25件，刻本（含陀罗尼）4件，总计29件。

在古代写经中，既有敦煌遗书也有中原写经，既有汉文写经又有藏文写经，可谓精彩纷呈。抄写年代从公元5世纪到公元10世纪，几近六百年。内容除包括传统的经律等佛典外，还有《诸经要集》这样的佛教类书。该《诸经要集》所抄内容与大藏经中收录的版本多有出入，有多处朱笔、墨笔增删，故可能是从《诸经要集》到《法苑珠林》成书的过渡阶段的一个传本。不管怎样，为我们研究佛教类书提供了新的资料。又如当年周绍良先生曾经收藏的《瑜伽师地论开释分门记》中，竟然附有专门论述印度梵文变格的《八转声颂》，当时初见，不禁以手加额，叹为稀有。

由于这些古写经曾在民间流传，故颇有启功等名家题跋印章。应该说，这种情况在民间散藏敦煌遗书中较为常见，但本书收入的周绍良先生旧藏邵章剪裱《妙法莲华经》扇面则本人在所见数万件敦煌遗书中唯此一见。我现在正从事的一个课题是敦煌遗书的发现与中国学术发展的关系，此件扇面也可以成为我们研究这一课题的重要资料。

古代刻本中有陀罗尼2件，其年代已经碳14验证，它们是早期雕版印刷术在我国流行的具体证明。我们说，雕版印刷术为中国的四大发明之一，究其起源，与社会对佛经及佛教陀罗尼的大量需求密切相关，这也是佛教文化对中国文化的一大贡献。当然，这还是一个需要进一步研究的问题。刻本中的《大慈大悲救苦观世音菩萨像》为公元947年（即公元10世纪中叶）由归义军时期敦煌著名刻工雷延美所刻，有具体的刊刻年代。可惜的是此类美术品大多流散国外，国内甚为少见，故较珍贵。雷延美还曾经刊刻《金刚经》，其残卷亦存。刻本中的另一件为《妙法莲华经》卷二，年代应为五代辽。由于此件曾经由我收藏，这里稍微多说几句。如我在《九种早期刻本佛经小记》所述，山西高平收藏一件卷六，我曾将这两卷同桌比对，确认是同一副版片所刷印。虽然我认为这件《妙法莲华经》卷二的年代应为五代辽，但当时在为高平所藏卷六断代时，由于我正担任第二届珍贵古籍名录评选之敦煌遗书·佛教典籍组组长，为防止别人指责我因为自己有一件同样的刻经便将年代往前提，故特意把该经的刊刻年代向下延到北宋，称之为"五代北宋刻本"。当然，严格说，这也是一种私心。我这样做，对这两卷刻经不公平，所以在这里说明原委。

《伍伦经眼古经图录》收入的这些古经，我大多目鉴。当然，因缘不足，也有未能寓目者。此次丁德朝先生将全部图版寄给我，我又一一欣赏。坦率说，虽然图版质量不错，还是可以有感觉，但是图版得来终觉浅。文末条记目录，由丁德朝先生安排工作人员编撰。我依据手头保存的资料，做了一些力所能及的修订。

丁德朝先生嘱我为本书写一篇序，因手头事杂，因循拖延至今。现图录即将付印，故匆匆写了上面一些文字，聊以塞责云耳。

2019年12月25日于南渡江畔

自己论著序跋

定位与坐标
——《中国佛教文化大观》跋一

最近应邀到日本从事半年合作研究，适逢中国佛教协会与日本京都佛教大学共同举办的"第五届中日佛教学术交流会议"在京都举行，遂往参加。与前几届不同的是，这一届虽然名称仍为"中日佛教学术交流会议"，实际上参加者扩展到韩国，反映了国际在佛教研究方面加强合作与交流的趋势。

会上一位韩国教授报告的题目是《东北亚佛教在佛教世界化中的作用》，他提出："现代东北亚佛教所面临的最大佛教事业就是佛教的世界化运动。所谓的佛教世界化运动就是指向世界传播佛教思想。"他认为，南传上座部小乘佛教因为本身固有的种种问题，不可能承担起这一重任，因此，"佛教的世界化由发展了佛教的根本思想，最后完善成为大乘佛教思想的北方佛教（方按：指以中、日、韩为中心的东北亚佛教）来实现比较合适"。他由此提出实现佛教世界化的方案，诸如成立国际性布教机构、设立国际性财团、培养与派遣布教师、英译佛教典籍等等。他的发言引起参会者各种议论。有人问："中、日、韩佛教各有特点，又如何组织一个统一的机构呢？"有人说："组织这样的机构，进行这样的传教，恐怕已不仅仅是宗教问题，还会引发政治问题。"

我在台下坐着，一边听，一边想，作为一个佛教徒，具有这种传教的热诚，应该无可厚非。但是，作为一个现代的佛教徒，是否也应该认真考虑一下：在现实世界中，佛教究竟处在一个什么样的位置上？已经有了两千多年历史的佛教，将有一个什么样的未来？

前些年，美国夏威夷大学哲学系的一位教授发起东西方宗教的对话。去年，这位教授曾经率队到我所在的中国社会科学院亚太所与我们进行学术交流，阐述他东西方宗教对话的理论。在他看来，东西方的宗教都有其合理性。因此，需要通过对话这种方式来相互了解，得到沟通，从而使东西方人民加强友谊，避免冲突。一百年前，大部分西方人总认为基督教是世界的唯一真理，企图用基督教来教化与征服世界；一百年以后，很多西方人都认识到东方文化有其固有的活力与魅力，需要了解，需要沟通，需要对话，这不能不说是一种历史的进步。那么，对我们东方人来说，是不是也应该解放思想，更新观念，跟上时代呢？

人之区别于动物，除了其他种种原因之外，一个重要的原因是人有对真善美的追求。这也是诸种宗教得以产生的动力之一。由于各种不同的文化背景、各种不同的社会条件，也由于创教教主的个人条件，大家对真善美的理解不同，追求自然各异，各种不同的宗教由是出现。古代，一个宗教一旦创立，总是宣布自己不但已经发现了真善美，而且垄断了通向真善美的道路；宣布要想得到解脱，唯有入我门来，否则只能永远在地狱中经受魔火的煎熬。现代的人，是不是应该聪明一点了呢？

世界上有没有绝对真理？这个问题以前曾经长期争论，今后也许还会争论下去。在我看来，绝对真理犹如人们所追求的真善美的理想，只能存在于理想之中；在现实世界里，我们所把握的，只是一个一个的相对真理。当然，"无数相对真理之和，等于绝对真理"。然而，无论作为个体的人还是集体的人，所能够把握的，都是"有数"的，永远不可能把握"无数"。因此，现实世界中没有"绝对真理"，没有不可以超越的东西。从这个意义上讲，任何人，如果宣称他已经把握了绝对真理，把握了亘古于今的教条，只不过说明他已经陷入思想的僵化，宣布他将从此走向停滞与枯萎。其实，我在这里讲的并不是什么新鲜的东西，佛教在两千年以前已经用佛教的语言说明了这一点：一切有为法都是无常变迁的，都不是绝对的存在；只有彼岸世界的无为法，才是永恒不变的、绝对存在的。但是，人们往往贵己贱人，党同伐异，遂使纷争不断。

当然，我不是说人应该满足于已经达成的相对真理，不要再去追求绝对真理，追求理想。人是应该有点理想的，人正是在不断克服相对真理、逼近绝对真理的过程中完善自己并推动社会的发展。问题在于追求一个新的目标时必须首先明白自己当前的坐标点，这才能设定出从当前坐标点到目标点之间的最佳路线。而明白自己当前的坐标点,则是一件相当困难的事,所以从来说:"人贵有自知之明。"

中国的佛教,衰微已极,原因固然是多方面的。去年我曾经在上海参加一个佛教界的会议,会上僧俗两界对当前佛教的现状以及如何加以改善发表了许多意见,尤其对某些人道风的败坏深恶痛绝。我认为,作为一个人数众多的社会团体,鱼龙混杂乃正常现象。道风的问题自然是一个需要重视的大问题,但从历史上看,即使在佛教最为兴盛的南北朝、隋唐时期,这个问题也始终存在。因此,不是由于道风的败坏引起佛教的衰微,而是由于佛教的衰微加重了道风的败坏。在我国历史上,南北朝时期僧尼、寺院的数量最多,但人们却都认为隋唐时期佛教最兴盛,这是为什么呢?主要是隋唐诸宗勃兴,佛教理论大发展,以至我们如果离开佛教就无法阐述隋唐时期的中国思想史。北宋以后,佛教急剧衰落,其主要表现是什么?首先仍然是理论的衰落。此时在思想界独擅胜场的是宋明理学,佛教几乎占不上一席之地。因此,从佛教本身来看,由思想僵化而引起的理论退滞,应该是佛教衰微的重要原因之一。所以,解放思想,也就应该是佛教应对现实社会的第一步。要解放思想,应对社会,首先也必须对自己的现状有一个清醒的认识,亦即所谓"贵有自知之明"。

佛教有其宗教的层面,有其文化的层面。两者既不能截然分开,又有一定的差异。就宗教的层面而言,应该说,存在着的东西有其存在的合理性;当然,如果它不能随着社会的发展而发展,将会逐渐失去其存在的合理性。从世界范围来看,各种宗教不断提高其文化品位，则是一种潮流，一种趋势，所以本书力图从文化的层面来考察佛教。历史上，中国的佛教曾经对中国文化的发展有过积极的影响，也有过消极的影响。温故可以知新，鉴往可以知来，所以我们编纂这一本《中国佛教文化大观》的目的是想通过对以往历史的回顾，探索某些规律性的东西，从而进一步理解佛教在中国文化中的位置与中国佛教的未来。

本书的题目是北京大学出版社江溶、刘芳两位出的。题目如此之大，本人的学力又有限，勉力为之，做出来的文章往往吃力不讨好。从我与袁坚同志最初酝酿、设计提纲、组织作者，到撰写、修正、定稿，其间整整经历了五年。五年来，三十多位编委（亦即本书的作者）参与了这项吃力不讨好的工作。其中既有旧友，又有新知，都为此付出辛勤的劳动，在此我衷心感谢他们的支持与信任。由于从酝酿到定稿时间很长，与一切事物一样，我们自己的思想也在变化之中。因此，最后的定稿与最初的设想已经有了很大的距离。也由于这一原因，好几位作者按照原设想要求写来的稿子最后没有能够采纳，或者没有能够全部采纳，有的则做了较大的改动，这是我作为主编要向这几位先生道歉的。作为本书的主持人，我还要向王尧先生表示特别的感谢，感谢他对本书的支持以及为本书付出的大量心血与劳动。另外，方立天先生、荣新江先生慨然答应我使用他们的研究成果，也在此表示衷心的感谢。江溶、刘芳两位反复审阅全稿，提出许多中肯的意见，不少稿件曾反复修改。没有两位的巨大劳动，不会有本书的出版，这也是应该特别提出的。最后，要感谢任继愈先生对本书的指导以及在百忙中特意为本书写作序言。

全书由我执笔的章节约占四分之一,并由我修正、定稿,不少章节由我改写或重写。所以,本书的不足之处,应该由我承担。恳切希望诸方朋友提出宝贵意见。

1994年10月25日于日本京都

《藏外佛教文献》出版前语

《藏外佛教文献》第1辑出版在即，朋友们要我写几个字谈谈筹办经过与感想，真是酸甜苦辣，感慨系之。

一

我是由专攻印度佛教转入专攻佛教文献学的。当我进入佛教文献学这一领域后，第一个感觉就是中华民族真可谓是一个具有高度文明自觉的民族。"文明自觉"是我自造的一个词，意思是不但创造了文明，而且对自己创造的文明具有清醒的意识，并自觉采用各种手段使这一文明发展与延续。因为有这种文明自觉，所以历朝历代都孜孜努力于前代典籍的搜集、整理，作为当朝治乱乃至供子孙后代修身、齐家、治国、平天下的借鉴。我们常说，中国人具有强烈的历史观念，实际上这种历史观念正是从

"文明自觉"这一基础上生发出来的。中国佛教在发展过程中出现了统一的藏经,出现了历朝历代都要编修大藏经这种传统。这些现象在印度佛教史上并不存在,正是中华民族高度文明自觉的反映。

1984年起,我参与任继愈先生主持的《中华大藏经》的工作。赓续古代大藏经的传统,《中华大藏经》分上、下两编。上编以《赵城金藏》为基础,汇集历代正藏;下编则为历代续藏与新编入藏。正藏与续藏都是古人编的,现有经本在,新编入藏则要求把散佚在正藏、续藏之外的诸种佛教典籍尽量汇拢收入。或为见闻不广所囿,或为收集困难所拘,或为宗派立场所缚,或为物质条件所限,历代都有大批珍贵的佛教文献没有能够入藏,处在自生自灭的境地。不少文献因此湮没无闻,这不能不说是佛教与中国文化的一大损失。近代以来,这批典籍已经越来越引起有识之士的注意,很多学者通过对它们的研究,得到卓越的成果。今天,在编辑新的大藏经时,努力发掘、收集与整理现存的各种藏外佛教文献,是不可忽视的大事。这些资料包括:近代以来从梵文、巴利语、藏文、蒙文等各种语言文字翻译的佛教典籍,敦煌藏经洞保存的大量佛教典籍,各地图书馆、博物馆保存的未被历代大藏经所收的古代佛教典籍,正史、地方史志、丛书、类书、个人文集中保存的佛教资料,与佛教有关的金石资料,近现代的佛教著作与资料。一般来说,典籍整理工作,越早进行,收集得也就越多;而越是推后进行,则文献的散佚、损失也就越大。

文献是文化的主要载体之一,佛教文献是佛教文化的主要载体之一。我曾经说过这么一番话：

> 现在尚流传于世界且自成体系的佛教大藏经主要有三种：南传巴利语三藏，汉文大藏经，藏文甘珠尔、丹珠尔。梵文佛典虽仍有留存，且近年来不断有新的梵文佛典被发现，但大抵均为单部残页。虽然它的研究价值不能低估，但毕竟已不足成为完整的大藏。另外，中国还保存有完整的傣文大藏经、蒙文大藏经、满文大藏经，出土不少残缺不全的西夏文大藏经，但上述佛藏基本是从前述三种主要的佛藏转译的。因此，巴利语三藏、汉文大藏经，以及藏文甘珠尔、丹珠尔等三种佛藏在佛教研究中的意义和价值是不言自明的。
>
> 就上述三种主要的佛藏而言，汉文大藏经所收经籍的数量最多，其经籍所涉及的时代跨度最大、地区涵盖面最广、所包容的佛教派别也最多。因此，巴利语及藏文佛藏固然有其不可替代的独特的研究价值，汉文大藏经的价值显然更值得人们重视。
>
> 近代以来，西方的佛教学者大抵沿着"巴利语佛典—梵文佛典—藏文佛典"这么一条路线来展开佛教研究，从事汉文佛典研究的人相对来说较少，这种情况与汉文佛典本身的价值相比很不相称。之所以形成这么一种局面，除了其他种种原因外，语言的障碍及对汉文大藏经及其价值不甚了解，大约也是重要因素。现在，有的学者已开始注意到这一问

题，中外都有学者在呼吁并从事汉文佛典的英译工作。我深信：更多的人会越来越认识到汉文佛典的重要价值，从而对它展开深入的研究；而汉文大藏经也会在这一过程中，为人类文化的重建与发展做出它应有的贡献。

可以设想，如果我们把目前还散佚在藏外的佛教文献尽量搜集、整理出来，并收归入藏，则汉文大藏经将对佛教的发展与研究、对人类文化做出更大的贡献。

搜集、整理藏外佛教文献的困难，首先在搜集，其次是整理。这里以相对比较容易的敦煌遗书为例来谈谈。

第一步，要把敦煌遗书的家底摸清，也就是要搞清敦煌遗书中究竟哪些为未入藏佛典。由于存世的敦煌遗书缺乏可用的综合目录，已经编成的诸目录还有种种缺陷，不能直接使用。不少敦煌遗书断头缺尾，还没有鉴定定名，这就需要先对这五六万号敦煌遗书逐一审核编目；而敦煌遗书分藏在世界各国，有的在私人手中，给编目造成极大的困难。经过多年努力，我已经用电脑编成30000多号敦煌遗书的草目，但距目标的完成，还有很大的距离。就目前世界敦煌学界的现状而言，大家都企盼着这一目录问世，然而由于种种困难，编目工作究竟何时可以完成，实在没有底。

第二步，是把拟整理典籍的所有经本汇聚在一起。首先，由于目录还没有最后完成，就不能保证能把所有的经本真正一网打尽。其次，已经确定的经本，有时因为收藏单位或收藏者秘不示人而无法得到。再次，必须注意到有些敦煌遗书还存有其他传世本，如房山石经本、民间传本、日本古抄本等等，应想方设法，全部搜集齐全。如上种种障碍，实难尽述，只能尽人事而听天命。不过皇天毕竟不负苦心人，如第1辑中发表的《佛为心王菩萨说头陀经》有五个汉文本，一个在英国，一个在法国，一个在日本，两个在中国（分藏于北京图书馆与天津艺术博物馆），由于诸方的厚爱，竟全部收齐。此外还得到粟特文本的汉译本及古代文献中的诸条引文，实为意外之喜。

第三步，确定底本、校本，进行录文、校勘、标点。敦煌文献原件均为古代抄本，照片多有模糊不清；鲁鱼亥豕之处，在所颇多；文意漏断之处，亦为常见。有的尚存校本，可以参用；有的只剩孤本，唯凭理校。至于敦煌遗书特有的辨字析词之难，自不待言。在这种情况下，如何整理出一个较好的本子以不负古贤今人之望，常常使人有如履薄冰之感。

第四步，印刷出版。这看来是一件很简单的事，其实大不然。学术著作出版难，已成为出版界的常识；加之佛教典籍必须用繁体字出版，而当今中国大陆繁体字出版物已经非常少见。此外出版物上种种排版错误，更是屡见不鲜，以致有"无错不成书"之叹。怎样解决这些问题，把一本本高质量的书送到读者手中呢？

可以说，从1984年起，我的工作主要围绕上述事情进行。我只是一介书生，除了一支笔、几本书，别无长物。虽有不少学术前辈支持，但他们也一样无钱无权。庄子说："吾生也有涯，而知也无涯。以有涯随无涯，殆矣！"现欲以有涯之生而随困难无涯之佛典搜集整理工作，岂不殆哉！然而，总要有人来从事这项工作，总要有人入地狱。"路漫漫其修远兮，吾将上下而求索。"

二

一个"缘"字，真说尽天下事物发展之精华。

李家振先生从上海到北京，在中国佛教文化研究所工作时间不长，我们就认识了。初时虽然交往不多，但他知人善任、勇于办事、勇于负责的作风，一心为佛教文化事业办实事的精神给我留下了深刻的印象。很多事，正因为缺少李家振先生这样的人，所以办不成。大概由于我曾经在英国国家图书馆整理过敦煌遗书，又主持着北京图书馆藏敦煌遗书的编目与整理工作，对敦煌遗书的鉴别、整理积累了一定的经验，所以李家振先生找我商议合作整理英国国家图书馆藏敦煌遗书之佛教典籍的事，我当然责无旁贷。在这个过程中，我提出，为了让广大读者尽快看到与利用这些宝贵的资料，也为了团结与动员更多的人共同把这件有意义的事办好，有必要创办一份刊物，专门发表已经整理的藏外佛教文献。李先生很赞同我的意见，但因时节、因缘未熟，也只限于议论而已。

但李先生是有心人，他向香港地区的志莲净苑宏勋法师转达了这一设想，宏勋法师也十分赞同，并表示可以在经济上给予支持。这样，一份专门刊登藏外佛教文献的刊物，由纸上谈兵，变得可以实际启动了。

于是，我与几位有心于此事的同人组成编委会，开始了具体的筹备。起初，对该出版物应采用什么形式，大家有种种设想，如公开发行的杂志、内部发行的杂志、正式的连续出版物等等。正在这时，得知《南亚研究》由于经费的原因，正酝酿停刊。由于《南亚研究》的办刊宗旨也包括刊登佛教方面文章，稍做调整，用来刊登藏外佛教文献，可说是顺理成章；再说，以《南亚研究》的形式出版，可说是诸多方案中最为简捷方便的一种。于是，我们与有关领导商谈后签订协议，决定从1995年起，由我们以《南亚研究·佛教文献专辑》的形式接办原《南亚研究》，并向全国发出征订。这是1994年夏天的事。

1994年10月，我应邀到日本从事半年关于敦煌遗书鉴伪与断代的研究。在日本期间，除了自己的研究工作外，还参与了多个研究班的活动，例如龙谷大学西域文化研究会的《高昌残影》研究班、京都禅文化研究所的《达摩六论》研究班、牧田谛亮先生主持的七寺经典研究班、入矢义高先生主持的《观世音经灵验记》研究班等。研究班是日本学者创造的一种集体研究方式，在原典的整理与研究方面，推广尤其广泛。其方法是确定整理或研究对象后，大家分头寻找各种底校本；然后按照约定，各自整理自己所承担的部分，定期聚会，共同讨论研究。这种方式，便于集思广益、取长补短，的确是出成果、出人才的好方法。参加这些研究班，对我的启发很大。我们中国的学者，基本上处于个体劳动状态。即使是合作项目，也是大家在一起共同讨论纲目、体例之后，分头去写，然后交给一个人汇总统稿，较少集体逐字逐句进行讨论与修订。我从日本写信回国，建议我们的编委会也采用研究班的形式来整理藏外佛教文献。这一建议，很快得到国内编委的赞同。

赵朴初先生、任继愈先生、周绍良先生、吴立民先生慨然答应担任本书顾问。

就这样，各种因缘条件逐渐汇聚起来了。

三

规划设想容易，真正做起来难。世界上的事情，大抵如是。

对我们这些书生来说，文献的整理，应该说是本分事。只不过我们面对的是佛教典籍，且大多为古代写本，故底校本的搜集、确定，典籍的录文、校勘、标点等等，难度大大超出一般意义的古籍整理而已。所以，真正让人头疼而无措的，不在典籍整理本身，而在其他一些问题上，说明确点是经济问题。

比如前面提到，现在的书籍，误植漏校，所在多有。既然我们决心把高质量的《藏外佛教文献》送到读者手中，又缺少充裕的经费，那举凡录入、校对等全部工作，只能由编委会自己承担。好在现在个人电脑已经普及，虽说档次低一些，编委会同人几乎每人都有。由于《藏外佛教文献》必须用繁体字印刷，而大陆通行的汉字处理系统多为简体字，可以处理繁体字的系统价格昂贵，并必须在高档次电脑上使用，非我等能够承受。所以，开始时我们只能采用台湾地区的一个繁体字系统。第1辑的稿件已经编校完毕,问题来了:我们用的这个系统只支持轻印刷,不能印刷出高质量的书籍。无奈,我们只好再去购买繁体字系统。由于经费关系,我们买的是最便宜的一种。可是没有想到,不知什么原因,近两个月来,无论有关同志怎样殚心竭虑,这个系统就是不肯正常工作。我们真是焦头烂额,走投无路。直到我写这篇文章的时候,问题还没有解决。

又比如,前面提到,我们最初计划以《南亚研究·佛教文献专辑》的形式出版,但由于种种原因,这一计划最后流产。于是决定改为连续出版物,故更名为《藏外佛教文献》,并与某出版社商谈好合作方式。最近又出现变故,出版社方面希望我们能够支付一笔费用。当然,出版社作为企业,提出这一要求无可厚非,但我们实在没有这种经济力量。截止到我写这篇文章时,这个问题也还没有解决。

凡此种种,真所谓"功夫在学问外"。

虽然困难重重,但编委会的诸位同人,仍然以"虽九死其犹未悔"的精神,锲而不舍,孜孜努力。鼓舞大家的,一是为佛教文化、祖国文化做一点贡献的信念,再就是广大读者的支持。

我们收到不少读者来信,很多读者在信中充分肯定了我们工作的意义:称这一工作"为保护我国的优秀文化遗产,对佛教研究事业的发展起到促进作用","是一件很有意义的大事";认为《藏外佛教文献》必将成为"研修佛学之案头宝典";希望我们能够"排除一切困境,走上光辉的里程";要求我们"能多出一些高水平、高质量的文章"。不少来信表示将成为《藏外佛教文献》的长期读者，要求继续订阅以下各辑。

一封封热情的信像火炭一样温暖着我们的心。面对这样的读者，我们有什么理由不以更加勇猛精进的态度，排除万难，把《藏外佛教文献》的事情办好，以高质量的出版物来回报读者的厚爱与各界人士的关心与支持呢？

做一点好事是不容易的。我们的先辈为了理想，越流沙、赴绝域，为我们树立了楷模；我们现在虽然面临不少困难，但与先辈相比，又何足道哉。"万事开头难"，我相信，有如此热情的读者与各界的支持，我们一定能够不负众望，开拓前进。

1995年11月13日 于缘督室

《佛教大藏经史（法藏文库本）》自序

1984年秋天起，我跟从任继愈先生攻读博士学位。先生给我的任务是通读敦煌遗书，搞清楚哪些佛教文献是大藏经中不收的，整理后收入新编的《中华大藏经》。先生并要求我在阅读敦煌遗书的过程中，注意敦煌佛教的特点，争取写出一部《敦煌佛教史》。

从1984年下半年到1987年底，三年多的时间里，我基本沉在敦煌遗书与大藏经中。开始是一号一号地阅读敦煌遗书，越读越茫然，见木不见林，自然难免会坠入五里雾中。心里着急，怎么办呢？当时我还是敦煌遗书"避难说"的信奉者。我想，既然这批遗书是敦煌僧人在遭遇危险时宝藏的典籍，想必会把有关目录也收藏在一起。如果能够把这个目录找到，就可以掌握敦煌遗书的全貌。这时再来清理其中到底哪些典籍未入藏，就可以事半功倍。于是，我开始注意收集与研究敦煌遗书中保存的那些各种各样的佛经目录。

不知不觉，窗外的树叶掉了又绿，绿了又掉。日语形容时间过得快，有一个词，叫"あっという間に"，就是"眼睛一霎"的意思，我也是"あっという間に"竟然到了1987年底。按规定，博士生的学习年限为三年，同期进校的同学，已经一个个通过论文答辩，毕业了；而我还沉在敦煌遗书与大藏经中，不知春夏秋冬。这时开始着急自己的论文，写什么呢？写敦煌佛教史？自己觉得还没有能够真正把握敦煌佛教的特点。写敦煌遗书中哪些典籍未被大藏经所收？但这个工作工程量之大，远远超出想象；再给我十年，也未必能够拉出一张完整的清单。想来想去，还是以敦煌遗书中的佛经目录为对象最合适。因为三年来，我已经收罗了一大批此种目录；并通过研究，发现了一系列问题，可以补前人的缺漏或发前人之未见。其中有些问题，在大藏经发展史上应该说还是相当重要的。于是在得到先生同意后，将论文题目暂定为《敦煌遗书佛教经录研究》。敦煌遗书中的佛教经录，总数有300多号，比较庞杂。其中有些有较大的研究价值，有些则属一般。我最初的设想，就是对这些经录分类研究，写出一篇篇的专题报告。这样组成的博士论文，也就是一本关于敦煌佛教经录研究的专题论文集。但在我先后向黄心川先生与季羡林先生汇报我的论文设想时，受到他们的批评。他们不约而同地提出，博士论文应该是一本专著、一个整体，不能是一个专题论文集，要求我必须用一根主线将全书贯穿起来。但如何把这些庞杂的经录纂为一个整体，实在是一个难题。考虑到敦煌遗书及其保存的经录，集中反映了我国古代写本大藏经的情况,所以决定舍弃经录中那些与大藏经关系不密切的内容,集中论述古代写本大藏经。而由于敦煌遗书及其保存的经录主要反映的是8至10世纪的大藏经面貌,于是经任先生同意,把论文题目改为前述《八—十世纪的中国汉文大藏经》。

论文的写作与答辩都很顺利,答辩委员会对论文给予较高的评价。1991年3月,论文初版;出版时,新增了关于"皇家的干预和大藏的形成"的内容,并把《〈开元录·入藏录〉复原拟目》作为附录附在书后。由于该论文实际反映了佛教大藏经的一段形成史,所以出版时将名称改为《佛教大藏经史(八—十世纪)》。

坦率地说,本来我以为像这样过于专门的书是不会有人看的。我曾经说,对这本书感兴趣的,大概不会超过20人;但是没有想到,海外特别是日本学术界对本书给予了高度的评价。初版3000多本,也很快脱销。其后,不断有人向我打听何处可以买到此书,也有出版社表示愿意重印,但我一直拒绝原样重印。主要原因是初版仓促,校对疏忽,错误甚多。其后,随着时间的流驰,我对书中的某些观点开始不满;对某些部分,则因新资料的出现,觉得应该增补;对某些以前没有讲透或没有涉及的地方,觉得应该补充。这样,我就更加不愿意将本书匆忙原样重印。在拙作《敦煌学佛教学论丛》的后记中,我写过这样一段话:

> 鲁迅先生曾说他是"不悔少作",那当然由于他的文章都是千锤百炼,以至字字如金。我则深感写文章也是一种

"遗憾的艺术"。常常是文章刚写完时，自己觉得在文章中提出了或解决了一个或几个问题，既轻松，又自得。但后来就觉得不满意，且随着时间的推移及新资料的发现，不满意的程度越来越深，有时甚至觉得无地自容。所以我总不放过可能的修改机会，以免谬种害人。

这段话拿过来形容我对本书的态度，也是十分恰当的。

此次借收入博士文库的机会，对本书做了如下一些增补修订：第一，增补了《北新876号研究》《俄藏〈大乘入藏录卷上〉研究》两部分；增补了一批敦煌遗书，散于全书各处。第二，不少章节有重大修改，如《导言》等；有些章节则全部推倒重写，如《〈沙州乞经状〉研究》《禅藏》等。第三，将原附录一《吐蕃统治时期敦煌龙兴寺藏经目录》、附录二《敦煌遗书伯3010号录文》分别安置在相关的研究之后，便于对照阅读。第四，对全书文字做了订正，并核对了引文。在观点方面，原书主张从《开元录》撰成到北宋刊刻《开宝藏》为写本藏经的全国统一化阶段，增订本则改为从会昌废佛到《开宝藏》为写本藏经的全国统一化阶段。其实，这个观点我早已改变，并写在此前发表的一些书籍与论文中。除了这个比较重大的观点改变外，增订本与原书在观点上没有重大出入。只是有些问题以前没有展开论述，或者只是略微点题，而这次论述得更加充分一点。比如为了强调了信仰层面佛教对大藏经类型变化的影响，特别加入《俄藏〈大乘入藏录卷上〉研究》部分。从总体看，这次增补修订的量是比较大的。按照有关规定，修订超过30%算新书，本书自然也可以算是新书了。

虽则如此，我对这个增订本仍然是很不满意的。第一，写本藏经的发展包括四个阶段，十多年以前未能把这四个阶段叙述完整；十多年以后还没有能够做到这一点，实在有点无法交代。第二，就写本藏经的结构演化而言，并非到《开元录》就完成了。《开元录》以后，写本藏经的结构在细部仍有调整，包括《开元录·入藏录》已收部分、《开元录·入藏录》未收部分等，都在不断地调整中。这也是写本藏经形成不同系统的重要原因之一，本书对此没有涉及。第三，圆照的《续开元录》在大藏经形成史上具有特殊地位，本书没有给予它必要的篇幅。第四，《广品历章》《慧琳音义》《可洪音义》实际都是先前藏经的目录，对上述三部资料的个案研究，可以勾勒当时写本藏经的全貌，但本书对此付之阙如。第五，写本藏经与刻本藏经是怎样衔接的？具体地讲，《开宝藏》利用四川的一部什么样的写本藏经刻成？《契丹藏》是依据诠明（又名诠晓）主持编纂的一部写本藏经刻成，这部写本藏经的基本特点是什么？而南方的《崇宁藏》《毗卢藏》又是依据一部什么样的写本藏经刻成？北方、中原、南方三个系统的写本藏经，为什么唯有北方系与《开元录·入藏录》相符合？除了上述反映在刻本藏经中的三个系统之外，当时是否还存在其他类型的大藏经？这些问题，本书都没有涉及。第六，《开宝藏》刊成后，写本藏经并没有马上灭绝，而是在相当长时间内与刻本藏经共同流通。大体是北宋是写本、刻本共同流通期，以写本为主；南宋起写本逐渐湮没，刻本取代写本。因此，北宋时期是我国写本藏经十分兴盛的时期，所修造的写本藏经精美绝伦。至今保存的《金粟山大藏经》《法喜寺大藏经》《大和宁国大藏经》等多部北宋写本藏经零本为我们提供了实物证据，但本书对这个问题也没有涉及。因此，且不说增订本中必然会存在的疏漏、笔误、误植等等，仅上述六大问题，就说明增订本还要再增订。

应该说，上述问题，绝大部分都是我在十多年前撰写博士论文时已经意识到的，资料收集在当时也已经完成；但当时不愿意把博士课程的学习拖到第五年，想赶快完成论文，赶快毕业。于是，我便把上述问题放下，准备以后再做增补；没有想到一放就是十多年，至今没有机会重新回到这个课题上。我希望在完成了我现在正在进行的《敦煌遗书总目录》之后，能够重新写一本完整的《写本大藏经史》。

本书的修订量这么大，也带来一个问题。因为按照博士文库编纂者的设想，希望收入博士文库的论文能够原样不动，尽量保存一份真实的历史资料。这说明博士文库的编纂者具有为历史负责的卓见，自然是值得称道的。但我想：博士文库除了有保存历史资料的功能外，毕竟还有一个功能，就是传播知识的媒介；而传播的知识，自然以尽量准确为好。如果作者本人都认为错了，还原封不动地把那错误知识传播出去，那未免既不对读者负责，也不对自己负责。但是，如果修改而不加说明地重新出版，就是不对历史负责。如何跳出这个两难的怪圈呢？我的办法是两条。第一，在这篇增订本自序中说明我的写作原委与修订概要。第二，告诉大家两个信息：我的博士论文的1988年油印原版本，分别保存在国家图书馆博士论文收藏库与中国社会科学院研究生院图书馆两处；本书的初版本，由中国社会科学出版社1991年3月出版，有些图书馆有收藏。如果哪位先生有兴趣，想看看油印本与初版本如何错误百出，可以找来覆按。

本书1991年出版前，德国华裔学志社的弥维礼先生表示要将本书翻译为英文，作为"华裔学志丛书"之一介绍给西方的读者，并正式开始着手翻译。应他的要求，我写了一篇《英译本自序》，内容主要是向西方读者简要介绍汉文大藏经的重要价值。本书初版时，我把这篇序言也附在卷首。但后来弥维礼先生工作发生变化，离华回国，本书的翻译也就中止了。几年前我遇见他，他表示如果有可能，他还是想把这个工作做完；但到底是否能够如愿，他也没有把握。所以，本书的英文本实际并不存在。曾有先生看到本书卷首所附《英译本自序》，以为本书的英译本已经出版，这是一个误解。在此，我有责任说明情况。这次的增订本应将该《英译本自序》删除，以免再造成误解；但敝帚自珍，作为一种历史记录，还是附在这里吧。

2000年12月19日 于太阳宫寓所

附：英译本自序

在佛教、基督教、伊斯兰教等世界三大宗教中，佛教的典籍最为浩瀚。佛教徒认为："论益物深，无过于法。何者？法是佛母，佛从法生。三世如来，皆供养法。故《胜天王般若经》云：'若供养法，即供养佛。'是知法教津流，乃传万代。"(《大正藏》第49卷）佛教典籍因是佛法的结集与代表，所以受到佛教徒的高度重视。他们历来把搜集、翻译、整理、传写、供养佛教典籍当作一件大事，从而促使各种类型的大藏经得以形成。

现在尚流传于世且自成体系的佛教大藏经主要有三种：南传巴利语三藏，汉文大藏经，藏文甘珠尔、丹珠尔。梵文佛典虽仍有留存，且近年来不断有新的梵文佛典被发现，但大抵均为单部残页。虽然它的研究价值不能低估，但毕竟已不足成为完整的大藏。另外，中国还保存有完整的傣文大藏经、蒙文大藏经、满文大藏经，出土不少残缺不全的西夏文大藏经，但上述佛藏基本是从前述三种主要的佛藏转译的。因此，巴利语三藏、汉文大藏经，以及藏文甘珠尔、丹珠尔等三种佛藏在佛教研究中的意义和价值是不言自明的。

就上述三种主要的佛藏而言，汉文大藏经所收经籍的数量最多，其经籍所涉及的时代跨度最大、地区涵盖面最广、所包容的佛教派别也最多。因此，巴利语及藏文佛藏固然有其不可替代的独特的研究价值，汉文大藏经的价值显然更值得人们重视。

近代以来，西方的佛教学者大抵沿着"巴利语佛典—梵文佛典—藏文佛典"这么一条路线来展开佛教研究，从事汉文佛典研究的人相对来说较少，这种情况与汉文佛典本身的价值相比很不相称。之所以形成这么一种局面，除了其他种种原因外，语言的障碍及对汉文大藏经及其价值不甚了解，大约也是重要因素。现在，有的学者已开始注意到这一问题，中外都有学者在呼吁并从事汉文佛典的英译工作。我深信：更多的人会越来越认识到汉文佛典的重要价值，从而对它展开深入的研究；而汉文大藏经也会在这一过程中，为人类文化的重建与发展做出它应有的贡献。

作为一个中国人，一个中国的佛教研究工作者，我既为祖先留下的这一份珍贵的文化遗产而感到自豪，同时也油然产生一种责任感。这就是我们应该认认真真地做好搜集、整理、校勘、研究等一系列基础性工作，使后来的使用者能得到一份完整、可靠、实用、科学的资料。在这一方面，我们的确还有许多工作要做。

自从1984年我跟从任继愈教授攻读博士学位以来，在导师的安排、指导下，一直在从事汉文佛教文献的整理及佛教文献学、大藏经史的研究，本书的基础即是我的博士论文。承北京师范大学客座教授弥维礼博士美意，花费了大量的精力，将此书译为英文，把它作为"华裔学志丛书"之一介绍给西方的同行们。在此，我对他辛勤的劳动表示衷心的谢意。几百年前，利玛窦等西方学者曾为中西文化交流做出杰出的贡献，中国人民至今纪念他们。今天，赖有弥维礼博士这么一批对中国文化抱有深厚感情的学者默默地但卓有成效地向西方介绍中国学者的研究成果，以进一步加强双方的联系和了解。他们的工作是十分有意义的，中国人民同样不会忘记他们。如果本书对西方读者了解中国大藏经有所帮助，并进而对研究大藏经产生兴趣，笔者将感到无比欣慰。

1990年5月11日于北京

21世纪中国佛教的走向（第三部分）
——《中国佛教文化大观》跋二

面临这样的局面，佛教究竟应该怎样应对？

我认为，中国佛教应该紧紧抓住提高佛教教团素质这一个中心，抓住了这一个中心，就解决了所谓"续佛慧命"的问题。中国佛教还应该紧紧抓住坚持推行弘法度生事业，坚持推行慈悲济世事业，抓住了这两项事业，就解决了所谓"荷担如来家业"的问题。因此，上述"一个中心、两项事业"应成为21世纪中国佛教工作的重点。

因为篇幅的关系，这里想重点谈谈"一个中心"，即提高教团素质的问题。

根据国家宗教事务局1995年公布的数字，我国当时有佛教僧尼17万多，其中汉传佛教僧尼4万多。可以想见，时至今日僧尼人数一定已经超过上述数字。僧尼组成的教团作为僧宝，虽然只是"佛法僧"三宝之一，但从"三宝一体"的观点来说，教团实际也代表了整个佛教。"人能弘道，非道弘人"，教团素质的高低是影响佛教发展水平的关键问题。

怎样提高教团的素质？我认为最要害的问题就是坚持佛教教团的宗教主体性。

上文已经用大量篇幅论述了在当今世界，宗教之所以能够存在的理由。那么，宗教存在的价值是什么呢？在众多的宗教中，佛教之所以能够存在的价值又是什么呢？我想，宗教之所以能够存在，其价值就在于它不共世间的宗教主体性。佛教之所以能够存在，价值也就在于它不共其他宗教的固有特性。顺着这个思路继续推论，汉传佛教之所以能够存在的价值，就在于它有既能够满足汉民族宗教需求，又不共于南传佛教、藏传佛教的固有特性。这个题目很大，也不是本文想要论述的内容，但却是本文立论的基点。所以，要续佛慧命，就要坚持教团的宗教主体性；要提高教团的素质，关键也在坚持教团的宗教主体性。教团有了不共世间的宗教主体性，才有了在这个世间存在的价值；教团能够真正坚持这一主体性，自然提纯了自己的素质。

怎样坚持教团的宗教主体性，我认为应该包括三个内容：一是如何在新的形势下，更好地发展与创造应时应机、如理如法的新的佛教理论；二是如何发展与创造与新的佛教理论相应的新的修持方法；三是如何进一步规范教团及僧人的行为，在群众中重树人天师的威仪。上述三个内容，实际也就是如何在新的形势下继续坚持与发展佛教传统的戒定慧三学。

首先讲慧，理论的创新从来是中国佛教不可忽视的中心问题之一。

　　治佛教史者都认为隋唐时期中国佛教最为兴盛。其实，如果从僧团规模讲，南北朝时期仅中国北方的出家僧人就曾经达到300万之巨，而唐朝佛教全盛期佛教僧人只有几十万。为什么说隋唐时期中国佛教最为兴盛呢？就因为当时中国佛教新的理论不断涌现。可以说，在当时的哲学思想领域，唯有佛教独擅胜场，没有任何一种其他理论，无论是儒教还是道教，可以与佛教抗衡。与佛教新理论不断涌现相应，新的佛教宗派、新的佛教领袖也不断涌现，由此出现一派繁荣的局面。我曾著文认为汉传佛教的衰落期始于会昌废佛，理由是会昌废佛后佛教的各宗派大多衰微，只有禅宗与净土宗保持持久的影响。净土宗本来没有什么深奥的理论；禅宗的创宗时期亦即理论创新时期已经过去，此时的禅宗五派在教学风格上各有特色，但在基本理论方面既无甚差异，也没有什么新的引人注目的发展。因此，我们说佛教趋于衰落，首先表现在佛教在义理方面失去活力，日益枯萎。关于当时佛教义理枯萎的原因，在拙作《佛教志》[1]中有所论述，这里不再赘论。

　　所以，当代佛教要复兴，不在于修复或新建了多少寺院，也不在于修造了多高、多大的佛像，乃至发展了多少出家僧人、在家信徒，而在于有无应时应机、如理如法的新理论。"人间佛教"已经提出数十年，但由于种种原因，至今它的口号色彩大于理论色彩，也就是说，它还缺乏必要的理论充实与阐述。理论是实践

---

[1] 方广锠：《佛教志》，上海人民出版社，1998年，第145—147页。

的升华，几十年来，无论在大陆，还是在台湾地区，佛教的实践已经大大超越前代，出现种种新的形态；但相应的新的理论却显得相对贫乏，由此我们更加痛感理论的滞后。

其次讲定，也就是修持方法。就佛教修持而言，本人是外行，缺乏实际的体验，应该说没有发言权；但长期与佛教界打交道，看到不少，也想了不少。现把这些想法讲出来，仅供参考。

在讲这个问题时，我想首先应该提到目前出现的一种值得我们注意的现象。这就是在大陆的部分僧人与信众中，自发地出现一种向印度初期佛教回归的基要主义倾向，以及向南传佛教、藏传佛教寻求解脱之路的积极努力。应该如何用最简单、准确的词语来归纳这一现象的本质，我还没有把握，这里暂且称之为"出离汉传佛教现象"。

向印度初期佛教回归的基要主义倾向，主要表现在倾向于对初期佛教戒律的寻求，并进而走向对初期佛教修持方法的探究。对戒律的寻求显然是对佛教界当前种种乱象的一种抗议，而对修持方法的探究则源于对汉传佛教传统修持方式的不满。应该指出，目前汉传佛教界的许多僧人，对传统修持方法的不满，正在日益积累。由于对传统修持方式不满，所以不少人到印度初期佛教，乃至南传佛教、藏传佛教去寻找更加有效的修持之路。"出离汉传佛教现象"的出现不是偶然的，看来它与日本近年兴起的"批判佛教"似乎一脉相承，遥为呼应，实际却是两回事。日本的"批判佛教"基本上是教外的学理批判，是对汉传佛教的一种批判性否定；而"出离汉传佛教现象"则是教内的反拨，从更广义的角度来讲,其实质是对汉传佛教历史的一种反思与总结,对汉传佛教未来的一种探究。这种反思与探究,实际上在20世纪末、21世纪初,从杨文会、太虚就已经开始,但由于种种原因,它始终没有能够彻底完成。彻底完成这一反思与总结、开创中国佛教新的未来的这一历史责任,已经无可推卸地落到当代人的身上。

修持问题为何在当前凸现?王雷泉先生还有一段话可以参考。王雷泉先生认为:"佛教既是重自内证的宗教,故佛教的权威性与合法性,也就建立在现量(证悟)之基础上。在佛教向世俗社会快速普及的同时,事实上也在大量消耗自己的宗教资源。所谓'边缘化',就是偏离作为佛教根基的出离心和内证精神,仅仅满足于在社会层圈和文化层圈中较为浅层和表层的效应,在表面繁忙热闹的大场面下,恰恰是修证法门的缺位。"[1]这只是对问题的一种表层描述。现在的问题不仅仅在部分僧人忙于"繁忙热闹的大场面"而疏于个人修持;还在于部分真正想认真修持的僧人,也苦于不知怎样修持,才能真正了却生死,通达成佛成祖的道路。

我曾经与一些年轻僧人、信徒交谈,他们的看法对我有很大的启发。他们认为,虽然对藏传佛教修持的某些具体内容不能接受,但是藏传佛教把一个人从凡夫到佛的道路指画得清清楚楚,使进道者有章可循。这种进道次第,正是汉传佛教目前所缺乏

---

[1] 王雷泉:《面向21世纪的中国佛教》,中日第八次佛教学术会议论文,北京,1999年。

的；而南传佛教与社会信众保持着一种良性互动的关系，这也正是汉传佛教目前的薄弱之处。他们普遍的苦闷是个人虽然信佛，虽然出家，却不知应该怎样修持，怎样成佛。他们说，现在所缺乏的，是威仪彬彬、能够引发信众归依心、引导修持的导师，所以不少人才向藏传佛教、南传佛教寻找归心之处。

就修持方法而言，两千年来中国诸多高僧大德开创的种种修持方法，是否真的已经无法满足当代僧人的宗教需求，以至他们不得不另辟蹊径，到初期佛教、南传佛教、藏传佛教中去寻求解脱之路？看来这个问题既有历史的渊源、承续及发展，也有现实的传承、内悟与经证，有导师的问题，有理论的问题，有传统的修证法门如何应时应机的问题，还有王雷泉所谓的"边缘化"问题。盘根错节，需要认真研究。总之，历史与现实的双重原因，造成当代中国佛教修证法门的缺位，这是"出离汉传佛教现象"之所以产生的根本原因。台湾地区的惠空法师谓"佛法尊贵在于不共之真实解脱"[1]，诚哉斯言。修持方法问题不解决，"真实解脱"就落空，佛教的权威性与合法性也就无从谈起。从这一点讲，修持问题实在是中国佛教转轨期中必须解决的中心问题之一。这个问题解决得好坏，同样对后转轨期中国佛教发展的轨迹产生巨大的影响。

修持问题如何解决？这个问题实际已经引起有识之士的注意。台湾地区慈光禅学研究所连续两年召开禅学研讨会，就体现

---

[1] 惠空：《第二届两岸禅学研讨会论文集·序》，台北，1999年。

了这一点。我很赞同到印度佛教、南传佛教、藏传佛教中去寻求新的修持方法，以作为汉传佛教进一步发展的营养；但千百年来汉传佛教诸多高僧大德创立、传承的修持法门应有其合理性在，也需要一大批有心人认真发掘，让它在新的时空条件下发挥出新的光辉。新的如理如法、应时应机的修持法门，或者就在融会大小乘、显密教中产生。当然，兹事体大，不是一次、两次研讨会能够解决的，需要锲而不舍地努力下去。再说，修持问题是一个实践问题，需要有一批人去实实在在地践行。如果能够把研讨会（理论的探讨）与实修班（实际的修持）结合起来，也许可以得到相互促进的更好效果，以尽快解决中国佛教当前修持法门缺位的现状。

我前面所讲的理论的创新，与这里讲的修持法门的缺位实际上有着内在的联系。一定的修持方法必然是在一定的理论指导下的修持方法。修持方法的发展必然导致理论的发展，这一点在佛教史上是可以证明的；同理，理论的发展也必定推动相应的修持方法的产生与发展，这一点在佛教史上也可以得到证明。有些先生、法师认为佛教理论过于歧杂，不如暂且置而不论，先从修持方法入手去解决问题。这种想法，作为权宜之计或者还可以说得过去，作为指导方针则未免失之偏颇。另一些先生与法师在修持方法上已经发展，还一味从传统佛典中去寻找经证，以判别这种修持方法的是或非，恐怕也难免胶柱求瑟之嫌。如何寻求理论与修持的良性互动，在发展修持中发展理论，在发展理论中发展修持，大约是我们应该认真研究加以解决的。

再次讲戒，就是僧人个人持戒及教团的行为规范等等。就僧人持戒及教团管理的规范化、现代化而言，目前程度不同地都存在一些问题；但这些问题主要依靠教团本身来解决，这里就不多讲了。我想强调的只有两点：第一，佛教还是应该坚持僧伽本位，亦即在四众信徒中，以出家众为主导。只有以出家众为主导，才能真正体现与保证佛教的宗教主体性。有些先生主张居士佛教应该成为中国佛教发展方向，这种观点笔者很难苟同。当然，我们也应该承认19世纪以来居士佛教在佛教发展中的功绩，给予恰如其分的评价，总结其经验与不足，作为今天的参考。此外应该看到，居士佛教与居士林是两个不同的概念；如何正确处理居士佛教及居士林，应该成为各地僧团注目的重点之一。当然，在出家两众中，也应该顺应时代的进步，改革传统的制度，进一步重视与提高比丘尼的地位与作用。第二，作为一个人数众多的社会团体，鱼龙混杂、泥沙俱下乃是正常现象。"狮子身上的虱子"的出现，并非始于今天，即使在佛教最为兴盛的隋唐，类似问题也经常遇到。玄奘的大弟子、《大唐西域记》的执笔者——辩机，因此而被杀。因此，我们固然应该正视这些问题，积极地解决这些问题，但也不必因此而对佛教的未来丧失信心。

弘法度生、慈悲济世这两项事业，本来就是佛教教团的传统工作，亦即所谓"家务事"。现在的问题是，这些教团的家务事，教团做得如何？我们现在有些寺院，除了接待香客与游客外，与社会几乎没有什么联系，甚至连寺院周围的居民也老死不相往来。有些僧人，他的心态是小乘而不是大乘。对于本来应该由僧人荷担的如来家业，总觉得烦，不愿去做，只想着自己的闲暇与幽雅。因此，现在应该大声疾呼："出家人要做入世事，要关注社会，回报社会。"我想，佛教说报四恩，应该落实在行动上，而不是仅仅挂在口头上。如果真正关注社会，真的把报四恩放在心上，多关心社会，关心人群，就有很多弘法度生、慈悲济世的事情可做。台湾地区的一些寺院已经创造了他们的模式，我们这里应该向他们学习；同时不局限在这些模式上，创造更多的模式，比如养老院，比如访贫问苦，比如社区小组，起码应该先把寺院周围的群众工作开展起来。每帮助了一个人，就影响了一个家庭，这样逐步发展起来。

古德有言："人能弘道，非道弘人。"一切事情都依靠人来做。从这个角度来讲，上面所说的"一个中心、两项事业"的解决，要靠佛教界出现能够解决这些问题的人才。这里讲的人才当然是指高素质的僧人，尤其是僧人领袖。所以，我们可以说，转轨期的中国佛教界正在呼唤人才，呼唤领袖。目前，佛教界十分重视僧教育，各种各样的佛学院、佛教研究班正在开办，一批中青年僧人正在成长，其中不少中青年僧人已经成为一方教团的重要领导者，我们寄希望于这些僧人。

在即将完成这篇后记之际，见到报载如下新闻："3月12日为天主教赎罪日，保罗二世教皇代表罗马教廷承认天主教会在过去两千年中所犯的罪过，并请求上帝的宽恕。"这些罪过共有七条，包括对持不同意见者的不能容忍与宗教战争、伴随传教而损害其他文化与其他宗教等等。虽然这一认罪来得太迟，但是，它反映了罗马教廷力图与时俱进的努力,因而是值得肯定与欢迎的。中国佛教是否能够从中得到若干启迪呢?

2000年3月16日于太阳宫三真堂

《中国书店藏敦煌遗书》序

1900年6月,在中国北京,义和团运动如火如荼。其后而来的八国联军侵华战争以及丧权辱国的《辛丑条约》,把苦难深重的中国人民再一次推入水深火热的境地。

1900年6月,时居敦煌莫高窟的道士王圆箓偶然在一石窟甬道的右侧墙壁发现隐藏着一个耳窟,亦即其后举世闻名的藏经洞,其中装满了古代的遗书、文物。其后若干年中,闻风而动的英、法、日、俄各国探险家纷至沓来,采用各种手段,将洞中所藏大部分珍贵遗书、文物捆载而去。

自从我从事敦煌研究以来,经常遇到这样的提问:"假设藏经洞遗书不被外国探险家掠走,将会如何?"我的回答是:"历史不能假设。"我认为,如果我们熟悉20世纪初那段苦难的中国史,了解列强对中国的种种野心,包括对中国西北边疆的种种谋划,了解清政府的腐败无能、各级官员的徇私渎职、文人士大夫的短视守旧、全民族文物意识的淡漠、中西学风的差异，那么，虽说王道士发现藏经洞是一种偶然，但藏经洞只要被发现，则洞中文物的流失可以说是一种必然。

古代敦煌是中国文化、印度文化、伊朗文化、西方文化等四种文化，儒教、佛教、道教、景教、摩尼教、祆教等六种宗教的汇聚之地，文化积淀极为丰厚。晚唐、五代、宋初，敦煌有相当长的时间不在中央王朝的有效统治之下，史书对它的记载简略疏阔，史家对它的情况也若明若暗。藏经洞遗书的面世，在敦煌研究、西北史地研究、诸多宗教与文化的研究方面打开一个全新的天地，促成了"敦煌学"这一世界性显学的产生。早在1930年，我国著名学者陈寅恪先生就热情讴歌："'敦煌学'者，今日世界学术之新潮流也。"然而，藏经洞发现的遗书，或散落异国，或秘藏私家。研究者特别是中国研究者要想取为研究资料，其重重困难是局外人难以想象的，所以中国学者为之慨然："敦煌者，吾国学术之伤心史也。"

这一局面，从20世纪90年代起大为改观。以上海古籍出版社为代表的中国出版界，包括四川人民出版社、甘肃人民出版社、江苏古籍出版社、浙江教育出版社等，以极大的民族责任感，下大决心，花大气力，致力于敦煌遗书图录的出版。这些图录的出版，对敦煌学的发展起到极大的促进作用。近十几年我国敦煌学蓬勃发展，这些出版社功不可没。

进入21世纪以来，敦煌遗书图录的出版，依然保持着强劲的势头。上海古籍出版社于2005年3月，完成《法藏敦煌西域文献》

全34册的出版；于2005年10月，完成《俄藏敦煌艺术品》全6册的出版。上海辞书出版社于2005年8月完成《斯坦因第三次中亚考古所获汉文文献（非佛经部分）》全2册的出版。北京图书馆出版社于2005年推出《国家图书馆藏敦煌遗书》全150册的出版计划，到2006年底已经出版50册，其图录规模与出版速度前所未有，其图版质量也名列前茅。

在我国，除了若干图书馆、博物馆及少数其他单位与个人外，一些古旧书店、文物商店也收藏有敦煌遗书。1998年，天津文物商店出版所藏敦煌遗书的图录，曾为学界称道。现在，中国书店出版所藏敦煌遗书的图录，更是一件值得以手加额、庆之贺之的大好事。

承中国书店善意，这次收入图录的90余件遗书，我均曾得以考察、鉴别、著录。敦煌遗书具有文物、文献、文字等三个方面的研究价值。以下，也分别从这三个方面，略述中国书店这批敦煌遗书的价值，以为芹献。

讲文物价值，首先要看写本的年代。古籍界以往讲善本，注重的是宋元刻本，有一页一金的说法。敦煌遗书的出现，打破了宋元刻本独擅胜场的局面。从年代看，中国书店这批遗书中有东晋写本1号、南北朝写本12号、隋朝写本2号。众所周知，敦煌遗书中保存的主要是唐写本，其中尤以8至9世纪的吐蕃统治时期写本，以及晚唐、五代、宋初的归义军统治时期写本为多，唐以前写本所占比例较小。所以，敦煌遗书中的唐以前写本，因其年代久远、数量稀少，历来为人们所珍视，具有较大的文物价值。中国书店的这批敦煌遗书，唐以前写本约占15%以上，值得珍视。

在上述早期写本中，ZSD2081号《大般涅槃经》卷七尤为珍贵，该号为隋代写经。我们知道，隋文帝、炀帝父子两代佞佛，统治时期广为提倡写经造像。故隋祚虽短，留下的写经不多，但大抵为上品。ZSD2081号为卷轴装，首尾均全，存有卷端的护首与卷尾的原轴；护首有竹质天竿、有护首经名、有缥带（已断，留有残根），尾轴两端涂有朱漆；首尾经题完整，卷尾有燕尾，还有题记。敦煌遗书原为寺院弃藏，故首尾完整的经卷数量很少，像ZSD2081号这样附有护首、原轴，完整保持卷轴装原貌，又有题记的卷子更可谓凤毛麟角。

此外，考察时发现，该卷所用纸张为打纸，砑光上蜡。

打纸，是我国古代一种经过特殊的捶打工艺所制造的纸张。古代的手工造纸，所造纸张表面粗糙，纤维浮扎；用这种纸张写字，用笔涩滞，容易洇墨。所以，古人发明捶打工艺制成打纸。打纸厚度变薄，纤维致密，纸张本身更加牢实，书写时也不易洇墨。为了使纸张能够历时长久，古人又发明在纸张表面上蜡的工艺。打纸砑光上蜡后，表面光洁如莹，用手轻轻抖动，发出金石之声，洵为我国古代纸张中的极品。

如果仅仅是打纸砑光上蜡，在敦煌遗书中还算常见，这个卷子最令人惊异的在于它每张纸的长度。

该卷总长775.4厘米，由7张纸粘接而成，首纸为护首，末纸为结尾。下面是中间5张纸的数据：

长度（厘米）	抄写行数
138.0	81
140.8	83
143.0	84
142.4	84
140.2	84

敦煌遗书所用纸张，虽因时代的不同而有差异，但大都在40厘米到50厘米左右。几年前我们曾经在国家图书馆藏敦煌遗书中发现某写卷中的一张纸，长度竟达130多厘米，编目组同仁无不叹为异数；而中国书店该ZSD2081号隋代写经中间5张纸的长度均为140厘米左右，最长者达143厘米。就笔者所知而言，这不仅在目前面世的敦煌遗书中绝无仅有，也是世界上现知的7世纪以前的纸张中，单纸长度最长的。古代纸张为工匠在纸浆池中用抄子一张一张抄出，能够制造出如此长度、如此质量的纸张，是我国古代造纸术的奇迹，为我们研究隋代的造纸工艺提供了重要的标本。

这号隋写《大般涅槃经》还有一点值得提出的，是它的缥带。敦煌遗书的缥带可分两种：一种用丝绸折叠缝制而成，我们称之为"折叠带"；一种为编织而成，我们称之为"编织带"。前者较为常见，后者非常稀少。此件隋写《大般涅槃经》的缥带虽然已断，仅留残根一截，但为绿红白三色编织而成的编织带，色彩鲜艳如新。

提到缥带，中国书店收藏的ZSD1790号也值得一提。众所周知，考古发掘中时有古代丝绸出土，但古墓出土的丝绸，遇到空气即氧化变质，甚难保存。敦煌因其特有的风土条件，遗书所存之缥带均保持古代原貌。ZSD1790号亦为《大般涅槃经》，卷轴装，乃抄写于7至8世纪的唐写本。首尾均全，有题记。护首保存完好，护首所系缥带为折叠带。敦煌遗书中的折叠带一般均为素绢，而此号的缥带织有团花，甚为罕见。此缥带长58厘米，保存完整，在敦煌遗书中也不多见，对于研究唐代的丝绸工艺亦有一定的价值。

此外，从形态上讲，这批遗书除了常见的卷轴装外，还有经折装、缝缋装，体现了我国古代书籍的各种装帧形式，丰富了我们对于书史的知识。

顺便想说的是，这批敦煌遗书中有27件残片，合装成册，题为"敦煌残拾"，前有黄宾虹1951年题记，原为方懿梅所藏。方懿梅，字子才，安徽人，20世纪三四十年代在北京活动，收藏不少敦煌遗书残片，其后逐渐转让他人。安徽博物馆石谷风所藏敦煌遗书残片（《晋魏隋唐残墨》，安徽美术出版社，1992年）、启功收藏的部分敦煌遗书残片（《敦煌写经残片》，北京师范大学出版社，2006年）均出自方懿梅原藏。据我所知，方懿梅还有部分藏品，目前由另一位收藏家收藏，尚未公布。由于这批残片篇幅不大，以前曾有人怀疑它们或许属于吐鲁番遗书；但石谷风藏品中的《灵宝度人经》可与敦煌遗书斯6076号缀接，由此证明这批残片的确出自敦煌藏经洞。[1]

---

[1] 参见方广锠：《晋魏隋唐残墨缀目》，载《敦煌吐鲁番研究》第6卷，北京大学出版社，2002年，第297—334页。

从文献价值的角度谈，中国书店的这批敦煌遗书更是美不胜收。

敦煌遗书本为佛教寺院弃藏，所藏以佛教典籍为主。中国书店的敦煌遗书也不例外，已为历代大藏经所收的佛典占据总数的一半以上。除了已入藏文献外，与佛教有关的文献还有在敦煌当地翻译的佛经，以及变文、斋文、经疏、忏悔文、羯磨文、疑伪经乃至《法门名义集钞》这样的工具书。至于非佛教文献，则有道教的《灵宝自然斋行道仪》（拟），还有社司转帖、账契、诗歌、书仪、民俗作品等等。

由于篇幅的关系，在此只能择要对一些文献做简单介绍。

ZSD2971号，《八相变》，敷衍释迦牟尼八相成道故事，属变文。本号虽为残片，仅剩一纸6行，但与敦煌遗书中所存同一主题的其他文献均不完全相同。因此，它不但提供了一个新的文本可供录文、校勘，而且对研究写本的流变性提供了新的资料。

ZSD2205号，《比丘尼羯磨文》（拟）。该《比丘尼羯磨文》为南北朝写本，它的文字与《昙无德律部杂羯磨》《羯磨》的相关章节比较相似，但又均不相同。中国佛教早期戒律不全，曹魏时比丘才正式举行授具足戒的仪式。其后律本逐渐译出，但因印度佛教已经分派，故传入中国的戒律也各不相同。印度佛教各派戒律在中国呈现此消彼长的态势，比如南北朝《十诵律》较为流行，唐代《四分律》流遍天下。ZSD2205号《比丘尼羯磨文》既非《十诵律》系统，亦非《四分律》系统，为我们研究当时的僧团戒律提供了宝贵的资料。

ZSD2980号，《吉凶书仪》（拟）。书仪即古代的尺牍大观，为友朋交往、官场往来、节庆贺吊、婚丧嫁娶时所用的种种实用文书的范本。本号存11行，前残，中存《新妇亡吊亲家翁母书》。从注文可知，该书仪还可以改为《女婿亡吊亲家翁母书》使用。敦煌遗书中存有书仪多种，但本号书仪未见著录，为我们研究书仪的形态及当时的社会风俗提供了新的资料。

ZSD1361号背面，抄有三首诗。作：

可连（怜）学生郎，每日画张，看书度痒（庠），泪落数千行。

云云天上去，父母生我身。少来学礼（里）坐，长大得成人。

春日春风动，春来春草生。春人饮春酒，春鸟弄春［声］。

这三首诗与该号背面的《社司转帖稿》连抄，笔迹相同，均为敦煌永安寺学士郎宋宗宗于803年所写，曾先后由程毅中、柴剑虹、徐俊等诸位录校发表。其中第二、第三两首诗，敦煌遗书存有其他抄本，第一首诗则唯见于本号。有的录文把本号第一首诗补足为五言诗，但我认为中间两句为四字，全诗依旧可通，这就要考虑原文是否为词的雏形了。当然，这是一个可以进一步研究的问题。

ZSD2207号，《十想经》。本号非常简短，连同首尾题，仅186

字。特录文如下：

佛说十想经

如是我闻。一时薄伽梵住拘尸那城近力士村娑罗双树间临般涅槃。

尔时世尊告诸苾刍言：诸苾刍，若有苾刍临欲命终，忆念十想。何等为十？

一，不染著想。二，于诸有情而起慈想。三，所有结恨当生舍想。四，或有恶戒而生忏悔，于一切戒起受学想。五，若作大罪起轻小想。六，作少善根生广大想。七，而于他世生无畏想。八，于诸行起无常想。九，于一切法起无我想。十，而于涅槃生寂静想。汝诸苾刍当如是学。

尔时薄伽梵说是经已，诸苾刍众皆大欢喜，信受奉行。

十想经一卷

从形式看，该经序分、正宗分、流通分等三分具足；从内容看，符合印度佛教的思想，与一般中国人所撰疑伪经全然不同。然而，传统经录中对此经却没有记载。如何看待此经呢？我认为，从该经的遣词结句看，它很可能是吐蕃统治敦煌时期译出的。类似的经典，还有一批。由于没有流传到内地，所以不为内地传统经录所记载。据我所知，在敦煌遗书中，亦仅有3号。另两号为国家图书馆的北敦00693号8、法国的伯3919号B2。以往我们都认为玄奘翻译的《般若波罗蜜多心经》是翻译经典中最短小的经，但《心经》共260个字。如果我主张的上述《十想经》也是翻译经典的推论可以成立，则这部经典才是汉译经典中最为短小的。

ZSD2203号，《下女夫词》，这是唐代在举行婚礼时常用歌词。迎亲男方被女方拦截在门外，双方互相答问，戏谑调笑。敦煌遗书中虽然存有多件，但本号依然有多处文字可以校补其他写本之不足，是研究唐代婚俗礼仪的重要资料。

上面介绍均为敦煌遗书特有文献。即使那些传统存有写本的文献，比如已经收入传统大藏经的文献，中国书店此次公布的遗书亦往往有与传统大藏经本分卷不同、文字参差者，这对于研究写本系统的演变有着较高的价值。

由于篇幅的关系，上面的介绍未免有挂一漏万之失。总之，中国书店这批敦煌遗书为我们提供了丰富的研究资料，也向我们提出一些新的研究课题。我相信，随着研究的进一步深入，一定可以更加全面深入地揭示这批敦煌遗书的文献价值。

至于文字价值，我想就不必再加饶舌。这批遗书最早的是4至5世纪东晋写本，最晚的是10世纪末北宋写本，时代跨度达六百年左右；也就是说，它们反映了六百年来中国文字的演变、书风的变迁。一册在手，识者自会评价。

此次中国书店敦煌遗书图录还有一个特点，是公布了一批其他相关的古代写本。其中包括敦煌藏文写本、西夏文写本、蒙文写本、日本写本，此外还有几件近代写经。

藏文写本包括敦煌吐蕃统治时期抄写的《无量寿宗要经》与

泥金绀青纸写经。后者是否出于敦煌藏经洞，尚有不同意见，还可以再研究。西夏文、蒙文写本并非出于藏经洞，但均有一定的文物价值与文献价值。日本写本有日本天平时期（8世纪）写经1件、平安时期（8—12世纪）写经2件、镰仓时期（12—14世纪）写经1件，反映了日本古代写经的概貌。敦煌遗书与日本古写经，一在西域，一在东海，近年来已经成为佛教文献研究的两大重点，交相辉映。相信两种写经的研究各自扬长避短，相互配合，一定可以把佛教文献学研究推向新的高峰。

最后简单谈谈几件近代写经。众所周知，敦煌藏经洞遗书押运进京后，敦煌遗书声名鹊起。部分不法之徒利欲熏心，便力图伪造敦煌遗书，以求获利；但是，要想伪造敦煌遗书，其实并不容易。首先，敦煌的纸张均为古代手工造纸，古今造纸原料不同、工艺不同、造纸作坊周围的水土不同、造纸所用填充料不同，今人不可能造出与古纸一模一样的纸来。古代的纸张经过千百年岁月的浸染，其沧桑感一望可知。今人伪造古代写经，首先要找与古纸近似的纸张，其次要作旧，这都不是容易事。北图有几件近代伪造的写经，所用为近代机器造纸，露出了马脚。我见过一件署有李盛铎题跋的伪经，自称是梁武帝亲笔所写。作伪者既要把伪卷作旧，又不能搞得品相太差，以降低其市场售价。于是采用反复摩擦表面的办法，结果正好在这一点上露出破绽。作伪之难，还有文字、墨色、界栏、笔迹、内容乃至作伪者本人的文化素养等诸多方面。一个人，想要具备上述所有作伪的条件，按照我的看法，那几乎是不可能的；而他在作伪过程中的任何一点疏漏，都会露出马脚，从而戳穿他的作伪把戏。所以，伪卷固然可以蒙人一时，但毕竟会真相大白于天下。如何鉴别伪卷？当然要靠大量积累经验。但最简单的办法，就是拿真卷来对照，俗话说："不怕不识货，就怕货比货。"在真卷面前，伪卷无所逃其形。

收入本图录的几件近代写经，就是20世纪上半叶有人仿照敦煌遗书有意作伪的。它们的纸张、字体、墨色、行款乃至总体风格，都与敦煌遗书不同，读者可以之与真卷比较。这几件伪卷，原为中国书店库房旧藏。此次毅然把它们收入图录，验明正身，公开示众，免得它们今后再招摇过市，做了一件大好事。中国书店这一胸襟令人佩服，这种态度值得与敦煌遗书相关的其他单位效仿。

现在世界各处流传的敦煌遗书中存有伪卷，这是一个客观事实。伪卷的存在已经影响敦煌学的健康发展，这也是一个客观事实。现在中外敦煌学界都有一点"见卷疑伪"的倾向，但我本人对此很不以为然，伪卷的认定是一件应该十分慎重的事情。按照我二十多年来在国内外考察的经验，伪卷的确存在，但其比例并不像有些学者渲染的那么高。过分渲染伪卷的存在，既不符合事实，也有碍敦煌学的健康发展，有碍中国文物市场的健康发展。

除国家图书馆外，中国国内公私收藏的敦煌遗书约有3000号左右，已经公布图录的已有2000余号，还有1000号左右至今尚未公布。我希望中国书店藏敦煌遗书图录的出版，能够起到榜样的作用；希望其他敦煌遗书收藏单位见贤思齐，把收藏品都公布出来，由"死宝"变成"活宝"，为推动我国新文化的建设发挥积极的作用。

2007年1月5日于通州皇木厂

《英国国家图书馆藏敦煌遗书》前言

敦煌遗书，中国人心中沉沉的痛。

历史是在具体的历史环境中由具体的历史人物创造的。只有尽力还原那些历史环境，体察那些历史人物，才能真正把握那段历史的本来面貌。我曾经撰文指出："作为一个中国学者，在百年以后重新回顾敦煌遗书流散这一段历史时，当然要申述民族的尊严；但同时还应该保持一个学者的客观的历史理念与实事求是的科学精神。两者是统一的。我们应该少一些情绪的冲动，多一些理智的分析，以总结其经验教训，使我们整个民族都更加成熟一点、聪明一点。"以后如有机会，我打算写一本书，分析探讨敦煌遗书流散这一历史事件，以及由这一事件所折射出来的中外各色人等的精神面貌。

1907年、1914年被斯坦因骗走的大批敦煌文物，历经变迁，现主要分藏在大英博物馆、英国国家图书馆及印度国立博物馆。

其中英国国家图书馆收藏的汉文敦煌遗书共约14000号，占全部汉文敦煌遗书实际总量（指总长度或总面积）约三分之一。此外，还收藏原印度事务部图书馆的非汉文敦煌遗书数千号。

中国人民对这批流落在海外的国宝始终十分牵挂，不断地有学者远渡重洋去探访、去研究。20世纪50年代，大英博物馆将约7000号遗书拍摄为缩微胶卷。20世纪80年代，台湾地区汇总英国、中国、法国的敦煌遗书缩微胶卷，影印出版了《敦煌宝藏》；其中属于英国的部分共计55册，收入遗书7599号。20世纪90年代，中国大陆学者又与英方合作，出版了《英藏敦煌文献（汉文佛经以外部份）》，总15册。

《敦煌宝藏》所收英国遗书数量虽达7000多号，但尚非全璧，且图版质量不能令人满意；《英藏敦煌文献（汉文佛经以外部份）》图版质量堪称一流，但如其名称所示，仅收非佛经文献，故所收不足英国汉文敦煌遗书实际总量的10%。

由此，出版英国国家图书馆所藏全部汉文敦煌遗书，以全面反映这批遗书的总体面貌，成为敦煌学界的一个共同愿望。特别是1983年中国敦煌吐鲁番学会成立以来，中国的敦煌研究突飞猛进，各收藏单位的图录不断推出。至今为止，俄罗斯藏敦煌遗书（全17册）、法国藏汉文敦煌遗书（全34册）已由上海古籍出版社出版。中国国家图书馆藏敦煌遗书已由北京图书馆出版社出版136册，剩余10来册年内将全部推出。中国大陆诸多图书馆、博物馆已经或正在出版所藏敦煌遗书，中国台湾地区的一些收藏单位也在实施或规划相关出版计划；在日本，杏雨书屋正在出版，书道博物馆已经出版；而收藏量位居世界第二的英国国家图书馆还将敦煌遗书秘藏深库，这使得尽快公布英国国家全部敦煌遗书的呼声越发高涨。此外，1900年藏经洞被发现以后，1907年斯坦因到达以前，遗书并未大规模流散。斯坦因是大批取得遗书的第一人，他一次性成捆、成包地攫取了藏经洞中约三分之一的遗书。1908年伯希和进洞翻检，将藏经洞彻底翻乱。因此，唯有英国的藏品最有可能重现敦煌遗书在藏经洞启封之初的原始保存状态；特别是英国的很多遗书上有斯坦因或他的中国助手蒋孝琬书写的早期编号与注记，它们为我们研究敦煌遗书的原貌提供了线索。所以，公布全部英藏敦煌遗书，对研究藏经洞的性质有着无可替代的特殊价值。

感谢广西师范大学出版社的远见与魄力，接受了我提出的这一选题；更要感谢英国国家图书馆的吴芳思博士，自始至终对这一计划予以全力支持，并合作主编这一规模巨大的图录。我们，也就是我、吴芳思博士与广西师范大学出版社，最早的设想是全部重新照相，以向读者提供最为清晰的图版。遗憾的是，由于某些我们无法掌控的原因，这一设想最终没能实现，我们只能利用馆藏缩微胶卷来编印图录。虽然部分缩微胶卷是前些年拍的，但大部分还是半个多世纪前拍摄的那批，好在吴芳思博士想方设法找到一份从来没有动用过的缩微胶卷母版，好在现代计算机技术可以提供新的手段以提高图版质量。尽管如此，某些照片的质量依然不能令人完全满意，我们应该向读者表示歉意。

此次出版的《英国国家图书馆藏敦煌遗书》，每册均附有本册所收敦煌遗书的条记目录。条记目录尽可能吸收了敦煌学界的研究成果，但限于见闻，挂一漏万之处恐所在多有，还望识者不吝指教。

敦煌遗书是一批残破的古代书籍，入藏以后，英国方面断断续续对其中一些遗书进行修复。现在看来，由于缺乏经验，早期采用的某些修复措施并不成功。20世纪70年代这批遗书转由英国国家图书馆保存后，在纳尔逊及吴芳思博士的促进下，英国国家图书馆修复部的诸位先生加强了与世界各国同行的相互交流及学习，采用新的思路、新的方法对敦煌遗书进行修复，取得了很大的成绩。特别应该提到的是，修复部主任马克穷数年之功，最近将著名的咸通九年（868）《金刚经》修复完毕，修复效果相当理想。作为一个中国学者，我对英国国家图书馆及相关人员为保护这批中国珍宝所付出的心血与努力，表示衷心的感谢。

同时应该说明，20世纪50年代拍摄缩微胶卷后，英国国家图书馆对敦煌遗书的修复工作仍在进行，这使得有些遗书的外观与该遗书在缩微胶卷中呈现的形态出现差异。我们编目所依据的是修复后的原件，而有些图录却依据原缩微胶卷，于是产生这样的情况：有些遗书的外观著录与它的图录并不完全吻合。事情都是一分为二的，缩微胶卷中也有一些原卷现已看不到的信息，这些信息为我们研究英国国家图书馆的敦煌遗书收藏史提供了珍贵的资料。

英国国家图书馆所藏的汉文敦煌遗书的主体部分系于OR8210号之下，有些残片系于OR8212号之下，还有百余号混杂在原印度事务部图书馆所藏的非汉文敦煌遗书中。OR8210号主要为斯坦因1907年从莫高窟搞到的敦煌遗书,也包括1914年从王道士手中搞到的数百件敦煌遗书,混杂了个别非敦煌遗书,加上英国国家图书馆近年新购两号,共编为13952号。OR8212号内容杂乱,有纸本、有木牍、有绢画、有毛织物。来源虽然以斯坦因第三次中亚考古所得为主,但也夹杂第一次、第二次考古所得的一些文物,包括敦煌、甘肃其他地区以及新疆出土的文物,共编为1964号。其中的非佛经部分纸本遗书已经出版,可以参见沙知、吴芳思《斯坦因第三次中亚考古所获汉文文献(非佛经部分)》(上海辞书出版社,2005年)所谓"混杂在原印度事务部图书馆所藏的非汉文敦煌遗书中"的汉文遗书,主要指那些一面抄写非汉文,一面抄写汉文的卷子,也有个别卷子全为汉文。如能将OR8212号中的敦煌残片、夹杂在非汉文遗书中的那百余号汉文敦煌遗书也纳入这次的出版计划,可谓十全十美,但最终本图录实际只纳入了OR8210号中的遗书。非不愿也,实不能也。天下事,总会留点遗憾。

  图录的出版与条记目录的编纂,得到上海师范大学哲学学院的大力支持;得到敦煌学界诸多朋友的大力支持;得到多年来,特别是2009年在伦敦同甘共苦、排除万难的同伴们,以及英国国家图书馆诸多正义人士的大力支持。谨以一瓣心香,向你们感恩,为你们祈福!

2011年2月25日于北京通州皇木厂

《般若心经译注集成》重印后记

本书的录校开始于1989年7月,完成于1990年3月,距今已有二十多年。当年之所以选择整理《般若心经》,与鲁迅整理碑铭的意思差不多。本书的特点,除收集传世唐宋以前《般若心经》的诸种译注、补加若干新译外,还从敦煌遗书中梳理出有关《般若心经》的译注13种,共计利用敦煌遗书36号,为学术界、佛教界研究《般若心经》提供了一些新资料。

本书是我利用敦煌遗书从事古籍整理的最早尝试。既然是尝试,整理工作自然存在若干不足,举其大者,约有三端:

第一,当时尚未完成对敦煌遗书的普查,故所利用的敦煌遗书仅为36号。经过多年普查,现在已经掌握相关敦煌遗书72号,是原利用数的两倍。故现在看来,本书的资料覆盖面显得不足。

第二,当时对敦煌遗书的特点还没有完全把握,其后通过长年研究,对敦煌遗书录文校勘的把握日益自信,并通过编辑《藏外佛教文献》将这一把握付诸实践。与《藏外佛教文献》相比，本书的录文校勘体例存在不足。

第三，虽说校书如扫落叶，鱼鲁之讹在所难免，但有些错误实在不应该。例如第39页第5行之"难"为衍字，第12行之"遂"应为"还"。每读到诸如此类的错误，实感赧颜。

由此，早就有意将本书推倒重来，但手头工作繁忙，一直无暇顾及。最近上海古籍出版社拟将此书重印，我虽然希望推倒重来，但近期依然抽不出时间从事这一工作；而出版社方面则考虑读者需求，决定将本书尽快出版。故双方商议，暂且依原样重印。特作此后记，以为说明。

2011年11月7日于通州皇木厂

《国家图书馆藏敦煌遗书》后记

中国国家图书馆藏敦煌遗书图录的出版工作，历经诸多曲折以后，在主编任继愈先生的推动下，于2004年下半年再次启动。时任国家图书馆馆长的詹福瑞先生、副馆长陈力先生，时任善本部主任的张志清先生对此工作极为重视，全力支持，调配力量，组织班子。陈力先生还多次主持会议，听取汇报，协调工作。北京图书馆出版社也全力配合，制定方案，组织精干有力的编辑力量，这项工作很快走上正轨。该书定名为《国家图书馆藏敦煌遗书》。

2004年12月21日，时已88岁高龄的任继愈先生与全体工作人员见面，并讲了如下一番话[1]：

……文化建设不能那么快就看到明显的效果，可是有所

---

[1] 任继愈先生的讲话录音承先生哲嗣任远、任重先生同意发表并审定文字，特此说明。

感觉。看报上深圳地铁开通，几十万人挤啊，挤来挤去。咱们看挤公共汽车，一拥而上，有力气的就捷足先登，老弱就被挤下来了，诸如此类。排队时加塞啊，司空见惯。民族文化品位真正的提高不是很快就能够见效的，要长期积累才行。不长期积累，光靠突击恐怕不行。搞卫生，大扫除，扫除一阵也就行了；但经常讲卫生，养成讲卫生的习惯，一个民族那才是干净的。我们到日本，那里平常就比较干净，不是客人来了打扫打扫才干净。我们这个工作，说大了是改善我们中华民族文化品位的工作。这个工作当时看不到效益，效益在若干年以后慢慢才开始出现。这是慢工，不是速效化肥，投上几天以后苗就返青，就旺了；没有那种效果，但非常重要。

现在我们国家，文科没有受到足够的重视，文科建设也没有受到足够的重视。现在我们印刷出版敦煌遗书是开始重视文科的表现，引起注意了。

我们这个工作意义比较重大，因为它是中华民族文化建设不可缺少的一个部分。文化建设先行部分就是积累资料。这又是一个第一步，就是积累资料。积累资料就好比打仗要粮草先行，文化的粮草就是积累资料。看来，真正的文化高潮大概你们到了中年以后才赶得上，20世纪的中叶就会看到一些苗子。现在我们做一些准备，就因为开始做准备，这个意义就比较大了。人家还没有注意，我们先走一步，这是很值得自豪的一件事情。

再一个是大家都很敬业，这一点我也很佩服。比如我知道黄霞同志并不热爱这件事，但她的敬业精神非常好。这一点我有同感。我来图书馆时，本来想干个两三年就回去了；但来了以后看回不去，既然来了就尽心尽力地做这件事情。（方插话："黄霞倒不是不热爱敦煌。干了这么多年敦煌，她对敦煌非常有感情，但她对佛教没有兴趣。"）

大家还要认识到：我们这个工作没有什么显著地引起社会重视啊，出名啊；不像别的人那么照耀啊，那么光辉啊，灿烂啊，没有那种情况。这个要耐得住寂寞。我记得我们编《中华大藏经》，方广锠也在，先后有十二三年呐，106本。那个书我是主编，大家看书上，没有我的名字，没有出现过。与中华书局订合同时，甲方、乙方，当然有我的名字，那是合同上的，书上没有。最后出目录的时候，讲编纂经过，才提到我怎么参加的，书上也没有。要为了出名的话，花十几年搞这个事情，划不来。实际上我们是为中华文化做贡献，这是我们感到很安逸的地方，这比什么鼓励都好，比什么奖励都好。我们为中华文化出了一分力量，出的力量还比较长远，很不容易。现在有些流行的书，寿命也就是三五年，甚至于出版以后马上就不行，就销毁了，这样的书很多。我们的书不是这样的，是经得起时间考验的。所以，不要求速效，要求实际的。方广锠同志念博士学位的时候，一般是三年毕业，毕业以后打算怎么怎么了。他的工作没有完，论文做起来也不大踏实，他就延长一年，晚毕业了。因为这个晚毕业，工作做得挺好。他也没有计较这些，我觉得这很好。人要拿点奉献精神才行。大家要认识这件事情的意义，大家共同共事，对文化建设做一份应尽的工作。这件事，我觉得说伟大也够伟大，说平凡也够平凡。就是这么一件工作，很值得做一做。

现在有这么个机会，国家肯拿出钱来做这件工作。咱们就兢兢业业地把它做好，很高兴看到大家这么认真负责地做这件工作。我也很愉快，了一件心事，完成一件任务。全世界等着我们这个呢，英国、法国都有了，我们的还没有拿出来；而且我们加了一个说明提要（方按：指目录所附条记目录），很有意义。这个有什么意义？他们都没有这个东西，我们有。他们是印出来就完了，我们是拿出了我们的判断、加上说明，等于一人一个户口本，有他的职业、年龄等等。一般的就是贴一张相片，而我们有职业、年龄等等，多了一点。顾炎武说著作不一定要求多，要"必古人之所未及就，后世之所不可无"者，这样的任务做起来就有意义。《日知录》那本书一条一条的，后来他自己发现前人已说过的，就删掉一些，不是越厚越好。咱们也不要赶时髦。咱们的这件工作就是前人没有来得及做的，后人非做不可的，我们做了这么一件事情。这不是意义很重大吗？这不是很好吗？报材料写什么"填补了空白"，那是随便一说。什么叫空白？咱们这个事情真的是个空白，因为从来没有，外国也没有过。咱们开始做，这就很好嘛。做点实际的，不要图虚名；做一点实事，心里就很踏实：这就不容易。我就这么个想法：少做些后悔的事，心里就健康了，就踏实；做些遗憾的事情，心里也不踏实。

　　这里谈一点初步的想法。大家要苦几年，把它做完。希望大家共艰苦、共甘苦、共患难。有什么难题，共同解决，一定把它做好。大家有什么要求、愿望，提出来，我愿意为大家服务。不能像你们那样在第一线艰苦地工作，我摇旗呐喊、帮帮忙、协助协助，还是可以的，做些力所能及的工作，让我们大家共同做好。

先生在讲话中阐明了这项工作在中华文化建设中的价值与意义；强调要不务虚名，耐得住寂寞，不企求荣誉与光辉，唯求为中华文化做一点实实在在的奉献；强调不求速效，唯求实际，并针对新组班子中大多数人以前没有接触过敦煌遗书，特地以黄霞同志为例，提倡敬业精神。先生的这一讲话，始终是我们工作的指导方针。七年来，我们这个工作班子的全体成员，按照任先生的教导，不讲名、不讲利，讲工作、讲奉献。2009年7月先生辞世，我们按照先生不求速效、唯求实际的教导，继续一步一步地将这项工作向前推进。

昨天（2011年12月31日）下午，我将最后一批修订完毕的稿件用电邮发走，《国家图书馆藏敦煌遗书》的编辑工作至此正式结束，全部图录出版在望。李际宁同志建议我写一篇后记，故依据录音将本书主编任继愈先生七年前的讲话整理如上，以作后记。那天先生开始讲话以后，我才想到应该录音，所以该录音缺失先生讲话的开头部分。

在此，要感谢七年来参与这项工作的全体同志，感谢你们的辛苦劳动。此外，要感谢国图各级领导自始至终的支持，感谢复制部的精心拍摄，感谢出版社诸位的细致工作。

《国家图书馆藏敦煌遗书》的出版，为敦煌研究提供了一批重要的原始资料。该图录自2005年10月陆续出版以来，已经在敦煌研究中发挥作用，但这一图录及其所附条记目录也存在若干缺点与不足。作为负责具体工作的常务副主编，我为该书所有的缺点与不足承担全部责任。我们将在继而编纂出版的《中国国家图书馆藏敦煌遗书总目录》中尽力予以修订，在此恳切地希望诸位先进、诸位同行、诸位读者把你们发现的该图录及条记目录的不足反馈给我们。

新的一年已经开始，祝愿祖国在新的一年有新的进步，祝愿诸位在新的一年有新的成就。

2012年1月1日于通州皇木厂

《务本堂藏敦煌遗书》序

《务本堂藏敦煌遗书》将由广西师范大学出版社出版,可喜可贺。

该书共收入古写经43号,其中敦煌遗书32号、非敦煌中国古写经1号、日本古写经10号。按照文物、文献状态的不同特点,《务本堂藏敦煌遗书》及所附条记目录将它们著录为51款。这些古写经均为务本堂近年购得,其特点可大致归纳为如下几个方面:

一、规模可观

藏经洞敦煌遗书总数虽达数万号,但主体部分已为中国国家图书馆、英国国家图书馆、法国国家图书馆、俄罗斯科学院东方学研究所圣彼得堡分所等世界四大收藏单位所收藏。由于1900年敦煌藏经洞发现之后,洞中文物陆续有所流散;也由于1910年敦煌遗书押运进京前，藏经洞发现者与守护者王圆箓藏匿不少；加之遗书押运途中乃至抵京以后，有关人等或上下其手或监守自盗，致使大批敦煌遗书流散民间。根据我的调查与估计，这些流散在民间的遗书总数在7000号左右。其中流入日本的约2000号，流入欧美的不足200号，中国境内尚存5000号上下。历经百年沧桑，中国民间流散的这5000号左右敦煌遗书，已被中国国家图书馆及其他各级图书馆、博物馆等收藏者约有4500号，至今尚在私人手中者有500号上下。务本堂搜集敦煌遗书的时间虽不长，但倾力之下，所得竟达30余号，且颇多长卷。在我的见闻范围内，这一收藏规模，于国内的私人收藏家中应已名列前茅。

二、内容丰富

从年代讲，此次出版的30余号敦煌遗书中，最早者为5世纪东晋南北朝写本，最晚者为10世纪归义军时期写本。其中包括了南北朝写本、唐写本、吐蕃统治时期写本等，时代跨度达六百年，大体体现了敦煌遗书各时期古写经的基本面貌。

从保存形态讲，这批遗书有8号卷首完整，存有首题；20号卷尾完整，存有尾题。更为可贵的是，有5号遗书首尾均全。这批遗书长度在2米以上者22号，其中3米以上者16号、8米以上者5号、10米以上者3号。特别值得一提的是务本022号《佛名经》（十六卷本）卷九，首尾完整，长达13米多。中国国家图书馆收藏敦煌遗书16000余号，长度超过13米者仅72号，其中首尾均全者20号。英国国家图书馆收藏敦煌遗书14000号,长度超过13米者为65号,其中首尾均全者15号;亦即在中英两个国家图书馆所藏30000号敦煌遗书中,长度超过13米而又首尾完整的只有35号,占总数的千分之一点二。故像务本022号这样首尾完整又超过13米的长卷;在全部敦煌遗书中实属稀有。当然,由于散在民间的敦煌遗书当初大多是从残破敦煌遗书中挑选出来的,所以其精品比例理应比基本上没有怎么挑选的英国国家图书馆敦煌遗书、所藏为挑剩以后的中国国家图书馆敦煌遗书中的比例为高。

从内容讲,与敦煌遗书为佛教寺院弃藏相适应,务本堂藏品均为佛教典籍,包括经、论、疏乃至疑伪经等不同类别。值得一提的是,《文殊支利普超三昧经》乃西晋竺法护于太康七年(286)十二月二十七日翻译,务本018号为该经卷上,虽属残卷,却为5世纪东晋南北朝写本;且依据目前资料,敦煌遗书中所存该经,唯务本堂有此一号,即所谓海内外孤本。遗憾的是,现代收藏者曾予通卷托裱,托裱时将原卷纸张搓薄,使得原卷形态受到极大的损害。又如务本012号《大乘百法明门论疏》乃唐大慈恩寺沙门大乘光所撰,中土已佚,日本《大正藏》曾依据大谷大学藏宽政五年(1793)刻本收入。务本堂藏本相当于该疏卷下,文字量约占卷下的90%,行文与《大正藏》本互有参差,可供校勘。该卷通卷用章草抄写,甚为可贵。务本020号《法句经》属于疑伪经,书法虽非上乘,但内容仅残缺卷首第一品,余皆完好,为敦煌遗书中少见之珍品。务本010号、务本022号等两号《佛名经》中均有彩绘佛像。此外,著名的《释门教授帖》早年流入日本,属滨田德海特藏；近年从东瀛返流，亦归务本堂收藏。该《释门教授帖》撰写于吐蕃统治时期，其中出现"洪弁"之名。该"洪弁"即"洪辩"，后为敦煌地区僧团领袖，匡扶张议潮率众摆脱吐蕃统治回归唐朝，被唐王朝任命为京城内外临坛供奉大德，充河西释门都僧统。莫高窟第17窟，亦即敦煌藏经洞，原本是人们纪念他的影窟，后来被用来储存废弃经卷文物，现洪辩的塑像依然陈列在该藏经洞中。

从来源讲，《务本堂藏敦煌遗书》所收入的古写经，主体为源于藏经洞的敦煌遗书，但务本008号《显宗论》卷二〇则为现代从某不知名佛寺出土。由于种种原因，中国古代写经大抵湮没，传世古写经极为稀少。古代，即使偶尔从某些古寺、古塔发现若干古写经，除个别写经因殊胜因缘得以保留外，大部分已难觅踪迹。近代以来，各地的古寺、古塔亦偶有古写经被发现。近些年来，这些古写经也通过各种途径进入拍卖市场。这些古写经所用的纸张、所显示的字体与书写风格，有的与敦煌遗书较为接近，有的则存在明显的区别。此外，日本与中国为一衣带水的邻邦，从古至今两国的文化交流始终不断。《务本堂藏敦煌遗书》中收录了若干从清代、民国已经在中国流传的日本古写经，也收录了若干近年流入的日本古写经。日本写经与中国写经风格差异较大，以前因为种种原因，人们往往难以区分。例如务本039号《大般若波罗蜜多经》卷三九一为日本镰仓时期写经，1946年以前已经传入中国，为僧人永智所得，其后被著名学者罗竹风（1911—1996）先生误以为敦煌遗书珍藏。这些年的拍卖市场上，亦常见将日本古写经标注为敦煌遗书者。此次将日本古写经作为附录收入《务本堂藏敦煌遗书》，本意就在于让读者通过中日古写经的比较，把握两种写经的基本特点，区分其不同。在此，我们特别推荐务本043号《日本写经集锦帖》（拟）。该帖汇总了95块日本古写经残片，包括奈良时期、平安时期、镰仓时期、室町时期，时代跨度从公元8世纪到公元16世纪，几近九百年，对我们了解日本各时期写经的形态及九百年间日本写经的演变具有一定的参考价值。

在务本堂所藏敦煌遗书中，有一件藏品也值得特别提出，那就是务本031号《摩诃般若波罗蜜经》（四十卷本异卷）卷一三，该遗书为6世纪初期北魏敦煌镇官写经。卷尾除有题记以外，钤有一枚墨印，印文为"燉煌/维那/"。这一印章与同一时期出现在敦煌镇官写经上、至今尚未能辨认的另一枚印章（参见北图14472号卷尾）一起，成为我们现在能够看到的钤印在中国书画上的最早的印章。该遗书的珍贵之处还在于"燉煌/维那/"这一印文至今只发现三处：一处钤印在法国国家图书馆收藏的敦煌遗书上，一处钤印在日本京都国立博物馆收藏的敦煌遗书上，另一处就钤印在务本堂收藏的务本031号上。

三、名家鉴赏

由于这批遗书曾经在民间流传，因此不少写卷上均有收藏者的印鉴或题跋，其中颇有经过名家欣赏、鉴定者。

如务本032号《大智度论》卷五七、务本033号《大方便佛报恩经》卷五，均曾经由启功先生鉴定，卷首有启功先生的题签与印章。

务本001号《大智度论》卷三一，为黄宾虹先生旧藏。卷首有印章两方：一为"黄/宾虹/"，一为"黄山/予向/"。

务本005号《妙法莲华经》卷五，为张虹旧藏。张虹，为清末民初著名画家，字谷雏，号申斋，广东顺德龙江人，长期寓居广州，与黄宾虹等人多有交往。该卷玉池有胡玮霖指书款"鸣沙法宝"，卷尾有张虹两款共29行题跋。张虹在题跋中对敦煌遗书的书法及鉴定提出自己的观点，可以参考。

此外还包括诸如张群（1889—1991，字岳军，近现代重要政治人物）、谭泽闿（1889—1948，字瓶斋，室名天随阁，湖南茶陵人，谭延闿之弟。工书法，取法颜真卿，兼工汉隶；又善诗，能画）、谭光（1902—1977，湖南茶陵人，幼年由伯父谭延闿、谭泽闿抚养。谭光受谭泽闿影响，精鉴藏）、吴宝炜（河南潢川人，活动于清末民初，金石学家）等多人的印章或题跋，说明这些遗书曾经他们的收藏或鉴赏。中国国家图书馆敦煌遗书特藏中常见的一些收藏印，如"德化李/氏凡将/阁珍藏/""顾/二郎/""宝/梁阁/""曾在不因/人热之室/"等印章亦均有出现。清代传入中国的务本043号《日本写经集锦帖》（拟）上有著名篆刻家唐咏裳的题跋与印章。唐咏裳，清代人，号公允，字健伯，钱塘（今杭州）人，有著作多种传世。他工篆刻，以汉铜印为宗，所用印皆自作，作品除《广印人传》所收外，较少传世。《日本写经集锦帖》（拟）钤有"瀓怀/堂珍/藏记/""吴越/王三十/世孙/"等若干朱印，或为研究唐咏裳的篆刻提供新的资料。

在此特别要提到务本016号《金刚般若波罗蜜经》，该残卷后为著名画家秦仲文所得。秦仲文（1896—1974，原名裕荣，字裕，号柳河、仲文，别署梁子河邨人，河北遵化人，山水画家），早年就读北京大学，历任北平大学艺术学院、京华美术学院、北平艺专教授，1949年后任北京画院画师及院委，著有《中国绘画学史》等。中国国家图书馆藏敦煌遗书北图14549号中已出现过他的印章——"秦裕/之印/""梁子/河邨人/""遵化/秦裕/真赏/"等。

在务本016号的玉池上，有著名古文字专家容庚的大字篆文题跋："盛唐墨宝。"下署："容庚为/仲文先生题。/"题跋落款下有正方形阳文朱印——"容庚"。题跋右上有正方形阴文朱印"关内/侯印"，右下有随形阳文朱印——"三千年后必/有易子云/"。根据题跋，秦仲文于1945年10月购得此敦煌遗书《金刚经》，则容庚的题跋必在1945年10月以后。他的这方"三千年后必/有易子云/"的闲章怨气十足，为我们研究抗战结束以后容庚的遭遇与心态提供了不可多得的资料。

本遗书拖尾还有秦仲文的两幅绘画及一条题跋，此外还有张伯驹的一条题跋。秦仲文在题跋中提到，董其昌曾经主张宋代著名书法家蔡襄的书法受到佛教写经影响极大。秦仲文在赞同董其昌观点之余，提出佛教写经实际上又受到颜真卿书法的影响；而张伯驹则引朱熹的话，称"天下书法为苏、黄所坏"，而敦煌遗书的书法才是真正的王右军书法——"正宗之楷模"。这些书论对我们研究历代书法及敦煌遗书的书法均有参考意义。

在完成本图录编纂之际，不禁感慨系之。

首先要赞赏务本堂主人倾力搜集敦煌遗书的努力。

俗话说："盛世文物乱世金。"近二十年来，随着经济的发展，各类文物拍卖公司不断涌现，文物收藏已成为一种新的社会现象。在文物市场上，瓷器、书画等传统藏品往往爆出天价，但高仿乱真，亦常令收藏者茫然迷失。古籍善本虽不火爆，亦时有亮点迸发。在古籍善本中，人们囿于传统观点，往往关注宋元刻本。在宋元刻本稀缺难求的情况下，近年来明清刻本逐渐走热；而拍卖市场上的敦煌遗书似在热与不热之间，处于不尴不尬之境，其价值没有被人们真正认识。其实，且不说敦煌遗书本身均为千年以上的文物，兼具文献、文字等重大研究价值，即使就其市场资源的稀缺性而言，也是非常突出的。

如前所述，藏经洞敦煌遗书总数虽达数万，但绝大部分已归入公库，现在还在中国民间流转的遗书仅约500号。一般收藏者瞩目数万号敦煌遗书总体，以为敦煌遗书数量庞大，故不以为矜贵；而不知能够进入市场的敦煌遗书非常有限，不足总数的1%。敦煌遗书本身很难作伪，又有数万号敦煌遗书可资比较，使得敦煌遗书中的赝品较易被鉴别。故在敦煌遗书鉴定领域，虽有鉴别流派的不同，也有鉴别能力的差异，但不存在高仿乱真的问题。这些年务本堂倾力于敦煌遗书收藏且成果斐然，故不禁要赞叹务本堂主人的眼力，也为这批敦煌遗书能有一个好的归属、得到更好的保护与利用而高兴。

其次,我也非常赞赏务本堂主人将所藏敦煌遗书公开的胸襟。

本图录所收各种古写经,我均曾多次过目,深庆眼福。其中若干号写经还曾携带回家,认真研究。承务本堂主人善意,我亦曾带领学生前往观摩。

敦煌遗书具有文物、文献、文字三个层面的研究价值,故孕育了世界显学——"敦煌学";但不少敦煌遗书收藏者乃至收藏单位往往将自己收藏的敦煌遗书秘不示人,这等于让"活宝"变成"死宝"。我知道日本有些收藏者、收藏单位因受"敦煌遗书伪造论"的影响,唯恐自己的藏品被鉴定为伪,故不愿意将收藏的敦煌遗书公之于众。中国的一些收藏者乃至一些收藏单位未必有那种心态,但对敦煌遗书却总是宁可私下秘玩或锁诸深库,也不愿与人共享。务本堂则将所藏敦煌遗书供教学观摩,乃至正式出版,放手让研究者去研究,让爱好者去评头论足,这体现了务本堂主人的胸襟。

就私人收藏敦煌遗书的出版而言,前此已有两例。一为安徽石谷风先生将所藏敦煌遗书残片83块结集为《晋魏隋唐残墨》,由安徽美术出版社于1992年10月出版。一为北京启功先生收藏的165块残片,被结集为《敦煌写经残片》,由北京师范大学出版社于2006年6月出版。两书所收均为敦煌遗书残片,吉光片羽,弥足珍贵。此次出版的《务本堂藏敦煌遗书》则为我国私人所藏敦煌遗书图录之第三本。虽然按照出版年代,本图录的次序排列为第三,但是前两本所收仅为残片,而务本堂所藏敦煌遗书中长卷不少，且有多件遗书首尾均全。按照新制定的敦煌遗书定级国家标准，凡敦煌遗书的长度不足一标准纸者定为残片，则本图录所收30余号遗书中，可定为残片者仅有两号。从这个意义上讲，《务本堂藏敦煌遗书》亦可称为由我国私人收藏家出版的第一本较为完整、较具规模的敦煌遗书图录。

我曾经多次撰文指出，"文物需要著录：文物通过著录得到鉴定，从而辨明真伪；通过著录得到记录，从而流传有绪；而经过鉴定且流传有绪的文物自然增加了它的收藏价值"。我相信《务本堂藏敦煌遗书》的出版，将使这批古写经在更大的范围内为人们所知并发挥其应有的作用。我希望其他敦煌遗书收藏者乃至收藏单位能够效仿务本堂，将自己收藏的敦煌遗书公布出来；可以单独出版，也可以合作出版，我愿意为之效力。

务本堂依然在孜孜于敦煌遗书的搜集。我对务本堂为保存祖国文化所做的努力表示衷心的敬意，也预祝他们取得更大的成绩。

2012年11月27日于北京通州皇木厂

《成贤斋藏敦煌遗书》序

《务本堂藏敦煌遗书》发行在即,《成贤斋藏敦煌遗书》又将出版。两家私人收藏的敦煌遗书先后出版,南北辉映,成为2013年我国文物收藏界、敦煌学研究界的一个引人瞩目的景观。今年正值中国敦煌吐鲁番学会成立三十周年。中国敦煌吐鲁番学会成立三十年来,中国的敦煌吐鲁番学突飞猛进,有目共睹。这两本图录的出版,也可以作为中国敦煌吐鲁番学深入发展的见证。

此次出版的《成贤斋藏敦煌遗书》,除了敦煌遗书的共同特点外,还有如下两大特点:

第一,有较大的文献研究价值。

我多次撰文指出,敦煌遗书具有文物、文献、文字三个方面的研究价值,不同的敦煌遗书所蕴含的具体价值要做具体分析。由于藏经洞所存敦煌遗书大部分为历代大藏经已收的典籍,虽有异本、异卷、异文之别,程度不等均具校勘价值,但相对而言,那些历代大藏经已收典籍的文献研究价值不如历代大藏经未收的典籍。此次《成贤斋藏敦煌遗书》包含多件历代大藏经未收,甚至其他收藏单位也未见的遗书,亦即所谓"海内孤本",甚可宝贵。如敦煌菩萨竺法护所译《比丘尼戒本》,东晋释道安虽曾寓目并著录,迨至南朝梁僧祐时已寻本未获,此后一千五百年未见该《比丘尼戒本》的任何踪迹。不意它的东晋写本残卷竟保存在藏经洞,后流传到日本为滨田德海所藏,此后又淹留书贾库中。百年来,"养在深闺人未识"。在2010年的拍卖图录中,甚至载发照片的资格也欠奉。如此珍宝,被成贤斋于无意中得之。当成贤斋主人携此来访,不禁为之扶额庆贺,赞叹冥冥中因缘之不可思议。如《六度礼忏文》(拟),对研究敦煌教团的礼忏活动乃至中国佛教的礼忏活动具有一定的价值。又如《佛教论义文》,虽然并非敦煌遗书,但是对研究宋代中国佛教论义提供了不少新的信息。

第二,在出版形式方面做了新的探索。

在中国,考虑到出版成本,此前的敦煌遗书图录大抵为黑白印刷。虽有少量图录采用彩印,但大抵为单卷或残片。整本图录均用彩印,《务本堂藏敦煌遗书》可谓首例。但务本堂图录仿前成例,除个别图版通页放大外,一般每页两拍,缩小印刷;成贤斋则别出蹊径,采用前口两头出血,原大彩印,务使敦煌遗书以更真实的形态呈现在读者面前。这体现了成贤斋对敦煌遗书的挚爱及对读者的奉献,深表赞赏。限于拍摄、印刷、装订等诸多因素,该图录本身或许还有可以改进的地方。相信成贤斋在今后会越做越好。

借《成贤斋藏敦煌遗书》的出版，我想对中国私人收藏敦煌遗书的概貌谈一点看法。

藏经洞发现至今，中国私人收藏敦煌遗书先后出现两次高潮。

第一次高潮从1900年藏经洞发现到20世纪40年代。敦煌遗书流散的原始出处有两个：一是经王圆箓转到诸官员、士绅及其他各色人等之手，其中大部分应为赠送，但不排除或有买卖；一是敦煌遗书运京途中乃至到京以后，包括在京师图书馆收藏期间，各色人等舞弊盗窃。根据我历年调查所得资料估计，从上述两个原始出处流失的敦煌遗书数量巨大，总数约在九千件。需要指出的是，敦煌遗书大抵为残卷，其中不少均为不足一纸的残片。上述九千件左右遗书中，虽然亦有若干残片，但是不少写卷较长，且不乏首尾完整或相对完整、抄写规整、书法精美、文献价值较高的遗书。成贤斋所藏八米以上的写卷有七件，占收藏总数的25%；而英国国家图书馆中八米以上的卷子仅占收藏总数的6%，中国国家图书馆则占6.2%。

经过近百年的历史变迁，上述九千件左右敦煌遗书现绝大部分已经被中外图书馆、博物馆、档案馆等收藏单位收藏。其中中国大陆收藏五千余件，海外收藏三千余件。目前依然由私人收藏或尚在各古旧书店待估的遗书，仅约五百件。

第二次高潮则从20世纪90年代至今，且有进一步发展之势。此次敦煌遗书的流转方式亦有两个：一是拍卖市场公开拍得，一是收藏者私下转让。虽然可以被私人收藏的敦煌遗书资源仅约五百件，但是由于中国传统的文物收藏以瓷器、书画、青铜器为主，古籍则一般偏重刻本，敦煌遗书的价值还没有被人们充分认识，故近年敦煌遗书拍卖市场出现我称之为"不冷不热、不尴不尬"的局面。然而正因为关注敦煌遗书的收藏者相对不多，一些有心人便有机会得到满意的收获。南方的务本堂、北方的成贤斋在短短几年内崛起，两者的收藏均已成规模，甚为可观。据我所知，国内私人收藏敦煌遗书达十多件、二十多件者，收藏残片达数十件、百余件者，尚有多人。

社会上流传的敦煌遗书中往往会混入吐鲁番等西域出土的古代遗书，这是从敦煌遗书面世之初便有的现象，此处不赘。

纵观20世纪90年代以来我国敦煌遗书的流传，有如下几个值得注意的特点：

第一，一批原流传到日本、美国等国外的敦煌遗书开始回流；

第二，一批日本写经、一批近年在中国其他地区出土的古写经混入敦煌遗书，混迹于拍卖市场或私下转让；

第三，一批伪卷或部分造伪的敦煌遗书开始冒头；

第四，在拍卖市场上，敦煌遗书受追捧的程度及价位曲线近期虽然没有摆脱"不冷不热、不尴不尬"的格局，但是从总体看，依然呈现出稳中有升的势头，个别遗书的价格甚至大幅攀升。

上述种种特点，为敦煌遗书收藏者带来机遇，也带来挑战。

可以预期，随着敦煌遗书的收藏价值进一步被人们认识，敦煌遗书的收藏队伍将进一步扩大；敦煌遗书可能进一步向若干收藏家集中，但其速率或会减慢。

我认为，以《务本堂藏敦煌遗书》《成贤斋藏敦煌遗书》这两本图录的出版为标志，中国私人敦煌遗书的收藏、出版与研究已经进入一个新的阶段。作为常年从事敦煌遗书、古写经与佛教文献调查、鉴定、编目、研究的学者，我祝愿中国私人敦煌遗书的收藏、出版与研究兴旺发达，健康发展。

癸巳仲夏于古运河北端

《佛教文献研究》发刊词

多年来，在各种场合，我经常就"学术研究与学术资料"问题陈述如下观点：

第一，学术研究必须依靠学术资料；

第二，学术资料只有在行家手里才能显示其价值；

第三，学术资料价值的被呈现程度与学术资料的被整理程度成正比；

第四，学术资料价值的被利用程度与学术资料所在平台的水平成正比。

"文献"是学术资料的主要表现形式，从事佛教研究必须依靠佛教文献。遗憾的是，前人创造的各种汉文佛教文献虽然汗牛充栋，但大量文献已经亡佚；尚存的文献，很多散落各处，尚未得到整合；已经整合的文献，有些缺乏整理或缺乏充分、有效的整理。因此，汉文佛教文献至今未能完整呈现出它的全貌及价值,以致我们至今未能充分发挥佛教文献在学术研究、佛教发展中的作用。犹如人们都感叹大海的辽阔,也都努力从大海汲取资源,但至今未能完整把握大海的诸多性质,未能全面认识大海的各方面价值,因此不可能更好地利用大海。

有感于此,1994年,在诸多人士的支持下,我与一些志同道合的研究者共同创办了《藏外佛教文献》。由于种种原因,《藏外佛教文献》步履艰难,至今仅出版十六辑。

《藏外佛教文献》以整理大藏经中未收入的佛教文献,建立与发展佛教文献学为己任。整理佛教文献,主要指对原典的录校、标点;建立与发展佛教文献学,则包括佛教文献学的理论建设及对历代大藏经乃至具体佛教文献的考订、研究,以深入挖掘、充分呈现各类佛教文献内涵的学术价值。因此,《藏外佛教文献》创刊之初,我们就在每辑中拨出一定的篇幅,刊登若干篇有关佛教文献研究的论文,以期推进佛教文献整理与佛教文献研究的均衡发展。当时并计划在条件成熟的时候,另行创办《佛教文献研究》,专门刊登有关佛教文献研究的论文,而让《藏外佛教文献》专门承担整理藏外佛教文献原典的任务。今天,我们终于达成了二十年前自我设定的这一目标。

1978年以来的三十多年,是我国近代以来佛教与佛教研究发展的黄金时期。可以预期,在今后的数十年中,中国的佛教与佛教研究将会在现有基础上继续向前发展,甚至有可能从中国走向世界。在这转折开拓的关键时期,作为一个佛教文献工作者,对佛教文献整理与研究的滞后以及由此带来的消极后果深以为憾,这也是我们决心创办《佛教文献研究》的原因。

《佛教文献研究》以推进佛教文献研究、建设佛教文献学为宗旨。如蒙各界同仁来稿，不胜欢迎之至。对稿件的具体要求，请参见本书所附《稿约》。我们践行任继愈先生提倡的"沉潜笃实"的学风，希望通过扎扎实实的努力，与佛教界、佛教研究界、学术界的同仁一起，为中国佛教与佛教研究的健康发展贡献力量，为中华文化的伟大复兴贡献力量。

《佛教文献研究》创办以后，《藏外佛教文献》将改版为《新编藏外佛教文献》。《新编藏外佛教文献》不再承担刊发佛教文献研究论文的任务，将集中精力从事藏外佛教文献原典的整理。如前所述，"学术资料价值的被利用程度与学术资料所在平台的水平成正比"。因此，建设一个高水平的平台以使佛教文献更好地为研究者所利用，是我这些年念兹在兹的一件大事。经过与诸位同仁的共同努力，这一平台目前已初步成形，故《新编藏外佛教文献》也将力争在新的平台上更好地为大家服务。

值此羊年新春，万象更新之际，祝愿我国的佛教文献学开创出新的更好的局面。

2015年2月23日于南渡江畔

《滨田德海搜藏敦煌遗书》序言*

1900年初夏,正面临三千年未有之大变局的中华大地风雨如磐。北京城里,义和团运动如火如荼;而静谧的西北边陲,道士王圆禄于无意中发现了一个藏匿千年的洞窟,其中装满了经书等文物,敦煌藏经洞由此横空出世。

敦煌藏经洞的发现,其后被著名学者王国维誉为近代中国四大学术发现之一。洞中出现的各种新材料,促成了一门新的学问——敦煌学的产生,而"敦煌学"又被陈寅恪称为"世界学术之新潮流"。如此重大的学术发现,如此重要的学术资料,如此可贵的古籍文物,在其发现之初,竟丝毫不为时人所重,任其在民间流散,以至于被外国探险家捆载而去。迨至清学部觉知,下令全部购买,押运进京。路上乃至抵京以后,又遭人大肆偷盗。

---

* 方按:发表稿有删节,此为未删节稿。

如此种种，成为中国人的锥心之痛，即所谓"敦煌者，吾国学术之伤心史也"[1]。

据我最近统计，就藏经洞汉文敦煌遗书而言，如果按照总长度或总面积计算，中国国家图书馆所藏（含从敦煌直接押运进京及其后通过各种途径陆续入藏），约占藏经洞全部汉文敦煌遗书的40%；英国国家图书馆所藏，约占28%；法国国家图书馆所藏，约占10%；俄罗斯所藏，约占4%；中国国内（含港澳台地区）其他公私收藏，约占9%；日本公私收藏，约占8%；世界其他各国收藏，总计约占1%。上述数字告诉我们两点：第一，中国国内收藏的汉文敦煌遗书约占藏经洞汉文敦煌遗书的一半。第二，以往我们总以为俄罗斯是世界第四大敦煌遗书收藏国，现在我们知道，日本才是真正的敦煌遗书第四大收藏国。以收藏单位而言，俄罗斯科学院东方学研究所圣彼得堡分所收藏敦煌遗书号称19000多号，但绝大部分均为残片。如果按照总长度或总面积计算，如前所述，俄罗斯收藏仅占藏经洞汉文敦煌遗书的4%；而日本杏雨书屋收藏的敦煌遗书虽仅编为700多号，但其实际总面积却要超过俄罗斯科学院东方学研究所。

日本自古接受中华文化的影响，故对中国文物有着特殊的感情。日本净土真宗西本愿寺派宗主大谷光瑞得知敦煌藏经洞的消

---

[1] 这句话见于陈寅恪《敦煌劫余录序》。长期以来，不少人认为这是陈寅恪的观点。实际上，陈寅恪是引述这一观点并反驳之。这句话应该是《敦煌劫余录》的编者陈垣先生讲的。（参见《中国国家图书馆藏敦煌遗书总目录·馆藏目录卷·总序》，中国人民大学出版社，2016年）

息，即让其探险队员前往搜求攫取。如前所述，由于种种原因，流散在中国民间的敦煌遗书数量巨大，其中大部分虽然后来依然留在国内，但也有相当大一部分流向日本。

日本敦煌遗书收藏极其分散，故人们一般难以把握其全貌。据目前所知，收藏达百卷以上的公私单位，有杏雨书屋、书道博物馆、京都国立博物馆、三井文库等，至于收藏数十卷乃至数卷的公私单位，如龙谷大学、大谷大学、国会图书馆、唐招提寺、药师寺、大东记念急文库、东京大学东洋文化研究所、京都国立博物馆等，不胜枚举。此外，大量敦煌遗书收藏在日本私人手中，滨田德海就是其中著名的一位。

据网上资料，滨田德海（1899—1958），日本鹿儿岛县人。1924年毕业于东京帝国大学法学部政治学科，随即进入日本大藏省，历经银行局、专卖局和主税局后，升至事务官，并曾以兴亚院专家身份长期在华供职。滨田氏热爱汉学，他收藏的敦煌遗书大部分是20世纪三四十年代在北京、天津等地购得，数量100多件，其中一部分为著名藏书家李盛铎藏品。滨田氏辞世后，其搜集的日本金融、税务文书捐赠给了母校东京大学，即"滨田德海资料"专门文库。其中的中国古代写经、写本和出土文书部分，经日本第37回国会议院运营委员会的图书馆运营委员会于1960年12月13日审议，一部分以国库预算方式由国会图书馆购藏，余下藏品一直由其后人秘藏。

1994年，我应邀访问日本龙谷大学，曾专程到东京寻访敦煌遗书，也到了日本国会图书馆。如上文介绍，国会图书馆的这批藏品正来自滨田德海特藏。据日本朋友告知，日本国会图书馆原计划将滨田藏品全部购入，但当时日本敦煌学界一位著名的权威学者考察了国会图书馆已经购入的这批滨田藏品后，断言均为赝品，这使得国会图书馆的有关人员大为窘迫。因为收购滨田藏品用的是国库的资金，如入藏的是赝品，则相关人员所担干系实在匪浅，所以立即中止了原定的收购计划。这次听到一位中国研究者前来考察，国会图书馆方面表示特别欢迎。记得那次他们拿出20多件，我考察以后的结论是这20多件遗书并无赝品。当然，我的结论自然不能撼动那位敦煌学权威的判定。但不管怎样，我谈了意见以后，可以明显感到接待我的人员松了一口气。其后，那位日本敦煌学权威又提出日本所收藏的敦煌遗书，95%乃至98%都是假的，给日本敦煌学界造成极大的冲击。坦率说，那位先生对敦煌遗书的确有深湛的研究，对日本敦煌学的发展也厥功甚伟，但他考察敦煌遗书的切入点值得斟酌。有关敦煌遗书鉴定问题，以后我会专门论述，这里就不谈了。

20世纪90年代中期开始，我国的拍卖市场逐渐成长，原来秘藏民间的一些敦煌遗书开始露面；进而，随着中国经济的发展，收藏者实力的增强，海外藏品开始回流，其中也包括滨田德海原藏的敦煌遗书。这些年来，我在鉴定实践中陆陆续续接触过若干原滨田藏品。2014年底，我在京都大学人文所梶浦晋先生的帮助与陪同下，再次来到日本国会图书馆，这次总计考察近50件写经，并按照我设计的敦煌遗书数据库的体例重新著录。考察后，应国会图书馆有关人员的要求，逐件叙述了我的鉴定意见，对方则做了记录。

前些日子，伍伦拍卖公司丁德朝先生告诉我，他们已经联系到滨田德海先生的后人，有可能将滨田藏品批量回归。得到这一消息，我自然非常兴奋。如果能够成功，这是滨田藏品，也是海外敦煌遗书数量最大的一次回归，自然值得庆贺。皇天不负有心人，丁德朝先生终于携36件滨田藏品回到中国。

我认为这批写经有这样一些特点：

第一，从时代来讲，这批写经的时代跨度从6世纪到10世纪，约五百年，反映了这五百年中国写经的形态、书法的演变，为我们研究中国这五百年中的书籍形态、书法流变提供了珍贵的资料。其中有6世纪南北朝写经3件，抄写精美，保存品相也较好，具有较高的文物价值。

这批遗书中的伍伦01号《妙法莲华经》卷二，尾有题记："显庆五年三月十四日，济法寺沙门重迁/师奉为师僧父母、法界仓（苍）生，敬造《法/华经》一部，愿以斯景福，拔济有/缘，同离苦源，咸成佛道。/"

从现有资料看，"济法寺"在敦煌遗书中凡两见。

一处出现在斯02278号《宝雨经》卷九卷尾译场列位中，作"京济法寺沙门战陀译语"，故知该"济法寺"武周时期位于京城，战陀参加《宝雨经》译场并担任"译语"之事，在《开元释教录》卷九亦有记载。该《宝雨经》虽译于长寿二年（693），但斯02278号写于证圣元年（695），抄写时照抄了原卷的译场列位。

一处出现在甘博121号《大般若波罗蜜多经》卷九十九的题记中

（图录参见《甘肃藏敦煌文献》第5册，甘肃人民出版社，1999年，第265页），作："咸平元年四月八日济法寺法度沙门普惠敬造/《大般若波罗蜜多经》卷拔济有缘。愿一切众生/咸蒙斯福。/"《甘肃藏敦煌文献》第5册叙录中未对该遗书抄写年代进行断代，亦未对题记提出疑问。从图录看，正文的抄写年代显然早于题记所谓的咸平元年（998），且题记字迹、墨色与正文不类，表述方式不合古代写经题记的规范，故对该题记需要再做考察；但因笔者未曾考察原卷，故对该写经年代及题记真伪不做结论。

据敦煌遗书其他资料，敦煌当地未见名为"济法寺"的寺院。该遗书纸张与唐高宗时期武则天为母亲做功德的那批宫廷写经纸张相同，抄写年代相近，风格相似，故颇疑本遗书并非敦煌地区写经，乃流入敦煌之原长安济法寺写经。

第二，从长度来讲，36件遗书中，超过8米的有8件，占22.2%；5米以上、8米以下的有10件，占27.8%；以上两者共18件，正好占据全部36件的一半；而1米以下的有8件，占据22.2%。上述数据可以与英国国家图书馆相比。英国国家图书馆收藏的敦煌遗书，5米以上者总计编为文物号1883号，占其文物号总数的12.4%；1米以下的编为文物号7299号，占其文物号总数的48.2%。也就是说，就总体而言，这批滨田敦煌特藏的较长卷子比例是英国敦煌特藏四倍以上，而1米以下卷子的比例只有英国特藏的二分之一。如与中国国家图书馆相比，国图5米以上的遗书占比14.8%，1米以下的遗书占比45.7%。这些数据证明了我在《谈散藏敦煌遗书》一文中指出的："敦煌遗书是古代寺院的弃藏，绝大部分断头残尾。

散藏敦煌遗书大都是人们从这些残破遗书中挑选出来的。虽然这种挑选，实际不过是矮子里拔将军，所以绝大部分散藏敦煌遗书依然是残破卷子。但散藏敦煌遗书毕竟是矮子里拔出的将军，它们的长度、保存状态都要比第一类没有经过中间环节直接进入收藏单位的遗书为好。"[1]

第三，从文献内容看，这批遗书中有2件社会经济文书，惜皆残缺。有1件《黄仕强传》（拟），与敦煌遗书现存10余号同文献的文字有参差，可供校勘。特别值得注意的是伍伦36号，该文献虽然首尾均残，却从来没有被历代大藏经所收，未为历代经录所著录，甚至是我们以前在敦煌遗书中也从来没有见过的海内孤本。从内容考察，该文献乃9世纪中叶归义军统治初期，敦煌地区著名沙门法成向弟子解说的《瑜伽师地论》卷一"本地分中意地第二之一"的记录。以往我们知道的法成向弟子解说《瑜伽师地论》的记录共有两种，一种为"分门记"，一种为"随听疏"。本遗书与上述两种形态均不相同，乃就文解义，故拟名为"瑜伽师地论义疏"。本文献虽仅66行，但由于至今尚未发现第二号同类文献，本文献为研究敦煌地区佛教义学水平及沙门法成提供了新的资料，故值得研究者重视。

又，有些遗书所抄虽然为常见佛典，如伍伦10号、伍伦20号、伍伦35号等均为常见的《大般涅槃经》与《大智度论》，但两号《大般涅槃经》的分卷与人们常用的《大正藏》本不同，一

---

[1] 方广锠：《谈散藏敦煌遗书》，《西南民族大学学报（人文社会科学版）》，2019年第5期。

号《大智度论》的分卷甚至与历代大藏经均不相同，给我们研究这些经典提供了新的传本系统。

第四，流散敦煌遗书还有一个特点，即某些人为了牟利往往会施展种种作伪手段，包括通卷作伪、伪造题记、截头接尾以及剪去卷首而以品题冒充首题之类。这批敦煌遗书未见有通卷作伪者，后几种情况虽然不多，却均有存在，详情可参见图版与卷末的条记目录。

在此，我觉得特别要向读者推荐伍伦07号。该号原抄《妙法莲华经》卷七，首尾均残，卷尾部分抄写《妙法莲华经》卷七"妙音菩萨品第二十四"，但因为尾残缺少"妙音菩萨品第二十四"末尾经文12行。作伪者手头刚好得到一张古代敦煌空白纸，于是便在这张空白纸上做文章；但由于这张纸的长度只有25.7厘米，无法在完整抄写剩余的12行经文以后再加抄尾题及题记；于是，作伪者将"妙音菩萨品第二十四"末尾的12行经文删略改造成3行，伪装成"流通分"的模样，然后再写上伪造的尾题与题记。

为说明问题，请参见以下对照表：

"妙音菩萨品第二十四"末尾应有经文（依照伍伦07号行款书写，并加行号）	伍伦07号现存经文
1."尔时，华德菩萨白佛言：'世尊！是妙音菩萨，深/	1."尔时，华德菩萨白佛言：'世尊！是妙音菩萨，深/
2.种善根。世尊！是菩萨住何三昧而能如是在/	2.种善根。世尊！是菩萨住何三昧而能如是在/
3.所变现，度脱众生？'佛告华德菩萨：'善男子！其/	3.所变现，度脱众生？'佛告华德菩萨：'善男子！其/

（续表）

4. 三昧名现一切色身，妙音菩萨住是三昧中，/ 5. 能如是饶益无量众生。'说是《妙音菩萨品》时，与/ 6. 妙音菩萨俱来者八万四千人，皆得现一切色/	4. 三昧名现一切色身，妙音菩萨住是三昧中，/ 5. 能如是饶益无量众生。'说是《妙音菩萨品》时，与/ 6. 妙音菩萨俱来者八万四千人，皆得现一切色/
1. 身三昧；此娑婆世界无量菩萨，亦得是三/ 2. 昧及陀罗尼。尔时，妙音菩萨摩诃萨‖供养释迦/ 3. 牟尼佛及多宝佛塔已，还归本土。所经诸国，/ 4. 六种震动，雨宝莲华，作百千万亿种种伎乐。/ 5. 既到本国，与八万四千菩萨，围绕至净华宿/ 6. 王智佛所，白佛言：'世尊！我到娑婆世界饶益/ 7. 众生，见释迦牟尼佛，及见多宝佛塔。礼拜、供/ 8. 养。又见文殊师利法王子菩萨，及见药王菩/ 9. 萨、得勤精进力菩萨、勇施菩萨等，亦令是八/ 10. 万四千菩萨得现一切色身三昧。'说是《妙音/ 11. 菩萨来往品》时，四万二千天子得无生法忍，/ 12. 华德菩萨得法华三昧。"/ （参见CBETA［2016］，T09，No.0262，p.56B12-C1）	1. 身三昧；此娑婆世界无量菩萨，亦得是三/ 2. 昧及陀罗尼。尔时，妙音菩萨、‖华德菩萨摩/ 3. 诃萨问佛说已，恭敬围绕，作礼而去。/ （经文完）

亦即按照《妙法莲华经》卷七"妙音菩萨品第二十四"之原文，伍伦07号末纸应有剩余经文12行。作伪者手中虽有敦煌藏经洞所出敦煌古纸，但长度不足以抄写这12行经文及续写尾题、题记；而尾题、题记对作伪者提高原卷售价，作用极大。于是作伪者将原12行经文简缩为3行，具体方法是：尾纸第1行、第2行"‖"号以前照抄原文，然后加上请法者"华德菩萨"之名，并仿照佛经中"流通分"的惯例，加上"恭敬围绕，作礼而去"等惯用语以结束经文。这样，尾纸节省下来的空白处，便用来书写尾题与题记。

需要指出的是，作伪者手法极其高超：第一，将墨色调得与原卷几无差别；第二，对原卷字体的模仿亦可乱真；第三，利用了敦煌遗书中的空白纸；第四，为了坚证此卷为真，不惜将真正的6世纪南北朝写经及7至8世纪唐写经残片撕为20多片作为裱补纸粘贴到背面。其用心之良苦，可谓无所不用其极。但是，由于作伪者缺乏必要的文史知识，题记、尾题的写法都留下破绽；再仔细核对经文，则其作伪的手法暴露得一清二楚。

鉴定敦煌遗书，要多看真卷子，也要多看假卷子，要研究假卷子造假的手法。从这个角度讲，伍伦07号卓绝的造假手法给我们留下一个不可多得的敦煌遗书作伪的标本，具有很高的研究价值。

中国幅员辽阔，古代佛教兴盛，除了敦煌，内地佛教遗迹也非常多。实际上，从总体看内地文化远比敦煌昌盛；但遗憾的是，由于种种原因，内地的古写经留存得非常少。虽然很少，但是毕竟依然有留存，即使在这几十年中，内地也多次发现古代写经。

由于内地古写经数量少，而敦煌遗书名气大，且两者均为古代写经，因此，在流散中内地的古写经往往会依附敦煌遗书的名头而出现。由此，流散敦煌遗书中往往会夹杂一些内地古写经。前些年，晋南出土的一批古写经曾经依附敦煌遗书的名头出现在拍卖市场上，最终被鉴定、识破，从而引发有关人士的关注。这次的滨田特藏中，也有伍伦01、伍伦07等2件内地古写经。这2件写经与前此出土的晋南写经风格不同，应出于其他地方。至于到底出于何处，只能等将来发现更多的资料，再来加以考订。需要指出的是，内地古写经由于其特殊性，其价值实际上并不亚于敦煌遗书。

流散敦煌遗书还有一个显著特点，就是它们曾经在收藏家手中收藏、流转。此次的滨田特藏中，有1件曾为端方匋斋所藏。收藏家们往往或对所藏敦煌遗书加以装裱，或留下题跋，或钤压印章，如此等等。这对我们研究当时的文人风尚、收藏历史、装裱工艺乃至考史考文，均留下宝贵资料。

在结束这篇序言的时候，不禁感慨系之。敦煌藏经洞被发现后，敦煌遗书大量外流，国运蹶则文运蹙，夫复何言！这二十年来，敦煌遗书从陆陆续续少量回流，到如今以36件这一体量规模性回流，不能不让人浮想联翩。愿我们的民族少一点磨难，愿我们的祖国真的能够繁荣昌盛，愿中华文化再次振兴。天佑中华！

最后，对以往在敦煌遗书回流中特别是这次在滨田特藏批量回流中做出贡献的诸多人士表示衷心的感谢！

2016年9月3日于古运河北端

附注：

今天接到敦煌研究院王惠民先生来信，得知当年施萍婷先生曾经考察过日本国会图书馆的滨田特藏，发表《日本公私收藏敦煌遗书叙录》（载《敦煌研究》，1995年第4期），"介绍了42件，从登记号码看，似乎1962年1月、1963年3月，分两次购买"。特加此附注。

2016年9月25日于天圣山

《疑伪经研究与"文化汇流"》自序

本书收入笔者所写关于"佛教疑伪经"及"佛教发展中的'文化汇流'"等两个主题的论文十五篇。之所以将这两个主题的文章会集在一起,乃因它们虽可各自独立,但又相互有着密切的联系。

任何一个历史悠久的宗教,都有内在的"基要主义"或称"原教旨主义"的冲动,佛教并不例外。任何一个宗教,只要在社会中活动,必然会因社会的需求而有所变化,佛教也不例外。上述两种因素交互作用,使得在现实社会中活动着的佛教内部出现了发展方向上的两极张力,这是疑伪经问题之所以产生的根本原因。用佛教来解释佛教,疑伪经的出现属于佛教发展中的正常现象,所谓"正法既往,久当像末。定慧与福德异时,醇化与浇风殊运"[1];用社会来解释佛教,疑伪经的出现同样属于佛教发展中

---

[1] 《大乘大集地藏十轮经》卷十,CBETA(2016),T13,No.411,p.777A23–A24。

的正常现象，即所谓"社会存在决定社会意识"。

站在宗教立场上来观察疑伪经现象，则疑伪经的出现与流通势必会造成淆乱正法、谬种害人的恶果。所以，中国佛教史上凡属正统的佛教僧人及护法者，出于护持正教的动机，无不主张应将疑伪经"秘寝以救世"，亦即应坚决禁绝疑伪经的流通。但两千年来的佛教史证明，疑伪经不但从来没有被真正禁绝过，反而随着时代的发展，新的疑伪经依然在源源不断地产生。就在前几个月，我还收到数册最近这两年刚刚编造出来的、印装精美、用白话文撰写的伪经。

2012年，庐山东林寺净土文化研究会发行部工作人员，"为防止非佛教经典流入本寺"，发布过一份《伪经目录》。对这份目录，有人支持，有人质疑。2014年7月8日，东林寺净土文化研究会网络部发布《关于"伪经目录"的说明》，称该《伪经目录》："乃发行部日常工作文件，未经大安法师过目，东林祖庭官网也从未发布过此书目。由于此书目以'伪经'命名，容易产生误解，故本研究会已责令发行部从其博客中删除。"由此可见"伪经"问题非常复杂，涉及方方面面，至今困扰着佛教。

站在学术立场上来观察中国佛教史上从古至今的疑伪经现象，则可以把它们归纳为如下三个研究课题：

第一，外来的异域文化，进入中华文化流传区并与中华文化相互交汇、碰撞时，以什么样的方式与中华文化进行交流？中华文化又以何种方式接受、容纳异域文化？两者最终如何求得相互调适、共同发展？

第二，宗教如何随着社会的发展而自我调适，以求取得当下的生存空间与更大的发展空间？

第三，中国佛教与儒、道等中国其他文化系统，乃至与各种各样的民间信仰如何相互调适？

从事佛教研究数十年，疑伪经问题越来越引起我的兴趣，并在研究疑伪经的过程中，提出"佛教发展中的'文化汇流'"这一新的命题。

"佛教发展中的'文化汇流'"这一命题的基本定义是：

> 不同文化间的交流，特别在不同文化的发展水平或体量大体相当的情况下，其交流过程与结果是双向的。佛教虽然产生于印度，但随着佛教走出印度，在亚洲其他地区流传、影响亚洲文化面貌的同时，它本身也受到亚洲其他地区文化的滋养。因此，佛教的产生固然得益于印度文化的孕育，而佛教的发展则得益于印度文化、中国文化乃至亚洲其他地区文化的汇流。

换言之，自从佛教走出南亚，佛教已经并非印度文化自我逻辑的演化，它已开始踏入与亚洲其他地区文化汇流的长河，成为整个亚洲文化的代表之一。亚洲其他地区的佛教，固然来源于印度，都保存了印度文化的原始"基因"，却也蕴含了当地文化，乃至与其他地区文化交汇的元素。不承认这一点，既不能正确把握亚洲各地的佛教，也不能更好地把握印度佛教。20世纪日本兴起的"批判佛教"把佛教看作纯而又纯的印度文化自我逻辑的演化,这种观点无论在理论上,还是在现实中,都是错误的。

就印度佛教而言,"佛教发展中的'文化汇流'"在承认印度文化影响了亚洲文化的同时,强调亚洲文化同样也影响了印度佛教;就中国佛教而言,在承认印度佛教影响中国的同时,也主张中国文化也影响印度佛教。这里的"影响"包含两层含义:第一层,传入中国的印度佛教接受了中国文化的影响,使自己成为更适合中国这块土地、更适合中国人根机的"中国佛教";第二层,这种中国化了的佛教,又向西传入中亚、印度,对中亚佛教、印度佛教的发展产生影响。对于上述第一层含义,经过近百年来的学术研究,已经成为学界乃至教界的共识。至于第二层含义,即受中国文化洗礼、承载了中国文化元素的中国佛教向西流传影响中亚、印度佛教,至今质疑者多,赞同者少。很多人向我提出:"你说中国文化影响中亚、印度佛教,中国人的佛教著作被翻译为梵文,有什么证据?"其实证据很多。

比如《高僧传》载,东晋释道安的影响就远及西域,"什(方按:指鸠摩罗什)亦远闻安风,谓是'东方圣人',恒遥而礼之"[1]。

比如《洛阳伽蓝记》载:"比丘昙谟最善于义学。讲《涅槃》《花严》,僧徒千人。天竺国胡沙门菩提流支见而礼之,号为'菩萨'。流支解佛义知名,西土诸夷号为'罗汉'。晓魏言及隶书,

---

[1] 《高僧传》卷五,CBETA(2016),T50,No.2059,p.354A2–A3。

翻《十地》《楞伽》及诸经论二十三部。虽石室之写金言，草堂之传真教，不能过也。流支读昙谟最《大乘义章》，每弹指赞叹，唱言'微妙'。即为胡书写之，传于西域。西域沙门常东向遥礼之，号昙谟最为'东方圣人'。"[1]

比如《续高僧传》载："有王舍城沙门远来谒帝，事如后传。将还本国，请《舍利瑞图经》及《国家祥瑞录》。敕又令琮（方按：指彦琮）翻隋为梵，合成十卷，赐诸西域。"[2]

比如《佛祖统纪》载："洪觉范曰：'梵僧觉称谓：西竺目此歌为《东土大乘经》。'"[3]这里所说的"此歌"，指永嘉禅师的《证道歌》。

比如西域僧人远来礼拜五台山文殊菩萨，难道来华的这些梵僧仅遥闻空穴之风，未实睹神变之文便率尔成行？

至于玄奘在印度撰写《会宗论》，回国后又奉唐太宗敕令翻译《老子》等典籍，送往印度，乃众所周知。

又比如中国僧人曾在印度聚居，由此出现所谓"支那寺"。类似事情，甚至直到近代依然存在。金克木先生撰文称，他在印度时，就遇到一个中国和尚，犹如"鸟巢禅师"，住在树上，受到附近印度村民的礼拜供养。

且不说强汉、盛唐，其实中国文化对西域一直保持着强大的

---

1 《洛阳伽蓝记》卷四，CBETA（2016），T51，No.2092，p.1017B10-B18。已据校记订正文字。
2 《续高僧传》卷二，CBETA（2016），T50，No.2060，p.437C5-C8。
3 《佛祖统纪》卷十，CBETA（2016），T49，No.2035，p.202C1-C2。

影响，特别是狭义的西域（今新疆地区）与中亚一带，中国文化的影响更大。当地有不少汉族居民，也有不少其他民族会使用汉语、汉字。这一带又是不少佛教经典的产生区域，在这里产生的佛教经典如含有中国文化元素，完全不值得奇怪。

如此等等。

如我在《关于汉、梵〈药师经〉的若干问题》[1]一文中所说：目前在部分研究者的心目中，文化传播的"单行道"模式坚不可破，"似乎西行的中国僧人一心只求印度梵典，不可能同时将中国文化也带到印度。丝绸之路上只有向东传播的印度文化，没有向西传播的中国文化。即使有，也是丝绸、瓷器等器物文化，没有以儒、释（中国佛教）、道乃至民间巫道为表现形态的精神文化以及它们的载体——典籍。'佛教发展中的文化汇流说'想要打破的正是这样一种思维定式"。

佛教发展中的"文化汇流"问题涉及佛教发展的全局，是一个有待进一步研究的大问题。深入研究这一问题，对当今世界范围的文化交流，乃至考察佛教走向世界，也有重要的借鉴意义。正如我在《学术自述》中所说："佛教发展中的'文化汇流'关涉整个佛教研究的全局，如果重视这一问题，将可打开佛教研究的新局面。"[2]遗憾的是，我仅仅是"提出"这一问题而已，虽然做了一点研究，但也仅限于论证这个学术创新点"立项"的合理性。

---

[1] 方广锠：《关于汉、梵〈药师经〉的若干问题》，载《宗教学研究》，2015年第2期。
[2] 方广锠：《学术自述》，载《敦煌遗书散论》，上海古籍出版社，2012年，第3页。

人贵有自知之明，我将努力在有生之年将敦煌遗书的调查、编目做完，努力把重建中华古籍、整理佛教文献的数字化平台搭建起来，也算对培养我的老师、对一路走来诸多帮助过我的诸位先生有所交代。如果有可能把想写的题目写出若干，可算上天的额外眷顾。

对本书有说明几点：

第一，收入本书的十五篇文章，最早的一篇发表在1988年，最晚的一篇刚刚完成，时间跨度约为三十年。三十年间，自己的思想也在不断变化。故这些文章收入本书时，基本观点虽均未改变，但个别观点有修订，文字则不同程度有所修订。有关情况，均在该文赘"后记"一篇，予以简略交代。

第二，本书的十五篇文章，论述主题比较集中，于是难免有相互引证的情况。作为单篇论文，这些引证无可厚非；作为论文集，则显得全书文字重复拖沓。故收入本书时尽量做了一些删略。但考虑到文章本身论述的完整性与文气的连贯性，有些引证予以保留。望识者鉴之。

第三，此书原计划用简体字出版，后又改为用繁体字出版。其间繁简转换，费工不少。承王招国（定源）协助检索繁简转换，特此表示衷心的感谢。

第四，本书所引佛教典籍，凡属CBETA（2016）收入者，均据CBETA（2016）核校原文；并依据CBETA（2016）格式标引出处，但将佛典卷次改为中文数字，将半角标点符号改为全角。

2017年1月1日于文成天圣山

《敦煌卷子》后记

就世界各敦煌遗书收藏单位的收藏而言，原"中央"图书馆收藏的这批遗书始终在人们的关注中。早在20世纪60年代初，由王重民先生主持编纂的《敦煌遗书总目索引》，在其第四部分"敦煌遗书散录"中共收入散藏敦煌遗书目录十九种，排在第一位的，赫然就是《前"中央"图书馆藏卷目》。该《前"中央"图书馆藏卷目》据《"中央"图书馆甲库善本书目录》，共著录敦煌遗书66号。因其中一号下有包含两卷、三卷或者附有残页者，故实际共计著录敦煌遗书73号并附残页两纸。

《"中央"图书馆甲库善本书目录》完成以后，该馆所藏敦煌遗书续有增加。1967年，潘重规先生对馆藏"敦煌写本百五十余卷"逐一审核、著录、编目，发表在《新亚学报》第8卷第2期。接着，又于1975年对原目录做了较大的修订，即"依书目（指《"中央"图书馆善本书目》[增订本]——引者注）次第，重编

《题记》，增载吴君（指吴其昱先生——引者注）之说，并采馆方记录，添注卷子幅度。写定刊布"。潘重规先生把这一修订稿命名为《"中央"图书馆所藏敦煌卷子题记》，发表在1975年《敦煌学》第2辑。该《题记》共计著录馆藏敦煌遗书144号（其中含日本古写经3号4件）。与《敦煌遗书总目索引》对每号遗书仅有寥寥数语之介绍不同，《题记》对每号遗书的经名、卷次、译作者、抄写时代、纸张、纸数、行款、界栏、框高、内容起讫及其与《大正藏》本的对照、避讳字与武周新字，乃至该遗书在《敦煌遗书总目索引》中的编号等各种相关信息，均做了较为详尽的著录。如前潘重规先生自述，该《题记》还对某些遗书著录了一些馆藏信息（包括来源信息与庋藏信息），著录了吴其昱先生对某些卷子的相关意见。长期以来，潘重规先生的《题记》成为人们了解馆藏敦煌遗书的主要依据，成为敦煌学研究者利用这批敦煌遗书的导航。

《敦煌学》第2辑还刊登了吴其昱先生的《台北图书馆藏敦煌蕃文写本佛经四卷考》，石田干之助先生撰、邱棨鐊先生译的《台北图书馆所藏敦煌古钞目录》，牧田谛亮先生著、杨钟基译《台北图书馆之敦煌经》等，使《敦煌学》第2辑成为馆藏敦煌遗书的研究专辑。此后，不少先生又在《敦煌学》及其他著作、刊物中，发表有关馆藏敦煌遗书的新的研究成果。有关资料可以参见郑阿财、朱凤玉两位先生及其他诸位先生编著的各种敦煌遗书研究论著目录，此不赘述。

我这次编目，不同程度地利用了王重民先生、潘重规先生以及其他诸位先生的研究成果，在此特向诸位先生的辛勤劳动表示深深的敬意。

一、遗书编号与叙录体例

此次承馆方邀请，依据原件对馆藏敦煌遗书及日本古写经再次鉴定并重新编目，纂为叙录。在此先介绍该叙录的编号与体例：

（一）遗书编号

馆藏敦煌遗书，除了前述《敦煌遗书总目索引》所给的"总目号"外，尚有馆方所给的"登记号"与"索书号"，此外还有潘重规先生《题记》所给的"潘目号"，共计四种。

此次编目，为了既便于读者查阅，又便于馆方管理；同时考虑到原有四种编号中的"总目号""潘目号""登记号"等三种都未能将馆藏敦煌遗书全部纳入，唯有对馆藏敦煌遗书重新给号，以与其他收藏单位的敦煌遗书及该馆此前的诸种编号相区别。

"台号"从"台〇〇一"起，到"台一四二"止，将馆藏敦煌遗书共编为142号。又，此次编目按照馆方的意见，将馆藏7件日本古写经作为附录一并纳入；为与馆藏敦煌遗书相区别，故以字头"台附"为标志，从"台附〇一"到"台附〇七"，共计7号。本文把上述以"台""台附"为字头的编号称为"主编号"。如上所述，此次共计著录主编号149号。

为了体现敦煌遗书的文物特征，也为了便于馆方管理，著录时需要把每件独立的遗书单独编为一号；但由于种种原因，收藏单位有时会在一个编号下纳入几件形态相互独立的遗书，该馆也不例外。遇到这种情况，编目时为了既不打乱馆藏原编号次序，又能将各自独立的遗书梳理清楚，一般采用在主编号后附加"A、B、C……"字母的方式，为各独立件分别给号。我把由此形成的编号称为"文物号"。根据馆藏遗书的不同情况，"文物号"有两种表现形态：一种是一个主编号中只有一件遗书，此时文物号形态与主编号相同；一种是一个主编号中包含几件形态各自独立的遗书，此时在主编号后面附加"A、B、C……"字母，故此时文物号的形态为"主编号A、主编号B、主编号C……"。如前所述，馆藏敦煌遗书共有149个主编号，此次共编为170个文物号，亦即馆藏的敦煌遗书与日本古写经共有170个独立件。其中敦煌遗书的独立件为162件，日本古写经的独立件为8件。

一件敦煌遗书上往往抄写多个不同的文献。这些文献或分别抄写在正、反面，或在正面、反面各抄写若干个文献。为了体现敦煌遗书的这一特征，梳理清楚此批敦煌遗书共计抄写了多少文献，我采用"文献号"来区别并著录某遗书上抄写的不同文献。所谓"文献号"，系在文物号后附加"1、2、3……"或"背1、背2、背3……"，以表示该文献抄写在遗书的哪一面及它在遗书正面或背面所抄诸文献中的排列次序。故"文献号"有三种表现形态：如果一件遗书上仅抄写一种文献，此时文献号形态与主编号相同；如果一件遗书的正、背面各抄写一个文献，抄写在正面的文献号形态与主编号相同，抄写在背面的文献号形态则写作"主编号背"；如果一件遗书正面、背面各抄写若干个文献，则按照这些文献在遗书上的先后次序，依次把它们的文献号编为"主编号1、主编号2、主编号3……"，乃至"主编号背1、主编号背2、主编号背3……"，以此类推。馆藏的170件敦煌遗书与日本古写经，共抄有215个文献。其中162件敦煌遗书共抄写了207个文献，8件日本古写经共抄写了8个文献，故共计编为215个文献号。

（二）叙录体例

为便于把有关遗书的各项数据输入"敦煌遗书数据库"，此次编目的初稿，按照我设计的"条记目录"格式编纂。有关"条记目录"的著录规则，可参见《中国国家图书馆藏敦煌遗书总目录·馆藏目录卷》或大型图录《英国国家图书馆藏敦煌遗书》（广西师范大学出版社，2011年）末尾所附"条记目录"的有关说明，为避文繁，此不赘述。但本目录正式定稿时，按照馆方要求，将"条记目录"改为"叙录"体。两种目录的文体形式虽有不同，著录内容基本对应。

按照馆方要求，对每个文献撰写一条相应的叙录。故本目录共包括215条叙录，诸叙录按照"主编号—文物号—文献号"这一次序排列。

二、学术价值

在《谈散藏敦煌遗书》一文中，我依据敦煌遗书流散史及目前收藏形式的不同，把敦煌遗书分为三类：

第一类，从敦煌出土后，未经过中间环节，直接被收藏单位收藏；

第二类，从敦煌出土后，曾经过中间环节，其后被收藏单位收藏；

第三类，从敦煌出土后，在民间流传，至今依然由私人收藏家收藏。

并将上述第二类、第三类称为"散藏敦煌遗书"。本叙录所著录的无疑为第二类，属于散藏敦煌遗书。

我认为，敦煌遗书包含文物、文献、文字等三个方面的研究价值。因此，评价某一批敦煌遗书，包括散藏敦煌遗书时，应该从上述三个方面做综合的讨论。

（一）文物研究价值

如何评定敦煌遗书的文物价值，不同的研究者可以有不同的观点。我认为，"文物价值以敦煌遗书的断代为主要依据，并考察其制作方式、品相、纸张（或其他载体）特点、保存数量、装帧、装潢、栏格、裱补、古代裱补纸、书写主体、题记、印章、现代装裱、收藏题跋印章、附加物，予以综合评价"。以下参照上述标准，简单谈一下对馆藏142号、162件敦煌遗书文物价值的看法。

1. 抄写年代分布及其占收藏单位总数的比例

中国国家图书馆、英国国家图书馆是世界上收藏敦煌遗书最多的两个单位，共计收藏敦煌遗书的文物号达31434号，馆藏则为142号、162件。我们可以把上述两个单位所藏敦煌遗书之不同年代的写本数量的分布及其占据总数的比例，与馆藏同类写本的相关数据做一个对比：

年代	馆藏 数量（件）	馆藏 占总数百分比	中国、英国国家图书馆 数量（件）	中国、英国国家图书馆 占总数百分比
东晋	1	约0.6%	108	约0.3%
南北朝	30	约18.5%	2691	约8.6%
隋	4	约2.5%	249	约0.8%
唐	61	约37.7%	12484	约39.7%
吐蕃统治时期	37	约22.8%	8446	约26.9%
归义军时期	29	约17.9%	7456	约23.7%
总计	162	100%	31434	100%

两相对比，我们可以看到：东晋写经，馆藏占比约为0.6%，后两个收藏单位同类写经的占比约为0.3%；南北朝写经，馆藏占比约为18.5%，后两个单位同类写经的占比约为8.6%；隋代写经，馆藏占比约为2.5%，后两个单位同类写经的占比约为0.8%。亦即唐以前写经，馆藏约占据全部藏品的21.6%，超过五分之一；而后两个单位同类写经的占比约为9.7%，不足十分之一：馆藏高古写经所占总数的比例要比后两个单位高出一倍。

2. 首尾残况

敦煌遗书大部分残破不全，其中有些甚小的残片。编目实践中，我一般对残片不著录其首尾的保存情况，仅著录为"残片"

或"小残片";而对其他遗书则根据"全"(即保存完整)、"残"(即已经不规则残缺)、"脱"(从两纸黏接处脱落)、"断"(被后人剪断)四种情况,著录其首尾的保存情况。中国国家图书馆与英国国家图书馆的残片、小残片共达10000多号,故下表仅统计其余19441号的首尾保存情况;而馆藏的162件中,亦除去残片、小残片4件,故下表所列仅为158件:

首尾存况	馆藏		中国、英国国家图书馆	
	数量(件)	占总数百分比	数量(件)	占总数百分比
首尾均全	16	约10.1%	811	约4.2%
首全尾残	19	约12.0%	949	约4.9%
首残尾全	69	约43.7%	4843	约24.9%
首尾均残	54	约34.2%	12838	约66.0%
总计	158	100%	19441	100%

从上述表格中数字的比较,我们可以了解馆藏敦煌遗书的首尾存况也远远优于另外两个单位收藏的敦煌遗书。

3. 长度

据统计,不计8件日本古写经,馆藏的162件敦煌遗书中,包含大小纸张1518张,合计总长度约为651.8米,合计总面积约为170平方米,正反面总计抄写38300余行,合计总字数约72万字。如将8件日本古写经也加入,则上述统计数字为:总计古写经170件,包含大小纸张1860张,合计总长度约为736.9米,合计总面积约为193平方米,正反面总计约抄写42000行,合计总字数约77万字。

如果仅计算每件敦煌遗书的平均长度,则因馆藏162件敦煌遗书的总长度为651.8米,故其每件敦煌遗书的平均长度约为4.02米。中国国家图书馆藏敦煌遗书的总长度为34607.09米,编为17337个文物号,故其每件遗书的平均长度约为2米。英国国家图书馆藏敦煌遗书总长度为24021.49米,目前编为15134个文物号,故其每件遗书的平均长度约为1.59米。

4. 长度达8米（含8米）以上的遗书及其占总数的百分比

在编制敦煌遗书定级国家标准的过程中,通过调查研究,我们认为将每个独立件的长度定为8米作为敦煌遗书定级的参考指标之一是比较适宜的。

按照这一指标,中国国家图书馆收藏的17337件敦煌遗书中,8米以上写卷共有1032件,约占写卷总数的6.0%；英国国家图书馆收藏的15134件敦煌遗书中,8米以上写卷共有835件,约占写卷总数的5.5%；馆藏的162件敦煌遗书中,8米以上写卷共有24件,约占写卷总数的14.8%。

在《谈散藏敦煌遗书》中,我总结了散藏敦煌遗书的若干特点,其中之一为：一般来说,散藏敦煌遗书的长度较长,保存状态较好,馆藏的敦煌遗书也符合这一特点。这主要是由于敦煌遗书是古代寺院的弃藏,绝大部分遗书断头残尾,散藏敦煌遗书大都是人们从这些残破遗书中挑选出来的。这种挑选,实际不过是矮子里拔将军,所以绝大部分散藏敦煌遗书依然是残破卷子。不过,散藏敦煌遗书毕竟是矮子里拔出的将军,它们的长度、保存状态都要比第一类没有经过中间环节直接进入收藏单位的遗书为好。

散藏敦煌遗书的另一特点是往往经过现代装裱，有现代人收藏鉴赏的题跋、印章等。馆藏敦煌遗书，有的曾经袁克文、许承尧、魏忍榰等著名收藏家收藏，且有的有若干名人题跋，殊为珍贵。特别值得提出的是：

台〇二七号，为《金光明最胜王经》卷八。卷首下有一枚枣红色方形阳文印章，2.5厘米×2.5厘米，印文难以辨认。卷面有正方形阳文朱印共六枚，其中三枚7.5厘米×7.5厘米，印文为"觉皇宝/坛大法/司印/"；另三枚8厘米×8厘米，印文第1行上为星状符印，下有"斩邪"二字，第2行为符印，第3行上为符印，下有"田田田"三字。这一印章在中国国家图书馆亦有发现，疑或曾被道士王圆禄用来作为做法事之道具。

台〇九六号，为《十地经论》卷一。扉页有6行题跋："六朝人书《十地不动论》卷子。/敦煌莫高窟所出六朝隋唐人书伙矣。/古籍固罕，若经论、经疏亦鲜于写经。/此《十地不动论》确为北朝人书。卷末有/'一姣（校）'二字，殆书者之名也。据此以校大/藏，胜于经典远矣。乙丑（一九二五）冬月，克文。/"跋前上下有二枚印章：（1）1.2厘米×1.7厘米，印文为"洹上寒云"；（2）1.0厘米×1.0厘米，印文为"双爰庵"。故知该卷曾为袁克文珍藏。该卷现代已修整，接出绸面护首，特别是卷尾后配细长白玉轴。此种白玉轴因极易断裂，制作困难，故极为珍稀。

如前所述，敦煌遗书的文物特征体现在诸多方面。虽然馆藏敦煌遗书的数量不多，但年代涵盖了东晋到北宋初年，基本体现了敦煌遗书已有的各时代的主要纸张乃至题记、印章、杂写的多种表现形态，可谓"麻雀虽小，五脏俱全"，可以让我们从小见大，大体把握敦煌遗书的总貌。其历经文人墨客、社会名流珍藏的历史，又为它们增色不少。限于篇幅，本文对这批遗书的文物特征的进一步解说暂且从略。

需要指出的是，馆藏敦煌遗书，除了台一一九号尾部题记可疑外，未发现伪卷、伪题记。我们知道，散藏敦煌遗书中经常可以发现涉伪卷子，包括通卷作伪、部分作伪、在真卷子上添写伪题跋、将真卷子截头去尾相互拼接等情况。从这一点讲，馆藏的敦煌遗书在诸散藏敦煌遗书特藏中可称翘楚。据有关资料，当年收购这批敦煌遗书时，大多经过徐森玉、赵万里两位先生把关。从馆藏遗书现状可知，两位先生的鉴定工作对这批遗书的质量保证起到极大的作用。

（二）文献研究价值

所谓文献价值，首先考察这些敦煌遗书上所抄写的文献，哪些有传世本，哪些前此不为人们所知。其中，那些前此不为人们所知的文献，自然具有更高的研究价值；但即使已有传世本者，如果敦煌遗书写本与传世本文字有不同，则亦有一定的校勘价值。

馆藏142号敦煌遗书，共抄写207个文献，今编为207个文献号。大体情况如下：

（1）120号文献有传世本，已经保存在古代大藏经中，约占文献号总数的58%。

（2）25号文献虽未被古代大藏经收入，但敦煌出土后，被日本《大正藏》录文，收入卷一九、卷二一、卷八五等，约占文献号总数的12.1%。

以上两类，共计文献145号，现均可在《大正藏》中查到相应的文本，约占馆藏敦煌遗书文献号总数的70%。经过初步考察，上述145号中，馆藏文本有46号均与《大正藏》本有差异，或为异卷、或为异本、或行文有差异，可供校勘。这部分文本约占《大正藏》所收文献号总数的31.7%。

（3）虽无传世文本，但前此研究者已有录文、整理的，计4号，分别发表在《藏外佛教文献》《敦煌佛教经录辑校》《七寺古逸经典研究丛书》中，约占文献号总数的1.9%。

（4）无传世文本，前此亦从来无人录文、整理，但被中华电子佛典协会推出的CBETA（2016）收入者，计25号，约占文献号总数的12.1%。唯这一批录文尚为初稿，还需修订。

（5）道教文献3号，已收入《中华道藏》，约占文献号总数的1.4%。

（6）此次编目，共重新录文30号，约占文献号总数的14.5%；但其中CBETA（2016）已有录文者18号，《敦煌佛教经录辑校》《大正藏》已有录文者各1号，完全属于新录文者仅11号，新录文约占文献号总数的5.3%。

（7）无传世文本，至今仍未录文、研究者，尚有19号，约占文献号总数的9.2%。

综上所述，馆藏207号敦煌文献中，有传世本者为120号，约占文献号总数的58%；无传世本者为87号，约占文献号总数的42%。如前所述，在有传世本的120号文献中，尚有46号可据敦煌遗书校勘；而另外的87号文献，则全部是敦煌遗书提供给我们的新资料。这87号文献，不少已经有研究者注意并做了初步研究，亦有部分至今未为研究者所关注。已经做了初步研究的文献，依然有进一步拓展的空间。所以，馆藏敦煌遗书是值得研究者进一步发掘的宝藏。

此处仅就编目所及，介绍几件重要的遗书。

台一二七号，《遗教法律三昧经》卷下。

该号首残尾全。现存11纸，368行，有尾题"惟教三昧下卷"。因历代经录中并无与此对应的经名，故前此有研究者将尾题中的"教"字读为"务"，认为该经或为历代经录著录的《惟务三昧经》。

《惟务三昧经》最早见录于《出三藏记集》卷五，"《惟务三昧经》（或作《惟无三昧》），一卷"，属于道安著录的26部伪经之一。后隋《法经录》把它归入真伪难辨的"疑经"。隋费长房《历代三宝记》则将它作为失译经，直接收归入藏。《大唐内典录》《开元释教录》则继承道安的著录，将它判为伪经，故此经此后失传。馆藏此文献并非《惟务三昧经》，实为《遗教法律三昧经》，又称《遗教三昧经》，台一二七号尾题中之"惟"，实乃"遗"字之误。后唐景霄纂《四分律钞简正记》卷十五称："《遗教法律经》等者，行古引经，许著五大色之失，亦名《遗教法律三昧经》。《文》此经明五部，各著一色。"宋允堪述《四分律拾毗尼义钞辅要记》卷一称:"《遗教法律三昧经》,古师引此经,便许著五大色衣。"台一二七号正有五大部"著五大色衣"的内容,可证它实际是失传已久的《遗教法律三昧经》。

《遗教法律三昧经》最早见录于隋《法经录》,列为"众律疑惑"。其后费长房《历代三宝记》卷六著录,谓"见《始兴录》",并称:

> [西晋]惠帝世,沙门释法炬出。初炬共法立同出。立死,炬又自出。多出大部。与立所出,每相参合,广略异耳。《僧祐录》全不载。既见《旧》《别》诸录,依聚继之。庶知有据,以考正伪焉。

隋彦琮《众经目录》亦仿照《法经录》列为"疑惑",但《大唐内典录》接受费长房的观点,把它作为法炬翻译,《大周录》继承这一观点。《开元释教录》在卷二"法炬译经录"中著录了这部经典,但在卷十八的"伪妄乱真录"中又称:

> 《遗教法律三昧经》,二卷。
> 右按长房等代录及失译录,俱有此经。既并无本,诠定实难,且各存其目。(撰录者曰:"此经余虽不睹见全本,见所引者,多是人造。")

也就是说,唐智升当年已经未能见到该经的全本,他所见到的，只有其他典籍中的引文。他据那些引文对该经进行真伪判定，认为"多是人造"；但智升的观点，并未得到普遍的认同。如前所述，后唐、宋代的律宗僧人，均有继续引用该经的。

今天，我们有幸看到馆藏的该6世纪写本，且下卷基本完整，甚为可贵。从内容看，该文献虽然被命名为"经"，但论述的是戒律，所以《法经录》把它列入"众律"是正确的。按照《历代三宝记》的记载，该文献为西晋所译，这也反映了中国早期佛典翻译未能正确辨析经律论的历史事实。此外，我们现在看到的台一二七号的文字，的确甚为质朴，呈现的也是早期译经的形态；从其内容察看，该文献的不少内容完全属于对印度佛教的叙述，恐非初传期中国佛教信徒所能杜撰。所以，智升在没有得到原本的情况下，仅依据引文便将本文献判为"伪妄乱真"，恐怕有点草率。

不管怎样，台一二七号的出现，为我们研究印度部派佛教、部派佛教戒律、中国早期佛教戒律、早期译经、中国人的疑伪经观都提供了珍贵的资料，值得深入研究。

台〇九七号1，《论佛性如来藏义》（拟）。

这是一件三阶教经典残卷。原卷虽首脱尾全，但无尾题，故该文献原名不清。在古代三阶教经典目录《人集录都目》中是否已有著录，亦尚需考订，叙录所著录为拟题。该文献最早由日本学者西本照真发现，录文后发表在他的《三阶教の研究》中，此次依据原卷再次录文。

三阶教是隋信行创立的佛教宗派，历史上曾经屡次遭到镇压,但屡踣屡起,最终约消亡在"会昌废佛"的浪潮中,该教的典籍也由此损亡殆尽。所幸的是,敦煌遗书与日本古写经中保存了一批三阶教典籍,它们证明古代三阶教曾在敦煌流传,也为我们今天研究三阶教这一已经消亡的佛教派别提供了珍贵的资料。

台〇九七号1的主题是论佛性如来藏,主张一切众生皆有佛性。从竺道生之后,除了法相唯识等个别佛教派别,"一切众生皆有佛性"的理论可说已经成为中国佛教的主流。追究其原因,我认为或与中国传统文化之"人之初,性本善",以及中国儒家提倡的"人皆可以为尧舜"不无关系。值得注意的是,该文献在论述佛性及其作用时,采用了"体""相"等范畴,这与中国传统文化是否有什么内在的联系,似乎可以进一步探讨。特别是在中国佛教主体性受到挑战的今天,印度佛教到底是怎样在中国这块土地上逐步演化为中国佛教的?中国佛教与印度佛教有什么相同,又有什么不同?中国佛教有无自己独立于印度佛教的主体性?如果有,我们应该如何定义与描述这种主体性?这种主体性又是如何形成的?如此等等,台〇九七号1都可以成为我们探讨的对象。近些年,我比较关注禅宗研究。禅宗的源头,固然追溯到达摩东来,但禅宗的发展与其他派别互有交流。其中禅宗在理论与行法两方面,与三阶教是否也存在一定的交流,就是一个颇有兴味的问题。

禅宗向来被人们认为是佛教诸派别中,中国化程度最深、最有代表性的佛教派别,也一直是研究者关注的重点。宗密的《禅源诸诠集都序》作为对早期禅宗的总论性著作,一直为研究者所重视。台一三一号1就是《禅源诸诠集都序》的一个抄本，虽然属于兑废稿，依然有较大的研究价值。前此，冉云华先生曾对该号做过研究，现在看来依然有进一步深入研究的必要。此外，台一三一号2之《大乘禅门要录》是目前所知的有关宗密的论著目录，对宗密研究具有相当大的价值。关于宗密的《禅源诸诠集》及敦煌遗书中保存的大量早期禅宗资料，我曾经有专门文章论述，主张宗密所编的《禅藏》可能传到敦煌，其若干残余可能保存在敦煌遗书中。这也是一个可以再进一步研究的问题。

馆藏敦煌遗书还包括了经抄、经论疏释、净土信仰、密教、佛教戒律、歌赞、礼文、讲经文、押座文、设难文、木捺佛像、白画乃至多种疑伪经，此外还有道教经典、官文书、私文书等等，真可谓美不胜收。我相信，随着这批文献的公布，学术界对馆藏敦煌遗书的研究会大大向前推进，期待这一天早日到来。

（三）文字研究价值

如前所述，这批敦煌遗书的年代跨度从东晋到宋初。本图录的出版，能够清楚地反映出这一时间段中国文字形态的演化历史。其中的古字、异体字、武周新字等，文献中出现的各种修订符号等，可以丰富我们对那个时代的文字、文献的知识，并提供从事研究的第一手资料。

总之，图录本身会用最直观的方式将上述种种告诉读者，故无须笔者再加饶舌。

(四)关于日本写经

本图录收入日本写经7号8件,其中《史记》卷二、《文选集注》卷九八均有重要文献价值。《八大童子秘要法品》(拟)未为历代大藏经所收,因首题不清,故本文献是否为我国或日本历代经录所著录,有待考证。文献中多处提到"圣无动尊决秘要义",故本文献或即《圣无动尊一字出生八大童子秘要法品》,但引文尚不能完全对应。又,《大唐贞元续开元释教录》卷一著录有《金刚手光明灌顶经最胜立印圣无动尊大威怒王念诵仪轨法品》一卷,即现大正1199号。从日本入唐僧诸目录可知,该经也传入日本,本文献与该经或亦有某种联系。关于本文献,尚需进一步研究。

总之,这批日本写经也为我们提供了珍贵的资料,值得研究者注意。

三、结语

在文章的结尾,想对这批遗书的来源略做探讨。

潘重规先生在前述《题记》一文中,对这批遗书的来历有所记载:"询之馆长屈翼鹏教授暨前馆长蒋慰堂先生,知多为抗战时及胜利后,购自李木斋之女暨叶誉虎所藏。"现馆藏敦煌遗书,有些附有纸签,上有"战时沪购""三十七年五月十日京购"等标注,或可谓上述记载之注。

上文李木斋，即李盛铎，字义樵，又字椒微，号木斋，江西德化人。中国近代著名政治家、收藏家。当年李盛铎等人曾偷盗自敦煌押运进京之敦煌遗书，经过大略如下：

1909年，北京诸学者从伯希和处得知敦煌莫高窟藏经洞尚保存有若干劫余敦煌遗书，经多方酝酿，由清政府学部出面，委托正要前往新疆赴任的何彦升将这批敦煌遗书悉数押运北京。何彦升将此事交给外甥傅宝华执行。傅宝华将18箱敦煌遗书运抵北京后，不是直接送缴学部，而是先拉到何彦升之子何鬯威家。何鬯威通知岳丈李盛铎及刘廷琛、方尔谦等亲朋好友，诸人大肆偷盗，并不惜以撕裂大卷子为数段的方式充数，以掩盖偷盗恶行。

馆藏部分敦煌遗书购自李木斋之女。承北京大学图书馆沈乃文来信教示："李盛铎共十房太太和姨太太，育有九子五女，男为家淮、家江、家滩、家淞、家澎、家淦、家浦、家滇、家滂，女为家璇、家瑞、家琪、家瑚、家珩。因为没有系统的资料，上述子女名字的用字或有改变，有些或在李盛铎生前去世，以至于和流传的一些说法对不起来。家瑞是嫁给了何震彝。"何震彝即何鬯威。我们知道，李盛铎所得敦煌遗书的主体部分，其后由其子李滂（即李家滂），经日本京都大学羽田亨鉴定后，售给日本武田财团，今存日本大阪杏雨书屋。所谓"购自李木斋之女"，很可能是当年何鬯威所得的部分。当然，罗振玉1922年左右曾从何鬯威手中得到一批敦煌遗书。罗氏钤有"抱残翁壬戌岁所得敦煌古籍"收藏印的敦煌遗书，大抵即为1922年从何鬯威处所得。当年何彦威到底偷盗了多少？除了卖给罗振玉外，手头还有多少留存？这些问题，目前都不清楚。如沈乃文先生来信所示，李盛铎有五女，李家瑞嫁给了何彦威。如馆藏敦煌遗书为从李家瑞手中流出，自然应视为原何彦威所藏；但如果从李盛铎的其他女儿手中卖出，则未必是何彦威所得部分，也可能是李盛铎所得，后因赠送或析产为其他女儿所得。然而，李盛铎所得敦煌遗书是否曾因赠送或析产在子女中剖分，依然需要考订。

上文"叶誉虎"，即叶恭绰（1881—1968），字裕甫（玉甫、玉虎、玉父），又字誉虎，号遐庵。著名书画家、收藏家、政治活动家。据庄惠茹女史告知，馆藏史料已发现有关抗战时期叶恭绰在香港地区购买敦煌遗书的报告及1947年叶恭绰先生将那批敦煌遗书交给馆方的记录，也发现一些在北京购买敦煌遗书的信息。亲眼看见庄惠茹女史寄来的叶恭绰书敦煌遗书清单手迹，感慨系之。前辈在如此艰难困苦的情况下，为保存民族文化殚精竭虑，为我们树立了典范。中华民族之所以能够屡蹶屡起，就是因为有这样一批承担着民族文化的脊梁。目前庄惠茹女史正在进一步爬梳史料，以厘清这批敦煌遗书入馆的具体情况，衷心期待庄惠茹女史的成果早日问世。

此次为了考察这批敦煌遗书（包括叙录及本文的写作），曾多次前往台湾地区，整个过程得到俞小明前主任、阮静玲女史、庄惠茹女史及该馆特藏组、善本书室诸多先生、女史的大力支持与各种帮助，在此特表示衷心的感激。此外，还要感谢"中研院"史语所刘淑芬教授、台北故宫博物院李玉珉教授给予的大力支持。

本叙录与本文如有不当之处,还望博雅君子不吝指教。

2017年9月28日于温州文成安福寺

回忆录

曾坐春风点愚迟*

人的一生有几个转折是影响终身的，这种转折自然也使人终生难忘。

我是1967届的高中生，高二那年遇到"文化大革命"，其后下乡插队，再以后到新疆塔城地区师范学校去教学。其实，我起初是作为师范班的学生被招收入学的，但当年招收的师范班学生，程度参差不齐，有高中生，也有初中生，甚至有小学生，教材则大体是初中水平。所以入学没有几天，就被抽出来，干脆当教师，先教初中班，后教师范班。我教的师范班中，学历最高的两位是我高中时的同班同学，而现在我却给她们当班主任，这都是"文化大革命"乱世闹出来的笑话。

常言道"学然后知不足"，对我来说则是"教更知底子差"。

---

* 原载《中国社会科学院研究生教育通讯》，2003年第1期，此次略有修订。

所以，我当时最大的愿望就是能够有一个深造的机会，哪怕进修也行。得到学校领导的同意后，我曾经给新疆大学、甘肃师范学院等学校写过信，希望接受进修，然而如石沉大海，未有回答。1978年考入社科院研究生院，深造的愿望终于实现，我曾经在一篇短文——《我与佛教》中提及当时的经历。至今，我深深感谢给了我这一机会的黄心川先生，感谢给予助缘的诸多人士。

回忆从1978年到1981年在研究生院的三年学习，确是奠定我此后人生道路的重要时期。

我考入的是研究生院南亚系。当时研究生院没有自己的校舍，借住在北师大的房子；但由于南亚系附属于南亚所，而南亚所由中国社会科学院与北京大学合办，所以我们南亚系设在北大，三年的研究生生活完全在北大度过。同学17人，部分属于社科院研究生院，部分属于北京大学研究生部。由于我们这些属于社科院的研究生与北京大学的研究生同住29楼，一起学习，一起生活，所以也归北京大学研究生部管理，拥有北大学籍，戴北大教工校徽。记得我的北大学号是7817517。当时，学习的主要专业课有黄心川先生的"印度宗教哲学"、季羡林先生的"印度历史讲座"、任继愈先生的"佛教概论"与"古代汉语"等。

黄先生是我的硕士导师，当时共指导三个研究生，还担任世界宗教研究所与南亚研究所两个所的副所长，加上自己的科研工作，十分繁忙。每次听讲虽只有三人，但他犹如面对满堂学生，讲课一丝不苟。黄先生苏南口音较重，讲话一快，口音就更重。同学朱明忠、姚卫群是北方人，开始时感到不适应；幸亏黄先生发有教材,大家都事先预习,所以问题不大。我原籍江苏,听课自然无障碍。当研究生之前,对于印度,我是若明若暗,知之甚少;对于印度哲学,则完全是门外汉。由黄先生一步一步地引领,才算逐渐入门。由于入学考试前我曾经写过一篇关于印度初期佛教的文章,所以黄先生指定我的研究方向为印度佛教。我的体会,印度佛教的中观理论是关键。记得当时自己在中观理论方面啃得很苦,开始时怎么也不能理解与掌握那套"非有非无、亦有亦无"的中道观。一日清晨在沿着燕南园东墙向图书馆去的路上,忽如醍醐灌顶,顿时豁然。至今记得当时的一刹那,那阳光、那虎皮墙、那墙头伸出的绿树、那清新的空气与四周涌来的嘈杂人声,这就是所谓的"顿悟"吧。此后学习其他佛教理论,自觉再也没有窒碍。虽然后来我主要从事中国佛教文献学的研究,但印度佛教是中国佛教之源,有了印度佛教这个底子,对中国佛教的一些关节点也就看得更清楚。所以,我经常提醒一些研究中国佛教的年轻朋友,如果能够认真学一点印度佛教,对研究中国佛教一定大有好处。我的兴趣比较广泛,黄先生数次教导我,不能羊头上摸摸,狗头上摸摸,做学问要专一。直到现在,每当被其他问题吸引时,就会想起黄先生的话,然后勒住心猿意马,回到自己的课题上。

季羡林先生的"印度历史讲座"是大课,除了研究生全部参加外,南亚所不少研究人员都来旁听。由于是讲座,所以事先不发教材,全凭自己笔记。季先生讲课旁征博引,细致入微,至今印象犹深,特别是讲课时经常会讲到一些做学问的方法,更使人终生难忘。记得有一次季先生提到,做学问一定要把有关材料一网打尽。老实说,当时听了心里虽然佩服,但也有点不以为然。书海无涯,一网打尽,谈何容易。但二十年来,自己做学问,凡是真正在原始资料上下了功夫,搜集得充分的,进行得就顺利一点,研究得也透一点;而资料准备上有所欠缺的,讲话时心中无数,底气也就不足。这时才真正懂得将资料"一网打尽"的重要性,认识到搞研究,首先必须掌握资料:能掌握几分资料,就有几分发言权;掌握的资料越多,发言权也就越大。所以,当我自己也指导学生时,我总要把季先生的上述教导转告给他们。遗憾的是季先生当时忙极了,除任南亚所所长外,又是北京大学副校长、人大常委会委员,至于社会兼职之多,连他自己也搞不清。所以这门课时开时停,直到我们毕业,讲座内容还停留在古代。不过,我以为,学生需向老师学习的,除了知识外,更重要的是方法。前者是死的,后者是活的;前者是绣就的花,后者是绣花的针。先生的一句点拨,学生能终身受用,主要在方法上。

任先生的课与宗教系同学合上,在北师大上课。任先生讲课是另一种风格,他的"佛教概论"课,发一堆教材,全部是佛典原著的选读,要求我们从原典起步来掌握佛教。讲课时,不讲那些原著,而是逐一解释佛教的基本名相。现在回想起来,似乎任先生的"佛教概论"课并没有系统介绍过任何佛教理论,也没有讲过他拿手的历史唯物主义方法论;但是由于任先生把复杂的佛教名相给我们梳理得有条有理,清清楚楚,所以原来视为畏途的佛教原著,回过头再来看,就有"原来如此",甚至"不过尔尔"

之感。我后来在一篇文章中说，佛典难，首先难在它有一套自成体系的名相概念，弄明白这些名相概念之后，佛典就不难了。任先生的"古代汉语"课也同样，课堂上讲虚词用例，课下发一堆作业，全部是从《弘明集》《广弘明集》中摘选的六朝文，要求标点、翻译。对于研究佛教的人来说，《弘明集》《广弘明集》这样的六朝文能够攻下来，其他的文章自然不在话下。记得当时牟钟鉴先生给任先生当"古代汉语"课的助教，负责批改我们的课外作业。牟先生批改得很认真，如果课外作业中有什么较为重大的问题，任先生则在下一次课上进行辨析。

现在回想起来，黄先生的课"开窍"，季先生的课"博细"，任先生的课"扎实"。当然，这只是我个人的体会，其他同学的情况不同，想必各有不同的体会。

除了上面的专业课外，因为底子薄，有一种如饥似渴的感觉，所以当时还选听了不少其他课程，记得有十几门。此外，身在北京大学，就有许多便利，一是图书馆的书多，二是名教授的课多。有些课或讲座虽与南亚、与佛教没有什么关系，但只要可能，我就去听，比如汤一介先生的魏晋玄学，乃至林庚先生的楚辞等。后来实在顾不过来，只好舍掉几门。即使这样，大概我仍是我们那一届同学中选修课程最多的。讲起图书馆的书，记得我曾经借到过当年曾经向达先生手批的图书。一面阅读原书，一面对照向达先生的批注，体会大不相同。

我们属于"文化大革命"后第一批招收的研究生，经过社会生活的磨炼，大家都十分珍惜来之不易的学习机会，学习风气十分浓重。每天从早上到晚上，除了学习，就是学习。同学17

人，15个原来是学外语出身的，仅我与赵穗生例外。所以，我每天一大早起来就是背外语。夏天可以到未名湖边去，冬天只能凑在北大商店的门灯下。记得当时做了一堆单词卡片，平时放在口袋里，遇到吃饭排队这样的空暇，就掏出来翻翻；觉得记忆得差不多了，就集中放在一个鞋盒中；每天晚上临睡觉前，把盒子中的那些卡片再翻腾一遍。我当年30岁，年龄属中等，精力也算好。年龄稍大的几位同学，则往往因白天脑子高速运转而晚上必须散步一阵，才能入眠。同学中大部分人已经结婚，离妻别子，困难实在非同一般，甚至像朱明忠这样有一对千金。研究生三年，他自己一直随带年方五六岁之长女，次女则留由妻子抚养，种种困难，可想而知。虽则如此，同学们仍然克服困难，坚持学业。同住29楼的北大某系的一位研究生，一日躺在床上读外地妻子来信，读到内引"忽见陌头杨柳色，悔教夫婿觅封侯"句，一骨碌跳起来，上北京站买票回家，一时传为笑谈。除了学习努力外，思想的敏锐、开放与活跃，也是非常突出的。这一点，对于我这样在一隅僻处的西北边疆长大的人来说，印象尤其深刻。记得1978年7月赴京复试，住在北师大的大教室中临时铺就的大通铺上，应试的学子们个个意气风发，口若悬河，滔滔不绝，我当然只有洗耳恭听的份。一次一位大声宣布，刘少奇必须平反，"文化大革命"必须否定，旁听的我悚然大惊，然而后来的事实证明了他的话。20世纪80年代初《读书》创刊，编辑王焱特意来北大，找我们七八个研究生开会，希望供稿。我一头钻进古代，写不出什么好文章，但不能不受当时那种时代风气的影响：开放的环境催动人思想，学习的气氛促使人奋进。

还有一点使我感受很深的就是同学们之间互相帮助以及切磋学问的良好风气。当时的南亚所是一个综合性的所，我们南亚系17个同学，专业方向各不相同，分别学习印度政治、经济、文学、艺术、社会、梵文、宗教哲学等等；即使是同一个专业，也还有些许区别，如跟随黄先生学习印度宗教哲学的三个人中，朱明忠偏重近现代哲学，姚卫群偏重古代哲学，我偏重佛教。虽然专业不同，但大家互相讨论、切磋的风气很浓，经常相互交流各自的学习体会。例如刘学成是学印度政治的，由于他的原因，我知道了印度各个政党的历史、现状、相互关系、在印度社会上的地位与作用；孙士海当时主攻印度宪法，于是我了解了印度宪法的特点；王镛研究印度艺术，画得一手好白描，从他那里我得知印度美术史知识，乃至印度美女的S形体态；朱明忠下功夫搞明白了奥罗宾多的"上梵"与"下梵"，很兴奋，立即滔滔不绝地向我讲解；黄先生指定我以日语为第一外语，原来是日语专业毕业的尚会鹏在日语学习方面没有少为我费心。还记得撰写毕业论文的那段时间中，我常与孙士海绕着未名湖散步。我向他叙述我的构思与观点，他则不停地从反面向我进攻："为什么？""这没有道理！""这不能说服人。"他的进攻使我进一步理清自己的思路，发现自己的弱点。同样，当他叙述他的论文构想时，我也不客气地发动进攻。最后，我们都顺利通过论文答辩。

良师、益友、良好的风气，这是我对三年硕士研究生生活的最大感受。

1998年9月12日

任继愈先生是怎样培养学生的[*]

读研究生前，曾看过任先生的《汉唐佛教思想论集》，看过他发表在杂志上的论文。1978年到北京读研究生，按导师黄心川先生的安排修习了任先生的"佛教概论"与"古代汉语"。1984年起跟随任先生读博士。其后，在先生指导下从事佛教文献学研究，整理敦煌遗书，作为先生的助手参加《中华大藏经》的工作，亦曾在先生直接领导下在北图善本部工作多年。几十年相随，先生在我心目中是一座高山。《论语》中弟子论孔子，有"仰之弥高，钻之弥坚，瞻之在前，忽焉在后"的感慨。对先生，我有同感。先生精通儒释道三教，曾对我说，尤其对道教有心得。我自愧愚钝，先生博大的学问，并没有完全学到。先生辞世，泰山其颓。悲痛之余，深为惭愧，先生交代的工作，到现在

---

[*] 原载《我们心中的任继愈》，中华书局，2010年，第131—143页。

还没有做完；但先生的教导，未敢或忘。

几十年相随，先生的存在已经是我生活的一部分。现在落笔，千言万语，却不知从何处说起。这篇文章，仅以自己的亲身经历，讲讲先生是怎样培养学生的。

三年硕士研究生，跟随黄心川先生学习印度佛教，毕业论文为《那先比丘经初探》。这篇论文，我写得很苦。一些核心观点，自己感觉触摸到了，却又很难清楚地表达出来。黄先生对这篇论文能否通过曾有点担心，一度让我避开那些敏感的问题。当时，我已经钻到牛角尖里了，虽然力求按照黄先生的要求去修改，但是三转两转又回到原来的问题上。我向任先生表达自己的苦恼，任先生支持我的观点。有了任先生的支持，黄先生也放心了，于是进行论文答辩。记得答辩委员会主任是任继愈先生，委员是季羡林先生、金克木先生（因故没有参加）、黄心川先生、宫静先生、张保胜先生。答辩会上，任先生特意拿来庐山慧远的《三报论》《明报应论》，让我讲解这两篇文章的含义，实际是从侧面支持我的观点。答辩会上，先生们对后辈爱护有加。特别是季先生，虽然我的观点与他不同，且在答辩会上与他当面争执起来，但是依然宽容大度地对待我。最终全票通过答辩。现在回想当时的情况，心里十分温暖，也深为老师们的风采折服。

1984年，在同学的鼓动下，我决定报考博士研究生。动机之一，就是印度佛教是中国佛教之源，但在中国，研究印度佛教的太少了。许多人，包括一些大家，往往一进入印度佛教领域，就会说错话。所以，加强印度佛教的研究，非常必要。我自己学习、研究印度佛教已经六年，有些体会，有点想法；但能力实在有限，自觉好像面前有一堵墙，不知怎么突破。所以，我希望有深造的机会，把印度佛教的研究深入进行下去。

当时在我的专业范围内，有资格带博士的，只有季先生、任先生两位。于是我找到任先生，表示想考他的博士生。任先生说："好，欢迎你报考。"我提出两个希望："第一，希望让我继续研究印度佛教。第二，我的外语，只有日语马马虎虎还能凑合，因此，外语考试希望能让我考日语。"先生当时没有说什么。

过了几天，先生通知我去三里河寓所，开门见山讲了如下一番话：

> 关于你考博士生的事情，我考虑再三，今天找你谈谈。
>
> 你说希望继续研究印度佛教，我觉得不合适。研究印度佛教需要相应的条件。首先是语言，需要通梵文、藏文、英文。这几门语言，你都不行。如果下决心把这几门语言学好，那就要花费很多时间。你今年已经36岁，有没有这么多的时间？不真正搞通那些语言，研究印度佛教，充其量只能做个二流学者。我这里只培养一流学者，不培养二流学者。再说，培养一个中国佛教的博士生，我心里有底；培养一个印度佛教的博士生，怎样才算合格，我心里也没有底。
>
> 我考虑，你如果想报考博士生，就要改专业，改为佛教文献学。佛教文献学是佛教研究的基础，我们现在正在编纂《中华大藏经》，国家需要这方面的人才；但是，佛教文献学

在我国还没有建立起来，不能适应形势发展的需要。你以前在《世界宗教研究》上发表过这方面的文章，有这个基础。如果专业改为佛教文献学，你要下决心，从你开始，把中国的佛教文献学建立起来。

任先生让我回去好好考虑，他说："你考虑以后，愿意改专业，告诉我；不愿意改，也告诉我。愿意改，如果以后反悔了，不愿意改了，也可以；开始不愿意改，想想又愿意改，也可以。允许反复。"然后给我讲了一段王阳明的故事："王艮去与王阳明辩论，辩输了，拜王阳明为师；回去以后，想想不服气，回过头来再辩，又输了，重新拜师。如此反复。王阳明的其他弟子很不耐烦，说这个人怎么这样反复无常。王阳明说：'这个人能够独立思考，很好。'现在，在专业方向问题上，我也允许你反复。"

回到北大，我反反复复地掂量，曾一度决定放弃报考任先生的博士生，详细经过这里就不讲了。总之，任何东西，如不能正确对待，都会成为前进的包袱。六年的印度佛教研究生涯，当时成为我一个放不下的包袱；但最终，还是按照任先生的指引，改攻佛教文献学。

现在回过头来再看这段经历，深深感到当年任先生指引的正确。

就我个人而言，如果现在依然在印度佛教领域耕耘，语言是一个绕不过去的难关。我虽然跟班学过梵文、藏文，自学过英文，但都只浅涉一点皮毛。过不了语言关，的确充其量是一个二流、三流乃至不入流的角色；即使过了语言关，也可能干脆成为一个语言研究者。我体会，搞学术研究，与用兵一样，正中有奇，奇中有正，奇正之道，因势转化。虽然刚开始研究印度佛教是目标，学语言只是工具，但这几门语言本身都是博大精深的学问，值得搞一辈子。我很可能学语言学出兴趣，成为一个放不下的包袱，从而将主要精力花在语言研究上。毕竟研究那几门语言，资料更多，更容易得到，比研究印度佛教更容易出成果。

在中国佛教研究领域，佛教文献学是基础性学科；而从世界范围看，无论是巴利佛教研究、梵文佛教研究，都是先从文献整理、研究开始。中国佛教的文献，以历代大藏经为代表，固然汗牛充栋，但真正用现代学术方法进行过科学整理的却非常有限，还有大批资料散在大藏经之外，甚少有人关注。任先生后来经常表述这样一个观点："中华民族的文化迟早会复兴，在文化复兴之前，必然有一个资料整理的工作。资料整理，就是为文化复兴做准备。这种工作，很枯燥，但总得有人来做，而且要靠中国人自己做。"任先生让我从敦煌学切入佛教文献学，而敦煌学又是陈寅恪所谓"世界学术之新潮流"。先生站得高，看得远，以他的学术洞察力，敏锐地发现佛教文献学对当今乃至将来中国佛教研究的重大意义及其蓬勃生命力，指引我走上敦煌学、佛教文献学的治学之路，从而取得今天的成果。我深深感到先生是对我所走学术道路影响至深的少数几个人中最为重要的。

但这个问题仅从个人角度谈，格局未免太小。上面已经谈到，任先生认为，为了民族文化的复兴，需要提前整理资料。他是从这个思路出发招收相关研究生的。如果略微回顾一下任先生历年招收博士生的情况，就可以明白先生心中有一个宗教学建设的全局。1983年先生招收第一届博士，原定计划两人，一个中国哲学，一个藏传佛教。后来，因故收了李申（中国哲学）一人。1984年招收金正耀与我。金正耀是道教研究，侧重外丹。我是佛教研究，侧重佛教文献学。同年赖永海从南大转来，也是佛教研究，侧重佛教思想。1985年招收何光沪，侧重宗教学原理。1986年招收宋立道，侧重南传佛教。从专业设置可以看出，先生培养学生，是有计划、有目的、有布局的；显然是根据学科发展的需要挑选学生，加以培养，分兵把口的，希望中国宗教研究的各个领域都能均衡发展。这体现了先生作为中国宗教研究领导者的远见卓识。先生给我的任务是建立中国的汉文佛教文献学，这与当时佛教研究的现状有关，更与当时正在进行的《中华藏》编纂有关；也就是说，先生培养学生，立足于学科的需要、国家的需要，有着长远的规划。

我认为，这体现了先生培养学生的第一个特点：立足国家需要，放眼学科全局，穿透历史需求。

先生培养学生的第二个特点，是选好对象后，既不拘一格，又严格要求。

不拘一格，讲两件事情。

第一，入学考试。外语按照我的希望，考的是日语。专业课考卷是两道大题，第一道题为：学术界一般认为宋以下中国佛教已经衰落，你的观点如何？第二道题则是关于《那先比丘经》。

这张专业课考卷，鲜明地反映了任先生的风格：第一道题，直入学术最前沿；第二道题，不拘一格收人才。

我们都知道，中国佛教史研究，宋以下至近现代之间，始终是最薄弱的领域。第一道题直指这一领域。如果说，二十多年来，我在宋以下佛教领域有所思考，提出信仰层面佛教、仪轨佛教等一些新的观点，最初就滥觞于这张考卷。至于第二道题，本来就是我硕士论文的题目，对此，我自然驾轻就熟。

第二，博士课程。先生一向主张，研究生以自己学习、研究为主，不要上那么多课，上课只是启发思路而已。至于博士生，更应该通过实践培养独立研究的能力。对我的博士阶段学习，先生指点了方向，交代了任务，规定我两周汇报一次；除每次依据我的汇报给予针对性的指导外，没有为我开设过一门课，也没有特地坐下来专门为我讲过一堂什么课。要毕业了，从研究生院领来登记表，上面必须填写两门专业课的成绩。我既没有上课，也没有考试，哪来的成绩呢？任先生接过表，顺手给我填写了两个不高不低的分数，于是交给了研究生院。

至于讲严格要求，那事例真是讲不完。我想讲如下几点体会：

第一，提出目标，讲明要求。

博士研究生入学考试结束，还没有正式发榜，先生便把我叫去。以往与先生也经常见面，先生从来非常客气、和蔼，但这次与以往不同，先生与我做了一次十分严肃的长谈，所以至今记忆犹新。

先生指出："你没有上过大学，属于自学成才。自学成才有好处——肯吃苦，某些领域的知识比较丰富；但也有缺陷，知识结构不均衡。因此，要认识自己的缺陷，补上自己的缺陷。"

先生又说："我讲过，我只培养一流学者。你自己要立下志向，向一流学者去努力。你以前兴趣比较广泛，但人的精力是有限的，要把精力放在专业上，不要旁骛。不要东搞一点，西搞一点。只有集中精力，才能做出成绩。"他举了一位挺有名的先生做例子，说："以前，我不会在你面前讲这种批评他的话，今天我要讲一下。他这也搞，那也搞，几十年了，到底是搞什么的呢？你要接受教训。敲锣卖糖，你的铺子到底是卖什么的？要明确。"

先生说："你聪明，肯动脑筋，是好事，但有时不扎实。你要培养自己'沉潜笃实'的学风，学问要做扎实，一是一，二是二。你以前的硕士论文，为什么不能充分说服人？就是材料不足，根据不足。材料充足了，问题自然清楚了。"

先生说："我们现在正在编纂《中华大藏经》。你的任务是从敦煌遗书入手，把敦煌遗书中那些没有被历代大藏经收入的资料整理出来，准备将来收入《中华大藏经》。你要踏踏实实地从原始资料着手，对敦煌遗书一号一号地进行研究、整理；在这个过程中，认真研究敦煌地区佛教的特点。你的博士论文，可以以'敦煌佛教'为题目。"

第二，严格督促，决不放松。

那次谈话时，先生规定我每两周到三里河寓所去一次，汇报两周的学习情况。

从1984年秋天正式跟从任先生学习佛教文献学，到1988年夏天论文答辩，整整四年。四年中，如无特殊情况，则风雨无阻，每两周与先生见一次面。起先是单独见面，没多久，先生让我参加《中华藏》领导小组。这个领导小组也是每两周开一次会，以研究、解决《中华藏》编纂中的各种具体问题。于是，学习汇报与小组开会便结合在一起。一般是先开会，会后我单独留下，汇报两周的学习情况。每次汇报，必须有扎扎实实的内容。这两周，看了哪些书，研究了多少敦煌遗书，有什么收获、心得，有什么困难、问题？先生则对机予以指导。因为先生认真，我不能不认真。所以，每次基本上都能够带着问题去，带着收获回来。

第三，不仅言传，而且身教。

对我每次提出的问题，有些任先生当场给予解答，有些他让我请教其他先生。比如，他说周绍良先生在佛教文献方面很有造诣，便向周先生打了招呼，让我有事多向周先生请教。当时周先生在法源寺佛教图文馆上班，于是我经常往法源寺跑。周先生对我的教育、培养，也是我终生难忘的。此外，任先生还曾介绍我登门请教张政烺先生、周一良先生等。

回想当年任先生说"培养一个印度佛教的博士生，怎样才算合格，我心里也没有底"，回想他让我就一些问题请教其他先生，深深为先生的人格所折服。先生用他自己的实际行动，教我怎样老老实实地做学问，怎样老老实实地做人。

第四，如有毛病，绝不姑息。

先生对学生人品的要求很严格。这么多年，跟从先生学习，跟从先生做事，事情做得不好，或者做错了，甚至让先生被动了，先生从不批评。比如1986年，我与有关方面合作进行《中华藏》电子化试验。试验初步成功，为了进一步开展此项工作，任先生向古籍小组申请了专项经费，又调了一个计算机专业人员到宗教所，但此项工作后来因故中止。经费没有去领，这倒罢了，已经调到宗教所的人成了问题：人家的专业是计算机，不是搞宗教研究的。人调来了，工作却中止了，又回不了原单位，等于把人家吊起来了。这件事情的始作俑者是我，有关压力却全部压在先生身上，压在宗教所相关领导身上。虽则如此，先生却从没有因此批评过我一句，只是我内心自疚。但是，如果先生发现哪个学生身上有他不能容忍的毛病，绝不放过，甚至到了疾恶如仇的地步。

我曾经受到先生两次严厉批评。

第一次严厉的批评是博士生期间。前述入学前的第一次谈话，先生还对我做了一项规定：集中精力学习，三年不许发表文章。1985年，北京大学成立中国文化书院，要搞函授。魏长海找到我，让我写一本《印度文化概论》。当时函授日程已定，书稿要得很急。因为搞中国文化书院的几个年轻教师与我都很熟，抹不开情面；也因为稿子要得急，开的稿费比较高，有点诱惑力。于是我花了大约一个月时间，搞了一本10万字左右的急就章；并请朋友张九林帮忙，收集了几十万字的参考资料，合为一本书。这件事让先生知道了，把我叫去，沉着脸问是怎么回事？我解释了原委。先生责问："我让你三年不发表文章，你为什么不遵守？"

我当时实在无话可说，只好不吭声。先生提高语调，严厉地斥责："你不就是要名要利吗？！"我无法，只好坦承："我没有想到要名，但想到要利。"先生从来温文尔雅，我从来没有见过他发脾气。用那样严厉的口气当面批评，在我是第一次，也是最后一次；但这一次，已经足够我牢记一辈子。

第二次严厉批评是在1995年1月。当时我正在日本京都访学，知道先生预定2月到东京参加国际图联的会，很高兴，便调整了日程，计划2月也到东京，以与先生见面。忽然接到先生来信，严厉批评我为什么把北图敦煌遗书资料随便发表，以及私下送给日本学者。先生说："你有很多文章可写，为什么搞这些东西？"先生从来主张形成学术团队，以团队的优势合力攻关。既然是团队，就要有团队的规矩，比如集体研究的成果个人不能随意发表。这也是先生这一次严厉批评我的主要原因。我当时有点懵，仔细回忆，感到先生可能有点误会。于是写了一封详细的信，说明事情的原委。先生是通情达理的，事情解释清楚了，恼怒也就云消雾散。2月到东京先生旅居的饭店拜见先生，我再次对有关事情加以说明，先生则一语带过："这种事情，将来注意就行了。"这次写这篇文章，虽然先生的手泽保存在我北京家中，但我回信的电脑稿保留在随身的电脑中。看着原始信件，感慨无限。

至于先生疾恶如仇的事，例子不少。由于涉及一些具体的人和事，这里就不详细叙述了。总之，虽然是自己的学生，但是无论是谁，无论有什么了不起的背景、有多大的活动能量，只要做出先生认为不能原谅的事情，先生都绝不姑息。

先生培养学生第三个特点，就是对学生不仅有严格的要求，也有无尽的关心与爱护。

硕士三年级下学期，由于某些原因，我经济比较紧张，每月伙食费，必须控制在11元以内；而正在这时，又发现肝功不正常。任先生知道后，要我注意身体，并给我寄来10元钱。他说："以后每月补贴我10元生活费，加强营养。"10元钱，当时对我来说，是个不小的数字。我非常为难，受之有愧；退回去，又怕伤了先生的心。我托任远转告先生，我是带薪上学，经济还可以。最近的困难是暂时的，请先生务必不要再寄。任远说："可以转达，但我管不了我爸的事。"此后任先生的钱，还是每月寄来。三个月之后，在我再三苦辞之下，先生才停止寄款。

现在大家都知道，任先生经常接济学生，我就是曾经受到先生接济的学生之一。

大约在20世纪80年代末期，一次我到北医三院看病。医生怀疑我有癌症，让我各个系统、各个器官细致检查，害得我每周去一次三院，楼上楼下各科跑。先生得知此事，特意介绍我去找语言所的金有景先生，说他治疗癌症有一手。金先生听说我是任先生的学生，特别热情，向我讲述任先生当年怎样帮助他，介绍了他对治疗癌症的基本思路，为我搭脉开药。于是我停下三院的门诊，专吃金先生的药。

还有一次，我已经搬到劲松了。一天生病，在家里休息。不知怎么惊动了先生，他特意来到家中，让我伸出手来，亲自为我搭脉。我知道，他学过中医，还有过"赤脚医生"的美誉。当时，我真是不知怎么是好。

先生一直记得我的肝不太好，打电话时、见面时，经常会提醒我：不要太累，要注意保养，特别要注意保养肝脏。

先生培养学生的第四个特点，是针对实际，因材施教。

我以前很喜欢马克思回答女儿珍妮的一句话："别人知道的一切，对我来说，都不生疏。"（大意）兴趣比较广泛，思路也比较活泼，往往会有一些奇思怪想，学风相对也比较浮躁。记得硕士期间，我不知怎么对佛教初传有了兴趣，找来不少资料，企图研究这个问题。中国的，从张骞通西域，追溯到战国史料，再追溯到穆天子乃至《山海经》；外国的，从斯特拉波的《印度记》到所谓海盗赛利斯人等等。总觉得，起码张骞通西域时，佛教应该已经传入中国。任先生听任远说我在探讨这个问题，便让我去谈谈。我到了三里河，滔滔不绝地讲了四十多分钟，讲我收集到的各种资料，讲我对这些资料的分析与结论。任先生静静地听，一声也不吭。我讲完了，先生说："你讲了很多，可能觉得自己很有道理；但都是间接材料，没有一条是直接材料，没有一条是铁证。所以，你的结论只是一种推测，不能说服人。以后这种别人不能说服你，你也不能说服别人的文章，不要写。"先生的话，犹如兜头一盆凉水。回过头来检讨自己，我的确拿不出铁证。当时真为自己的浅薄浮夸而羞愧，也为先生大度地容忍我滔滔不绝四十多分钟而感动。从此，我牢牢记住先生的这句话，不写那种"别人不能说服你，你也不能说服别人的文章"；也多次拿这段经历教育我的学生，让他们写文章要言必有据，端正学风。

从博士生起，跟从先生研究佛教文献学。文献学的研究对象是文献，更加注重资料。所以，任先生第一次与我谈话，特别强调必须以"沉潜笃实"的学风要求自己，对自己进行彻底的改造。其后不久，先生给我写了一封信，信中再次要求我一切从原始资料开始做起，要锻炼自己"沉潜笃实"的学风。

按照先生的要求，我借来一部《敦煌宝藏》、一部《大正藏》，搬到宿舍，一号一号地阅读、记录、整理、研究。我后来在《佛教大藏经史（八—十世纪）》的跋中总结那一段时间的生活：

> 其后的几年，我几乎一直泡在大藏经及敦煌遗书中，我不敢自诩通读了大藏与《敦煌宝藏》，但确实把它们翻了几遍。春夏秋冬，日复一日，阅读、编目、录文、校勘、研究。其间的种种甘苦，诚不足与外人道。任继愈先生曾写过一副对联，上联是："为学须入地狱。"金克木先生在他《谈谈汉译佛教文献》一文的结尾这么说："实在不应再谈了。但在佛教文献（学）的大门上，我想还要写上马克思引用过的，诗人但丁在地狱门上标示的话：'这里必须根绝一切犹豫；这里任何怯懦都无济于事。'"到了这时，我才体会到两位先生这些话的分量。

脱胎换骨的磨炼，的确是痛苦的，但得到的是化蛹为蝶的欢欣。

在先生的严格要求与锤炼下，1988年我完成了博士论文《八—十世纪的中国汉文大藏经》。由于在原始资料中沉了几年，所以论文题目一经确定，撰写起来格外顺利。春节之后动手，仅三个月就完成了20多万字的正文、10多万字的附录，而且是一遍成稿，几乎未做大的改动。博士论文答辩委员会主任是季羡林先生，成员是任先生、周一良先生、周绍良先生、王永兴先生。答辩结束，季先生的一番话我至今记得。他说："方广锠的学风全变了。他的硕士论文，三分材料能讲七分话。现在的论文，扎扎实实全是材料说话。真好像变了一个人。"这篇论文出版时，我在跋中写了这样一句话："我深深感到树立良好的学风对于一个研究者来说是何等的重要，更深深地为先生在学风上锤炼、培养我而满怀感激之情。"这是我当时，也是我现在的肺腑之言。论文出版后，在学术界特别国际学术界有较为良好的正面评价，这完全是任先生对我严格要求、在学风上锤炼我的结果。

先生培养学生的第五个特点，是创造环境，提供条件。

先生教育思想的一个重要观点，就是人才成长要有合适的环境。先生培养学生，很重要的一条，就是把学生放到适合他成长的环境中，并尽量给学生提供成长的条件，让他在游泳中学好游泳。这一点，我深有体会。比如1986年上半年，任先生让我把铺盖搬到《中华藏》编纂现场，一个环节一个环节地调查研究，具体制定工作流程与工作规范。半年的深入实际，使我对编纂大藏经的工作，有了深入的了解；也为其后当好先生的助手，奠定了坚实的基础。2004年，我面临抉择：到底是留在中国社科院，还是到中国人民大学，或到上海师范大学？带着这个问题，我去请教先生。先生认真考虑后表示："到上海去好。"事实证明，先生的指引又是正确的。有关事例很多，我想将来有机会再作叙述。这里讲讲先生怎样为我创造从事敦煌遗书研究的条件。

如上所述，跟从先生读博士之后，先生给我的任务，是清理敦煌遗书，找出未入藏文献。原来以为这个任务并不难，按照现有敦煌遗书目录进行整理，列出未入藏佛典目录即可；但真正动手才知道，现有的敦煌遗书目录，实在不足以反映敦煌遗书的现实，无法真正依靠。这才明白先生为什么让我一号一号去整理。于是，我开始一号一号地阅读、记录、整理、研究。

在整理的过程中，深感没有一个完整、翔实、编排科学的目录，对研究者从事相关课题研究是多么不便。面对的又是这么一批中华民族的珍贵文化遗产，于是萌发自己编一个敦煌遗书目录的想法。我把这个想法向先生汇报，先生非常支持；但敦煌遗书数量巨大，编目工作量非同小可。先生当即决定，由我招聘一名助手，工资由他设法解决。在20世纪80年代中期，一个文科博士研究生，可以有自己的专用助手，我大概是绝无仅有的一个。接着，先生又向季羡林先生、宁可先生打招呼，在中国敦煌吐鲁番学会为敦煌目录立项，给予1万元课题经费。20世纪80年代中期，那是一笔大数字。我记得经费到手，我在五四大街的新华书店，花了800多元买了《二十四史》《文苑英华》《全上古三代秦汉三国六朝文》等一大堆书，几乎装满了一个三轮蹦蹦车。我还买了一批卡片、卡片盒，自己动手，再花钱请人把《大正藏》中的佛教经录都做成卡片，约有五万多张。我又请任重帮助把黄永武的《敦煌遗书最新目录》输入计算机，编撰成敦煌学界第一个计算机版敦煌遗书索引。因为当时计算机字库有限，有些字无法表述，只能用符号替代，所以索引完成后一直没有公布，只供我个人使用。所有这一切，为我的敦煌遗书研究工作提供了极大的方便；而这一切，没有任先生创造的条件，是不可想象的。

开始，我的工作依靠台湾地区出版的《敦煌宝藏》进行；但是，深入工作才知道，光凭图版无法真切把握敦煌遗书。北京图书馆收藏大量敦煌遗书，能否与北图合作从事这项工作呢？我向北图的有关人士提出，最终未能有积极回音。没有想到，1987年，先生被任命为北图馆长。1988年，我博士毕业。1989年，先生把我调到北图，任善本部副主任，从而为北图敦煌遗书编目铺平了道路。1990年底，北京图书馆敦煌遗书的编目，克服种种障碍，正式启动；但工作量大，缺少人手，依然是一个巨大的困难。最终，这个困难依然是在任先生的支持下得到解决，使编目工作得以顺利展开。此外，这些年，只要有信息、有可能，我尽量到各地调查敦煌遗书的收藏情况。有时候，任先生还亲自为我写介绍信，利用他的社会关系，为我考察外地敦煌遗书排除障碍。

除了上述种种，先生在编纂北图敦煌遗书图录、目录的指导思想方面，给予很多具体的指导。他多次指出：我们做的是工具书，一定要详尽、扎实、正确；不但要让使用者信得过，而且要让人家用得方便，要我在这方面多动动脑子。他还反复强调指出："工作要精益求精。不做则罢，做就要做到最好。做过的工作，不要让后人再做第二遍。"这些年，我们的图录、目录编纂工作就是在先生的上述指导思想下展开的。北图的敦煌遗书，哪怕一些很小的残片，乃至背面揭下的古代裱补纸，只要有文字，一律收入图录。北图的敦煌遗书目录，将遗书上的各种信息，依照文物、文献、文字三个方面，尽量予以著录。就文献而言，我们尽力对遗书上的每一行字都有所交代，以尽可能为研究者提供有关信息。

为了让北图敦煌遗书目录这一基础工程尽快完成，2005年，先生又向国家社科基金推荐，将由我主持的《中国国家图书馆藏敦煌遗书总目录》列为国家社科基金特别委托项目，给予50万元人民币的特别资助。2008年，为了集中精力完成敦煌遗书图录与编目这些工程浩大的项目，我向先生提出不再参加《中华藏》的工作。先生虽然不答应我的这一要求，但同意减轻我在《中华藏》的工作负担。现在，由先生主编、我任常务副主编的大型图录《国家图书馆藏敦煌遗书》已经出版110册，《中国国家图书馆藏敦煌遗书总目录》的完成指日可待，《英国国家图书馆藏敦煌遗书总目录》的初稿基本完成，涵盖全世界敦煌遗书的《敦煌遗书总目录》的基础工作也已经大部分做完。

回顾我做敦煌遗书研究二十五年，每一步都有先生的大力支持。如果不是先生不拘一格地接受我，严格地要求我、爱护我，从各方面提供条件培养我，不会有我今天的成绩。我能够潜心工作，完全是大树底下好乘凉；我能够做出一点成绩，完全离不开先生为我提供的条件。

当然，先生让我做敦煌遗书，并非仅仅是对我个人的培养。如前所述，先生从来把人才培养与国家需要、学科发展紧密结合在一起，统筹考虑。他从中华民族文化复兴的角度，认为敦煌遗书的整理与研究是传统文献整理的重要组成部分。不仅如此，他主张这种整理与研究不能靠外国客卿，必须由中国人自己来做好，所以他重视这一工作、关注这一工作。他曾一再对我说："要选拔、培养研究敦煌遗书的接班人，不要断档，要后继有人。"去年有一天，我正在国图查核敦煌遗书原件，作图录与目录的定稿。他打来电话，要我去办公室。谈完有关工作后，他又提起接班人问题，问："李际宁以后，谁接这个班？"我汇报："我们正在反复选择苗子。现在已经选了一个，她对敦煌遗书很有兴趣，人也很有灵性，看来很有希望，目前已经让她参加图录的编辑出版工作。她自己也有意再读一个博士，继续深造，加强佛教与佛教文献方面的基础。"任先生很高兴，连连说："那就好！那就好！"他接着又嘱咐："一个不够，还要再选一个。至少要有两个。"日前看到国图张志清的文章《学人本色，文化传灯》，文中也提到任先生说，敦煌研究"要形成梯队，保证这个事业进行下去"。

作为长期在教育、科研、文化部门工作的著名学者，任先生对我国的教育，一直非常关心。以前每次去见先生，谈完正事就走，一般不闲聊。再后来，往往闲聊一会。闲聊的话题很广泛，经常会谈到教育问题。这些年每年到三里河拜年，教育问题都是重要话题之一。

任先生认为："我国人才资源非常丰富，问题在教育。"中央电视台采访他，原定题目是其他方面，他主动提出："关于教育，我有话要说。"在访谈节目中，他说："人才的选拔和成长，是国家当务之急。"面对我国当前教育现状，他忧心忡忡地说："我从事教育几十年，一辈子一直搞这个，我就眼看着教育的路子走得不大对。"他说："博士生论文质量下滑等教育问题十分突出，这也说明，注重考知识而不是靠能力的学校教育，使得人的素质在下降。现在的高学历人才与过去相比，逊色了很多。"其实，这个问题他早就发现。1990年，一次他参加一个博士生毕业论文答辩后回到北图，刚好我去办公室找他，他感慨地说："现在的博士生，水平只相当于当年你们硕士生。"所以，这些年来，他不放过任何机会，呼吁进行教育改革，甚至大声疾呼："我说得先救救教育。"

任先生对教育有许多想法，本文无法一一涉及，还是从任先生怎样培养我谈谈任先生对研究生教育的一些观点。

第一，先生非常注重人才的选拔，认为导师的责任之一是把学生选好。有人给我讲过这样一句话："学生找一个好老师难，老师找一个好学生也难。"我现在自己当老师，深深感到这句话的正确性。"人能弘道，非道弘人。"先生从教数十年，就是不断注意选拔人才的数十年。所以，经先生发现、培养的人才，不断涌现。

第二，选定学生后，要敢于破格，给予脱颖而出的机会。先生说："中国拥有三四亿青少年，不可能没有青年俊才，只是目前没有给他们得以脱颖而出的通道。尤其当今教育体制，过于强调统一性，只能收获大量规格整齐的中等人才，无法得到灵异秀敏的尖端性人才。"

就破格选拔人才而言，以前我们有成功的经验。比如，1978年，是十年"文化大革命"后全国第一次招收研究生。当年考外语，允许查词典。正因为这样，我这个只有初中俄语底子的人，也能考上研究生。1978年的这批研究生，后来大部分成为承上启下的骨干力量，其中出了一批佼佼者；而现在，多少人才被挡在外语分数线之外！我不是说研究生可以忽视外语，但除了外语专业外，对其他人来说，外语毕竟是工具，不能本末倒置。外语是可以学习的，而一个人才放过，可能就再也找不回来了。真正的人才，自觉外语不过关，一定会刻苦把它补起来。再说，不同的专业，对外语的要求也不同，不能用一根尺子量尽天下人。

第三，先生主张研究生主要靠自己学习、研究。他说："我带研究生，就是要求他们阅读指定的书，写读书笔记，然后定期进行检查。"现在研究生的课程太多，以致学生没有时间自学。其实，仔细追究一下，那些课程是否是研究生之必需呢？许多情况未必，有的是为了满足教师的工作量需求开设的。教师为了自己的工作量，强制占用学生的宝贵时间。在我看来，这是一种不正之风。其实，很多知识性的东西，是不需要在课堂上讲的；指定书籍，让学生自己阅读就可以。老师要讲的，是方法，是前沿，是规范。教给学生治学的方法，开拓学生的学术视野，训练学生规范的学术标准，去从事学术研究。

第四，先生反对完全用量化的、划一的标准来衡量学生，衡量教学、科研成果。他说："培养人才不是蒸馒头。我'从不硬性规定他们（指研究生）发表文章'。"如前所述，先生不但不规定发表多少文章，甚至不允许我在学习期间发表文章。前贤有言："板凳甘坐十年冷，文章不写一句空。"现在似乎把研究生培养，把社会科学研究，当成装配自行车的流水线，定时定额验收。以发表论文的多少、刊登论文杂志的档次、得奖多少与档次，作为评价的标准，这完全违反了研究生培养与社会科学研究的规律。目前学风浮夸、抄袭成风、杂志卖版面、评奖拉关系等，败坏了学风，败坏了一代学人，难道不就是这一套评价体系制造的结果吗？

第五，先生主张研究生教育应该宽进严出，引入淘汰机制。我们现在恰恰相反，是严进宽出。只要能进校门，不管学习情况如何、论文水平高低，几乎个个都能毕业，人人都能拿学位。

第六，先生主张给人才创造成长的环境，主张因材施教。他说："人的天性禀赋是不一样的，用一种模式培养人才，只会削足适履，造成'南橘北枳'的结果。"但现在，我们这些当教师的，能够为自己的学生，创造一些什么样的适合他们成长的环境，提供一些什么样的条件呢？

先生已经辞世，情况并未改观。我们需要从自己开始，一点一滴地做。

2009年8月5日至20日于伦敦

债，总是要还的
——怀念季羡林先生

7月11日，季羡林先生与任继愈先生同日辞世。任先生的事情，我已有心理准备；季先生的事情，正如晴天霹雳。消息传来，震惊莫名。这些天来，总想写点什么，以表达心中的哀思与歉疚。但是，看看网上一些令人齿冷的消息，实在难以形容心中的感受，写文章的事情也就日拖一日。然而，这种哀思与歉疚在心头越压越沉重，就像一种债务，逼我清偿。

我于1978年进入中国社科院与北京大学合办的南亚所，跟从黄心川先生读研究生，从而认识季先生，至今已经31年。1978年到1985年期间，季先生是所长，我又住在北大，见面的机会非常多。这包括他给我们上课，平时因一些学习上的事情去请教，所里一些事务处理；也包括办一些他交代的事情，乃至帮助别人联系季先生之类。总之，或为公事，或为私事，经常在所里见面，或到十三公寓去找季先生。1985年分所之后，我们搬离北大，起先住在地院，离北大较近，还经常去；后来越搬越远，见面的机会也就越来越少，除了会议以及有事特地上门之外，一般很少见面。虽则如此，依然保持着电话联系。现在写这篇文章，各种各样的往事不断涌现出来，一时不知如何下笔，那就从《季羡林与佛教研究》（载《敦煌研究》，2002年第1期）这篇文章开始吧。

关于我怎样知道季先生的，我曾经在《季羡林与佛教研究》中涉及。这里把相关文字抄录如下：

> 我这个人有一个坏毛病，看书、看文章以开卷为快，不大注意作者。往往书看完了，还说不清作者是谁。记得1978年夏天参加研究生复试，口试时我提到《十日谈》，试官金宜久先生问我该书的作者是谁？我回答是"薄丘伽"。金先生当场纠正，说应该是"薄伽丘"。闹了笑话自然脸红，但脸红之余未免惴惴。自己的毛病自己知道，这样的笑话将来还会犯。
>
> 果然，当年秋天进北京大学，入南亚所正式开始研究生学业，知道我们的所长是季羡林先生，学部委员，一级教授。言之者啧啧，闻之者歆歆。我来自新疆，孤陋寡闻，不知道季羡林是谁，无从啧啧与歆歆。但当时心中也略有所感，似乎这个名字曾经在哪里见过。过了若干日子，一天整理从新疆带来的书籍，忽然发现季羡林就是《中印文化关系史论丛》的作者。

这本《中印文化关系史论丛》是人民出版社1957年5月的最初版本。这本书是怎样到我手中的，已经记不清了。时间呢，从书上所钤的我的那方名章看，应该是在"文化大革命"时期，约1968年左右。当时我已经成为逍遥派，逍遥于派仗外，逍遥于书海中。说"书海"是大大地夸张，我所在的新疆通古特沙漠南缘，只有沙海、戈壁滩，没有"书海"。那时我到处找书读，只要找得到，不管懂不懂，硬读；但能够找得到而又值得读的书很少，值得读而又值得保留的书就更少，于是就珍贵。这本书在那时落到我手中，当时硬读过。后来随我下乡再教育，随我到塔城师范，有时翻翻。最后随我来到北京，没想到就是我们所长、著名学者的著作。

二三十年以后，再来回忆当时读这本书时的收获，恐怕不会很可靠。主要是当时我自己的有关知识太贫乏，根本不足以认识这本书的价值。但在得到该书的十年后竟有机会亲炙先生教诲，则不能不赞叹因缘之不可思议。佛教主张"惜缘"，今天，坐在计算机前写这篇文章，心中是深深的惜缘之情、感恩之情。

现在写这篇纪念文章，心中依然是深深的惜缘之情、感恩之情。

说到《季羡林与佛教研究》，还有一个小小的曲折。这篇文章，本来是应汤一介、乐黛云两位先生之约，为季先生九十华诞纪念论文集写的。写完之后，刚好敦煌吐鲁番学会召开常务理事会，会议在十三公寓旁边的北大招待所举行。我便当场把文章交给季先生，季先生随手交给一旁的李玉洁。再后来，纪念论文集出版了，这篇文章没有收进去。一打听，才知道汤先生根本就没有收到这篇文章。再问李玉洁，她记得当时季先生的确把文章交给了她。再以后的事情，她就有点记忆模糊了。为此，她给我打了几次电话，再三道歉："这事就赖我，就算是我丢的。实在对不起。这篇文章，由我负责在其他地方发表。"我们在北大研究生三年，所里安排李玉洁负责研究生工作。我们称她"李老师"，后来熟悉了，戏称她"老太太"。李玉洁虽然很有性格，但对我们的关心，可说是无微不至。现在文章的事情出点纰漏，这种纰漏可能出在任何一个中间环节，未必是她的责任。就算是她的疏漏，她如此再三道歉，我也实在过意不去，便请她不要放在心上。好在现在的文章都有计算机底稿，后来文章寄送《敦煌研究》。文章发表时有一个小注，说明原文是为季先生纪念文集而撰写的，因为"技术性原因"没有刊登云云。所谓"技术性原因"，就是这篇文章根本没有送到汤先生、乐先生手中。

还记得入学不久，首次与季先生单独接触的情景。

在《我与佛教》一文中回忆考研究生经历时，我曾提到正式报考前，写过一篇关于印度初期佛教的文章。由于这篇文章，黄先生录取了我，并让我研究印度佛教。入学后不久，一天，黄先生告诉我，那篇文章在季先生那里，让我自己去取。我来到十三公寓，那是我第一次到季先生家。没有想到，房子是那样朴素：大约不到20平方米，除了靠墙的书柜外，一张八仙桌，一张单人床，几把椅子，如此而已。季先生已经把文章准备好，询问了我的简单情况后，先生问："你在新疆，从哪里看到这么多佛教的书籍，写出这样的论文？"我如实以告："新疆没有佛教的书。我看过的只有任先生的《汉唐佛教思想论集》，再就是一套《现代佛学》。文章中引用的许多材料，出自《现代佛学》。"当天还谈了一些什么，已经记不得了。现在想来，那是季先生对我的一次考察吧。

三年的研究生生活，与季先生的交往很多，可记叙的也很多。多年前，我曾写过一篇《曾坐春风点愚迟》，谈到当时季先生为我们上课的情况：

> 季羡林先生的"印度历史讲座"是大课，除了研究生全部参加外，南亚所不少研究人员都来旁听。由于是讲座，所以事先不发教材，全凭自己笔记。季先生讲课旁征博引，细致入微，至今印象犹深，特别是讲课时经常会讲到一些做学问的方法，更使人终生难忘。记得有一次季先生提到，做学问一定要把有关材料一网打尽。老实说，当时听了心里虽然佩服，但也有点不以为然。书海无涯，一网打尽，谈何容易。但二十年来，自己做学问，凡是真正在原始资料上下了功夫，搜集得充分的，进行得就顺利一点，研究得也透一点；而资料准备上有所欠缺的，讲话时心中无数，底气也就不足。这时才真正懂得将资料"一网打尽"的重要性，认识到搞研究，首先必须掌握资料：能掌握几分资料，就有几分

发言权；掌握的资料越多，发言权也就越大。所以，当我自己也指导学生时，我总要把季先生的上述教导转告给他们。遗憾的是季先生当时忙极了，除任南亚所所长外，又是北京大学副校长，人大常委会委员，至于社会兼职之多，连他自己也搞不清。所以这门课时开时停，直到我们毕业，讲座内容还停留在古代。不过，我以为，学生需向老师学习的，除了知识外，更重要的是方法。前者是死的，后者是活的；前者是绣就的花，后者是绣花的针。先生的一句点拨，学生能终身受用，主要在方法上。

1981年夏天，硕士毕业，我论文的题目是《那先比丘经初探》。"初探"这个词，就是从季先生的《罗摩衍那初探》中学来的。我论文中有两个重要观点与季先生的观点不同。季先生赞同西方部分学者的观点：佛教的"无我"是无灵魂，佛教的"涅槃"是死后什么也不存在。但我认为"无我"不等同于无灵魂，佛教有自己独特的灵魂观；"涅槃"虽然跳出三界外，不属有为法，但依然有一个超言绝像的境界，这就是古往今来无数虔诚的佛教徒追求的目标。答辩会在8月份举行，前几天季先生刚过70周岁。答辩会上，季先生批评我的观点说："佛经上说涅槃之后'不受后有'。'不受后有'，就是涅槃以后什么也没有了。"我当即反驳："佛经中'后有'的'有'，是指'三有'，也就是三界。'不受后有'是说涅槃以后不会再在三界中存在，并非什么也没有了。"黄先生当场打断我，不让我再说下去。现在想来，虽然至今我依然认为自己的观点没有错，但那篇论文的论述的确理据不足，没有把问题论述清楚，不足以说服人。我当时太狂妄、太大胆，对季先生太没有礼貌。虽则我如此无礼，季先生却大度地容忍了我。论文最后全票通过。至今，我深深感念先生的风采。

硕士毕业，留所工作，继续从事印度佛教研究，与季先生打交道的机会更多了。

1984年，我决定报考博士研究生。我先找的任继愈先生。详细过程在《任继愈先生是怎样培养学生的》一文中有说明，这里不重复。

我考博士的主要动机，是想得到深造、提高，从而深入进行印度佛教的研究，但任先生让我放弃印度佛教，改攻佛教文献学。这完全出乎我的意料，我一时转不过这个弯。

就我而言，考博士，最简捷的是考黄心川先生。他是我的硕士导师，对我最了解，是他最早引领我走上学术之路、走上印度佛教研究之路的。但是，1984年时，黄先生还不是博导。在我的专业范围内，只有季先生、任先生两位有资格带博士。我当时在南亚所，季先生是所长，对我很了解，很熟悉。考季先生自然是首选，但我当时首先选择了任先生。主要原因，不是我在学术观点上与季先生有差异，而是季先生与黄先生当时关系非常紧张。

南亚所是中国社科院与北京大学合办的，季先生任所长，黄先生为副所长。开始时，两人亲密无间，南亚所生机勃勃；但后来产生矛盾，乃至最终分家。此后，社科院、北大各自成立相应的研究机构。我亲历了1978年南亚所建立到1985年南亚所解散的全过程，对矛盾的由来与发展，虽说未必完全掌握详细的内幕，但基本情况乃至一些细节是了解的。有关情况，这里不想多说。总之，我以为，两个单位合作，这种体制上的原因，是矛盾产生的深层根源。一些人争权夺利，是矛盾酝酿与发展的具体原因。其间，各色人等的表演，让我充分领略一幕幕"新儒林外史"。我后来曾经用如下一段话总结南亚所分裂的历史："小人作祟，尊神发怒。神仙打架，百姓受苦。"

应该说明，虽然南亚所内部的矛盾闹得不可开交，我本人并没有卷进去。黄先生、季先生各自有自己的性格，但本质上都是好人。矛盾以他们两位尊神对决的形式出现，根源却不在他们本人。因此，对所里的种种事情，我固然有自己的是非判断与好恶爱憎，但并不影响我与两位先生的关系，也没有影响他们对我的态度。两人对我都爱护有加，未有丝毫改变。再说，我从来认为，老一辈先生之间的矛盾恩怨，年轻一代不宜掺和。

还是回到考博士的问题上。由于上述情况，在选择博士导师的时候，我不能不考虑黄先生的感受。所以，最初我放弃季先生而选择了任先生；但没想到任先生要我改专业，这一棍子打得我有点懵。

我反复考虑，不想改专业。不改专业，要想考博士，就只剩下考季先生这一条路。我想，黄先生遇事，从来给人方便，与人为善。真正给黄先生讲清原委，黄先生一定会理解我，体谅我；而且黄先生虽然与季先生的矛盾已经很大，但对季先生的基本评价依然是正面的。至于季先生是否会收我，这就不好说了。我倒不担心学术观点问题，这一点季先生非常大度；也不担心他与黄先生的矛盾，我觉得这不会影响我报考。我担心两条：第一，季先生的专业起先是研究印度中世纪语言，后来重点放在中外文化交流。印度佛教并非他的强项，前一年设置的博士生专业为印度历史，他是否愿意招一个印度佛教的博士生？第二，季先生精通那么多外语，对学生的外语要求也比较高。我除了略懂日文，其他外语通通不行，季先生会收我吗？再三考虑之后，我想还是试着找一下季先生。

当时，我们这些学生经常不打招呼直接去季先生家，不像后来一般先电话预约。到季先生家后，我提出想考博士，也提到已经找过任先生，但任先生让我改专业。我说："我不想改专业，想继续研究印度佛教，所以想考您的博士生。"我也提到外语考试，希望让我考日语。

平时与季先生谈一些事情，请教一些问题，先生都非常爽快地予以回复。这一次不同。我说完后，季先生坐在八仙桌的另一边，很长时间，一声不吭。他只是习惯性地将左右两手的手指，在桌子上蹾齐后，互相对碰；再蹾齐，再对碰，如此不断反复。我知道先生在犹豫，在思索，不便多留，便告辞出门。先生照例把我送出大门，看我走远，才回家。

此后一段时间，我一直在等季先生的回音，但没有任何消息。我想，看来季先生不打算收我。于是，我又一次找到任先生，表示愿意改专业，并在社科院研究生院报了名。

又过了一段时间，一天到所里去，看到1984年北京大学博士生招生目录。翻开一看，季先生名下的招生专业，赫然是"印度佛教""外语考试科目：日语、英语任选"。我呆了，这不是为我设的吗？原来季先生同意收我，怎么办？我只能考一人，考季就负任，考任就负季，两者必居其一。我想，虽然任先生以王艮的故事为例，允许我反复，但是我从来秉持说话算话，一诺千金。无论当初如何心不甘、情不愿，但已经答应任先生改专业，那就不能再改变。虽然对不起季先生，但是季先生这边，只好放弃。

忐忑不安好几天，接着知道南亚所的两位同学，已报考当年季先生的博士生，才略微觉得安心。

又过了几天，李玉洁来找我，劈头就问："你不是要考季先生的博士吗？怎么不报名？"我推诿说："某某、某某已经报了名，我不想与他们竞争。"李玉洁说："季先生这次就是为你设的专业，你快去报名。我让他们两人退出。"我说："那不行，我怎么能做这种挤掉别人的事。"话说得理直气壮，实际上是掩盖自己的心虚。李玉洁瞪了我一眼，没说什么。报考结束，当年季先生一个博士生也没有收。以后与季先生再见面，先生一字不提此事。我本来想向先生解释一下，但自己心虚，不敢提。此事就这样过去了。

几年之后，有一次与李玉洁见面，谈起此事。李玉洁说："当时是季先生看你没有报名，让我来询问。"她问："你自己要报季先生博士。季先生按照你的要求设了专业，你又不报了。到底是为什么？"我详细解释了当时的情况。她说："季先生对你是了解的，他愿意收你。你找季先生时，他没有马上表态，是考虑与黄心川的关系，不想让别人认为他与黄心川抢学生。"又说："你没有报。某某、某某报了，考卷在季先生那里压了很久。最后，季先生还是决定算了，两个都没有录取。"我说："这件事情，实在是我对不起季先生，也对不起两位同学。请你代我向季先生说明，道歉。"李玉洁答应转告。

正如我在《任继愈先生是怎样培养学生的》一文中所说，几十年之后，回顾那段经历，"深深感到当年任先生指引的正确"。没有任先生的指引，不会有我的今天。但是，在当年考博士的问题上，我至今一直对季先生抱有深深的愧疚。由于我的原因，先生当年没有招生。李玉洁肯定已经将我的道歉带给季先生，但我一直没有向季先生当面道过歉，这也是我深深愧疚的另一个原因。此外，我也对不起当年报考了季先生的南亚所两位同学。年轻孟浪，处事浮躁，永远是个教训。

此后，与季先生多次见面，一直没有涉及这个话题。季先生对我，依然爱护有加。他曾对我博士论文的选题，给予针对性的重要指导。1988年，季先生作为答辩委员会主席，主持了我的博士论文答辩。答辩会之后季先生的一席话，我至今记得。他说："方广锠的学风全变了。他的硕士论文，三分材料能讲七分话；现在的论文，扎扎实实全是材料说话。真好像变了一个人。"

1989年3月，我调到北京图书馆工作。不久，北京发生了那件大家都知道的事情。那天早晨，我来到北大，心中彷徨，直接到了季先生家。似乎当时季先生是依靠，是力量。当天与季先生相处的情景，我将永志。

其后，经常因为各种事情麻烦季先生。凡有事找季先生，几乎有求必应。我的《敦煌学佛教学论丛》出版前，把全部文稿拿去，请季先生写序。季先生答应了，后由李铮交给我。全文如下：

序　言

敦煌学这一门新兴学科，建立以来，已经有了八、九十年的历史。由于许多国家的学者们的共同努力，成绩辉煌，彰彰在人耳目，让人感到，发展前途正未可限量。

但是，从研究领域上来看，也不是没有不足之处。比如，敦煌佛教写卷的研究就不够系统，不够全面，不够深入。鉴于佛典研究的重要意义，这一个不足之处就更显得突出。

方广锠博士独具慧眼，从他的博士论文起，他就把主要精力集中在敦煌写卷佛典卷子的研究上，写过一些论文。他现在又把论文裒集成册，名之曰《敦煌学佛教学论丛》，让我写一篇序言。他的论文我读过一些，并没有能全部读完。他这次送来的稿本，我又大体上翻看了一些，仍然不敢说全部细读过。即使是这样，由于过去多少年来我对他学风是有些了解的，我就应允完成他交给我的任务。

翻读方广锠的论文，我的总印象可以用这样几句话来表达出来：材料务求全备，探讨务求深透，论证务求详尽，叙述务求正确。这样四个"务求"，应该说是代表了一种好学风，是值得赞扬的。我们眼前的学术界风气并不完全正派，相互抄袭，不懂装懂，以故作深奥文浅陋，以大言不惭哗群众，这样的现象难道还是稀见的吗？在这样的情况下，方广锠博士的锲而不舍、力求全面的学风就弥足珍贵了。

做学问是一件乐事，也是一件苦事，没有点干劲和韧性是不行的。范老（文澜）说得好："板凳甘坐十年冷，文章不写一句空。"这应当是我们每一个想研究学问的人的座右铭。方君正当盛年，多少年来，他身上就体现了这种坚忍不拔的劲头。读了他的论文，衷心喜悦，写了这一篇短序，祝他鹏程万里。

季羡林
一九九四年四月二十一日

先生对我论文集所做的四个"务求"的评价，当然是对后学的一种鼓励，我自己觉得距离先生的要求还有相当的距离，但先生指出的目标，我将为之奋斗。后来我编纂的《英国图书馆藏敦煌遗书目录（斯6981号—斯8400号）》要出版，想要申请中国社科院的出版资助，请季先生写一个推荐信。先生慨然允诺，很快写来推荐信：

100年前，敦煌藏经洞发现以后，在国内和国外逐渐形成了一门新的学问：敦煌学。这一门新学问与弘扬中华民族的优秀文化紧密相连，切不可等闲视之。

整理研究洞中藏书，工作量极大。在过去的100年内，只能说初步清理出一个头绪来，细致研究，还有很多工作要做。在这里，中国学者的努力是绝对不可缺少的。专就佛教典籍而论，过去整理的结果就不能令人满意。因为数量大，而贮藏之处又分散于很多国家。可是这一件工作又是非做不行的。

方广锠博士有极好的佛学研究基础，有极细致的工作作风。他穷数年之力，远涉重洋，兀兀穷年，终于完成了此书。这可以说是对敦煌学的一大贡献。我诚挚希望中国社会科学院能予以出版资金补充，庶不致使此重要著作功亏一篑。

北京大学东方学系教授季羡林
1998年7月10日

今年年初，我请季先生为我与李际宁主编的《开宝藏》题词，季先生马上答应。很快，题词就写完给我：

祝贺开宝藏影印出版
弘扬中华佛教文化

季羡林（印）
时年百岁

季先生奖掖后进的热心，实在叫人感动。

回过头来，我为季先生做过一些什么呢？我只有惭愧。除了上面讲的考博士有负季先生外,我还有一件对不起季先生的事情,一并坦白。

日本中村元先生送给季先生一套个人全集,其中有《印度古代史》上下两册。中村元先生是日本印度学的大家,他的《印度古代史》并非单纯讲历史,并且特别注重印度佛教、印度其他宗教的历史背景。不仅如此,该书有详尽的注释,有的章节注释的文字量超过本文。注释中包括大量各语种文字的原典出处,以及作者的一些考订与说明。全书有极高的学术价值。黄先生要求我必须把日语学好,并建议我以这本书作为基本读物,通过翻译,提高日语水平。他并向社科出版社推荐出版,社科出版社以约稿的形式接受,季先生也支持这一工作。于是,我从季先生那里借来原书,开始翻译。厚厚两大册,我与同学尚会鹏商议,两人合作。

对我来说,翻译这本书是学习日语、印度历史、印度思想史、印度佛教的重要过程,也是了解有关印度研究史料的重要过程。由于涉及的知识、语种非常丰富,翻译进程很慢。几年后全书翻完,约80万字,出版形势却完全改观。这本书原由社科出版社综合编辑室(记得好像是这个名字,中途好像改过名称)约稿,他们说出版该书要赔本,先是让我们压缩篇幅;说注释中各不同语种文字太多,排版困难,需要删节。我们考虑纯粹的出处性注释,可以改为另列参考书目来替代,于是答应。我花了多半年功夫按照要求压缩,将压缩稿送去。他们还是说出版有困难,要求我搞一本畅销书搭配。我哪里会搞什么畅销书呢?从综合室出来，来到哲学编辑室，老同学郑凯堂在那里当编辑室主任。他给我出主意，说可以搞一本佛经故事。我说："那倒可以搞得出来。"于是他拿出一份约稿合同，当场让我签了字。这就是我与任远等合作的《佛经中的民间故事》一书的由来。《佛经中的民间故事》出版后，我找到综合室，没想到对方的回答是："你的畅销书没给我们编辑室，所以《印度古代史》还是不能出版。"最后，社科出版社宁可承担支付退稿费的损失，也不肯出版该书。我完全无可奈何。

其后，李家振告诉我，佛教文化研究所正在组织一批书稿，让我把这部稿子交给佛教文化研究所。于是在一个大夏天，我把好大一捆手稿从科社出版社取出，用自行车直接送到北长街，当面交给所长吴立民，接着与佛教文化研究所正式签订了合同。从此，这部稿子再也没有下文。几年后我去催问，说翻遍库房，稿子找不到了。我一再打电话给吴立民，他起先说记不得此事，后来承认有此事，一再答应我寻找，但始终没有找到。如今，吴立民先生也已经西去。虽然这部稿子的出版合同还在我手中，但稿子本身，大概永远也不会再见天日了。当时没有计算机，全部稿子都是手稿。不仅有我多年的劳动，还有尚会鹏多年的心血，统统付之东流。

回到季先生的那两本书上。这两本书，在我们手中十几年，经历如此沧桑，已经破旧不堪，面目全非。我几次到季先生家，看到书架上全套《中村元全集》，"新若手未触"。我也爱书，我也藏书。深知季先生对这套书十分喜爱，我怎么能把已经如此破旧的书还给季先生呢？我拜托日本的朋友，自己几次去日本也多次跑新书店、淘旧书店，希望能够买到两本新的，还给先生，但一直未能如愿。至今，两本旧书还在我的书架上，看到它们就觉得欠了一笔还不清的债。最近看到网上有人写文章，提到季先生有一套书，因被人借走而不全，季先生言之非常惋惜。看到这些，我心中的情感，实在难以言表。

现在想起来，还是牢骚满腹。《佛经中的民间故事》，社科出版社先后印刷4万册，经济效益应该相当不错，但就是不肯出版这本学术价值极高的《印度古代史》。理由是出版社内部编辑室核算，畅销书没有给到他们编辑室，所以不算数。我找过出版社的一位副总编，他的回答是："我管不了这事。"而佛教文化研究所，竟然把书稿都弄丢了。如果中文翻译能够出版，即使我实在买不到新书，拿着两本旧书及新出版的中文翻译，一起送到季先生那里，好歹也算有个交代。现在，说什么都晚了。

此外，还有季先生主编的多卷本《中国佛教史》中我承担的《敦煌佛教》，至今没有完成。其中自然有原委，有曲折，这里就不提了。这本书，我还是要写的。债，总是要还的。

季先生，祝你远离尘世的烦恼，安息吧！

2009年8月29日 于伦敦

怀念周绍良先生[*]

2005年6月中旬，我应邀赴伦敦，继续从事英国国家图书馆所藏敦煌遗书的编目工作。8月22日伦敦时间上午9点，接到中国国家图书馆善本部李际宁先生电子邮件："8月21日晚21点30分，周绍良先生去世。近三天，在他的家里（就是靠通州的乡下）设灵堂吊唁。"

当时真是愣了。在给李际宁的回信中，我说："走前已经听说周先生住院，但事情实在太多，你是知道的，北图图录的事情、冯先生的事情、《中华藏》样书的事情，加上一堆论文审读及答辩，算着小时计划工作。连芳芳（我女儿）从日本回来，我也未能与她好好说一会话。所以未能去医院探望，总希望他能早占勿药。没想到这就走了。我受周先生教益、帮助良多。住院时既未

---

[*] 原载《法音》，2006年第4期。

能去探望，此刻又不能亲去吊唁，实在于心不安。"

我首先想到的是可以通过白化文先生转达我的哀思，可没有白先生的电邮信箱，于是立即给他的弟子杨宝玉女士发去电邮："惊悉绍良先生21日因病故世，不胜悲悼。我受绍良先生教益、帮助良多，一直无以为报。前此按照先生的企划，计划把我的敦煌已入藏佛教文献目录编入先生主编的佛典目录中，没想到工作正在进行，先生竟然西去。我现在没有先生双桥的地址，也没有白化文先生的电邮信箱。麻烦您把我上面的意思转告白化文先生。白先生去吊唁，还请在绍良先生灵前代为致意。"

想到敦煌已入藏佛教文献的目录，就想到为周先生主编的中国古籍目录释家类奔忙多年的李家振先生，便马上给李先生发去电邮："惊悉绍良先生不幸故世，深为悲痛。先生前去吊唁，望灵前代为致意。我受绍良先生帮助、教益良多，无以为报。原以为这次的目录可以代绍良先生了却一件心事，却又留下遗憾。"

第二天上班，接到李际宁23日晚上发来的电邮："23日下午（北京时间14点），有庆（方按：国图善本部善本组组长程有庆）往周绍良先生家吊唁。……有庆回来告我：'白化文先生为您在英国表示哀悼向周家人做了说明，程毅中先生代笔签名。'"

无论如何，未能到周先生灵前鞠躬致哀，心中多时歉仄不安。因为我受周先生的恩德太多，在上面几份电邮中，我都提到受绍良先生帮助、教益。这绝不是应景的客气话，而是实实在在的事情。

我在《敦煌佛教经录辑校》前言中这样写：

本书得以顺利编纂，首先要感谢周绍良先生。这不仅因为周先生代表编委会具体负责本书，还在于周先生对本书的编纂花费了大量的心血。从选目、洗相到录文体例、格式、题解的要求等，不嫌其烦地指点。尤其是本书原计划抄写后照相排版，周先生专门为我安排了抄写人员，用规规矩矩的正楷把全书抄写一遍。由于格式与抄写纸张的变动，不少文献还抄了两遍。其间转稿、审稿不知花费多少精力。回想我多次到广济寺找周先生，他顶着炎炎烈日为我取稿的情景，私心区区，实不能已。

在《佛教大藏经史（八—十世纪）》的跋中，我这样写：

论文的写作，除了任先生自始至终的指导之外，黄心川、季羡林两位先生在指导我确定选题方面起了重要的作用。另外，周绍良先生对我的帮助与指导也是我终生难忘的。大到论文的结构篇章，小到一些具体的论述，周先生都不厌其烦地一一指点。不仅如此，周先生还主动提供家藏叔迦先生亲笔批点的书籍、所抄录的敦煌卷子及传世文物供我使用。他那儿的书籍资料，只要我能用得着，随时可让我拿走。扶掖后进的苦心，为人之高尚风范，实在叫人感荷不尽。我深深地体会到，没有老一辈的悉心培养，绝不会有我们青年一代的健康成长。我们每前进一步，都凝结着老一辈学者的心血。先生们的恩情，我是无法回报的。我只有更加努力地搞好自己的研究，以更好的学术成果回报先生们；只有以先生们对待后进的态度为榜样来对待比我年轻的朋友们，为他们的成才尽我的全部力量，以此报答先生们的栽培之恩。

所以，我与周先生虽然没有师生的名分，但心中从来把他奉为人生道路上一位重要的老师。

我认识周先生是1984年跟随任继愈先生攻读佛教文献学开始的，至今已经超过20年。周先生是著名的佛教文献目录学专家，对佛教文献目录之熟，国内少有。所以任先生给周先生打招呼，让周先生多指导我，并让我遇事多请教周先生。那时周先生在法源寺中国佛教图书文物馆工作，我每月一般要去一两次，有时甚至更多。至今记得顺着丁香簇拥的甬道，到后院佛教图文馆找周先生的情景。每次带着问题去，带着周先生的指教回来，然后再看书。师者，所以传道授业解惑，周先生之谓也。后来周先生主持佛教协会工作，驻广济寺，我便开始向广济寺跑。1986年有半年左右，任先生让我理顺《中华大藏经》的工作流程。这段时间，为了《中华大藏经》的工作，包括向有关佛教寺院商借校本等等，跑得更多。至于编纂《敦煌佛教经录辑校》与后来撰写博士论文时周先生的帮助、指教，上面已经提到，这里不再赘述。

但有一件事，还是想提一下，就是周先生赠送我的珍贵资料。当时我正在编纂北京图书馆藏敦煌遗书目录。周先生知道后，一天给了我一部20世纪30年代出版的原本《敦煌劫余录》。他说："这是当年我父亲用过的，送给你。"我打开一看，其中不少地方有叔迦先生订正、批注的手迹，还夹了几张叔迦先生工作时记录的便条。我们知道，陈垣当年编目时，叔迦先生曾给予不少帮助。《敦煌劫余录》出版后，叔迦先生继续从事北图敦煌遗书的考订。有关情况，王重民《敦煌遗书总目索引·后记》中有所记叙。从叔迦先生手批的《敦煌劫余录》看，他订正的内容远远超出王重民文章所介绍的。这本书，现在也可以算作敦煌学的历史文物了。该书后来在我编纂北图敦煌遗书目录时发挥了很大的作用，至今放在我案头，时时查阅。

过了些日子，周先生又交给我一摞资料。他说："这是我父亲当年请人从北图抄写的敦煌遗书。我现在也没有用了，一起送给你吧。"我打开一看，都是用毛笔抄写的敦煌遗书，大多为戒律。敦煌遗书的戒律写卷形态比较复杂，是编目的一个难点。从叔迦先生手批《敦煌劫余录》可知，叔迦先生在这方面用力甚勤。这批抄本，估计就是叔迦先生请人抄写后，以供研究的。后来我从北图档案中看到，抗战期间，北图敦煌遗书转移到上海；1942年，曾经运回14卷，其中9卷就是"系因周叔迦先生托抄"。

大约是前年，我到双旭花园看望先生，看到书架上摆着台湾地区王三庆所著关于"敦煌类书"的两大册著作，便向先生借阅。先生摆摆手："我不用了，你拿去吧。"

先生赠送我这些资料，是希望我把北图的敦煌遗书目录编好。其后，先生又一再鼓励我完成《敦煌遗书总目录》。现在这些工作都在紧张进行，我一定不辜负先生的期望。

先生住在城里时，我们见面的机会较多。后来先生搬到双桥西路双旭花园，离得远了，见面的次数也少了。我除了单独去拜见过几次外，曾经为了先生出让家藏拓片的事，陪同任继愈先生，以及为了另外一件什么事，陪同文物出版社苏志澍先生，各去过一次。先生因为近年身体欠佳，一般也难得出门。有事都是电话或信件来往。先生来电话、来信，一般是询问某件事情，或索要某种资料。从先生索要的各种资料，可知先生虽然年事已高，身体不佳，却依旧笔耕不辍。

受周先生教诲二十来年，可记的事情很多；但当年我并没有写"某某书屋问学记"的计划，所以没有留下记录。自己基本上不写日记，即使有时写一点备忘录，现在也不在手边。那时每次到周先生那里去问学，都是有备而去，有得而还；但今天让我回忆周先生到底向我传授了一些什么，却很难回忆起来。我只能这样说，我现有的佛教文献目录方面的知识，不少来自周先生的教导。我能够有今天的成绩，离不开周先生的悉心栽培。

有几件事情，虽然与学问无关，但现在回忆起来，觉得值得一记。

周先生主持佛教协会时的工作情况，我是亲眼看到的。那时到广济寺找周先生，谈话间经常人来人往，请示、办理各种事务。有时有些事必须周先生亲自处理，他便匆忙赶去；然后匆忙赶回，接着与我交谈。我往往很不好意思，但周先生每次都非常认真地把要讲的问题讲清楚，要办的事情交代清楚，从来没有因为忙，让我下回再来。直到现在，佛教界也罢，学术界也罢，都对周先生主持期间的佛协工作表示肯定。1993年，我曾经与周先生一起参加在香港地区召开的亚洲、北非会议。其间我要到当地一个佛教组织去谈一些事情，周先生得知后便一同前往。进门就看到周先生的题词挂在最显著的位置，由此也可窥见佛教界对周先生的评价。

前些日子与李家振先生谈起周先生主持佛协时的情况，李先生说："当时有的人埋怨周先生处事糊涂。其实周先生哪里糊涂，什么事情心里都清清楚楚。"我同意李先生的这一看法。我遇到的事，可以印证李先生的说法。

记得当时一位先生办一份杂志，希望我写点什么，于是我写了一篇文章。其后不久，我到广济寺去，周先生非常严肃地指着杂志责问我："你怎么给这个杂志写文章？"我做了解释。周先生谈了他的一些看法后，断然地说："以后你再也不要写了。"当时我虽然不理解先生何以这样决然，处事风格也与往常迥然不同，但正因为这样，便更加重视先生的意见。后来事情的发展证明了周先生知人论世的眼光。相从周先生二十多年，没听他批评过谁，这是唯一的一次。

还有，我为了便于在佛教界活动，曾向周先生提出希望在佛协所属佛教文化研究所挂一个名，因周先生当时还兼任着佛教文化研究所所长，但他摆摆手说："别沾那个边。"

上述两件事，是周先生对我最深切的关心与爱护，也说明周先生心中对一切都清清楚楚。

这期间还发生一件有趣的事。一次在广济寺，我们正在周先生办公室交谈，进来一个人，进门就伏地磕头，口口声声拜见大菩萨。周先生显然有点手足无措，连连说"快起来，快起来"，并上前去扶。那人偏偏磕足三个头才起来，一副心满意足的样子。一向平易近人的周先生，也会遇到这种窘事，我在旁边看得好笑。

还有一次在广济寺，正交谈时，有人进来，说有高僧舍利，请求鉴定。说着拿出舍利，一块烧过的骨头上附着一长条乳白色透明晶莹的宝石样结晶，结晶中沁着一脉碧绿的翡翠色。我是第一次如此近距离观察舍利，托周先生的福，开了眼。

还有给我印象很深的，是绍良先生对一良先生的态度。绍良先生从小在叔弢先生家，与一良先生兄弟一起生活，感情极深。我有幸几次遇到两位先生在一起。第一次是我的博士论文答辩会，周一良、周绍良两位都作为答辩委员参加。会前会后，绍良先生对一良先生口口声声叫哥，态度非常尊敬。还有一次是学术会议。记得会后主办者安排到一个名胜参观，绍良先生跟在一良先生后面，说亦步亦趋自然过分，但那份尊重是显而易见的。

周先生天分极高。他的多才多艺，是大家公认的。他是佛教文献学家，是文物鉴定专家，是红学家，是收藏家，还是什么什么家等等。关键是他在所涉足的每一个领域，都做出了非常出色的成果。连盖有他印章的书籍，在琉璃厂都身价不菲。有时看到周先生出版的各种各样的新书，我实在很吃惊。一个人，怎么可能同时在这么多领域都做出这么好的成绩？但周先生做到了，而且举重若轻，似乎并不费劲。回想自己做佛教文献学，整理敦煌遗书，埋首案前，既不知道春夏秋冬，也顾不上家庭子女，实在对周先生佩服得五体投地。所以，我曾经说过这样的话："我们做学问，吭哧吭哧下苦功；周先生做学问，玩儿一样就做了。"人之天分的差异，不能不叹服。

周先生是美食家，这也是大家公认的。与周先生一起吃饭，才知道所谓美食家，不仅仅在于懂得美食，还在于吃美食时的那种专注，以及在专注中表现出的那种风度。那种风度装也装不来，学也学不到。

周先生对我诸多恩德，我除了帮忙跑跑腿，实在没有为先生做什么事。有的做了，但没有做好。幸可自慰的是，周先生嘱我将所整理的敦煌已入藏佛教文献目录纳入他主编的中国古籍目录释家类，这一工作我已经完成。但是，由于各种原因，该书未能在周先生生前出版，留下永久的遗憾。

周氏家族是中国近代史上有名的家族。周氏家族为了保存民族文化，不惜心力、财力，新中国成立后将精心收集的文物古籍，无偿捐献给公家。20世纪80年代，我曾经去过先生在流水东巷的家，一个四合院，给人的印象可用四个字来表达——"破破烂烂"。我实在没有想到捐出那么多价值连城的文物古籍的周家，住的是这样的地方。近年坊间有一本畅销书，称康有为后人为"最后的贵族"。我想，在某种意义上，周先生更是"最后的贵族"。

上文提到任继愈先生为周先生出让家藏拓片之事，曾经登门拜访周先生。这里稍微多说几句。周先生考虑晚年生活、看病等诸多花费，拟将家藏珍贵拓片转让。这些拓片的相当一部分原由一位收藏名家收藏，而那位收藏名家的另一部分藏品则归北京图书馆收藏。因此，如果北京图书馆能够将这批拓片收下，则珠联璧合，最为理想；但北图经费有限，又考虑到这批拓片与馆藏拓片复本甚多，故有关工作人员不免曾有迟疑。白化文先生将此事告诉我，希望我能够做一些沟通的工作。我将此事向任先生汇报，任先生态度十分坚决，表示无论北图有什么困难，也要把这批拓片收下来。任先生说："周家为国家做了那么大的贡献，不是金钱可以计算的。"约过了两三天，任先生通知我陪同他与陈力副馆长一起去看望周先生，让我提前打电话与周先生预约时间。当天我如约赶到北图，只见任先生一人，先生说："两个馆长一起去，好像谈生意。"周先生搬到城外后，好久不见了，这次主要是看望他。两位先生见面后，相谈甚欢。任先生只字未提拓片的事情，倒是周先生主动提出："家藏拓片与北图所藏复本较多，如果北图收下，国家受损，于心不忍。"所以我当天晚上又给周先生写一封信，谈了北图的态度。这批拓片最终留在北图，至今令人欣慰。

周先生当天谈兴甚浓，其间因我的要求，谈起当年叔迦先生与黄宾虹等办国画研究班、收购了一批敦煌画的经过。我这些年一直在调查敦煌遗书，想趁机调查此事，便请周先生把有关经过写成文字。后来没有收到周先生的回信，我也没有催促，总以为还有机会向周先生当面请教，没想到成为永久的遗憾。此事的另一位知情人苏晋仁先生也已经故世，恐怕天壤间再也无人知道详情了。

时值新历除夕，身在异乡为异客，怀念着周先生的音容笑貌，不禁潸然。

2005年12月31日于日本东京麻布台

2006年2月26日修订

怀念冀淑英先生

1989年3月,我从中国社科院亚太所调到北京图书馆善本部;1993年5月调回亚太所,其间在善本部工作四年有余。四年多的时间中,冀淑英先生对我的工作给予诸多支持,我也从冀先生处得到诸多教益。至今思之,感怀不已。

正式到善本部以前,任继愈先生找我谈话,向我介绍工作环境、布置工作任务。任务之一是要多向诸位老专家学习,弥补自己善本知识的不足,尽快熟悉业务成为内行,在工作中取得主动。他特别介绍了冀淑英先生曾亲炙赵万里先生,在版本目录学方面造诣甚深。

到善本部以后,我便特意拜访冀先生。当时她正在负责《中国古籍善本书目》的定稿,办公室设在北图主楼北侧的办公楼,同时从事这一工作的还有陈杏珍先生、陈红彦与胡谦。当天只是一般的礼节性寒暄,但依然给我留下深刻的印象。冀先生个子不高，话语也不多，沉静谦和，气质内敛，始终微笑着，但可以感受到她内心的刚强。任先生以"沉潜笃实"四字勉励我，我一直把这四个字看作是先生对我学风的一种要求。直到今年上半年看一篇回忆汤用彤先生的文章时，突然领悟到这四个字也是先生针对我的性格缺点提出的批评。一时惘然如失，痛感自己生性愚钝，辜负了先生的教诲。而从冀先生身上，的确可以感到"沉潜笃实"的力量。

我在善本部任副主任，主管行政，分管金石组、民语组（后来加上修整组），兼管卫生等。此外，组织了对馆藏敦煌遗书的整理编目。敦煌遗书与《赵城金藏》《永乐大典》《四库全书》一起，列为北图"四大镇库之宝"；但由于各种原因，编目工作长期滞后，无法满足我国飞速发展的敦煌学研究的需要。由于敦煌遗书是古代敦煌佛教寺院的弃藏，绝大部分残破不全，有些根本无法上手。犹记得一次在库房打开一卷遗书的包纸，该遗书纸张甚薄，其首部一段已残碎为拇指大小的碎块，似乎随着气流的扰动就会飞起。我吓了一跳，连忙把它重新包起来。所以，如果不进行修复，根本无法进行编目。敦煌遗书的修复工作，北图在20世纪80年代做过尝试，当时用传统的装裱技术托裱了几个卷子；但效果不理想，于是停顿。现在如要启动敦煌遗书的修复，事关重大，涉及一系列具体问题。其中最大的问题是：敦煌遗书应不应修？能不能修？怎样去修？为此，我们召集了几次论证会，请诸位老专家进行专题讨论。会上，各位专家畅抒己见，其中冀先生对敦煌遗书的修复与编目表示坚决支持，明确表示敦煌遗书应该修、能够修，还指出修复的基本方针应该是"救命为主，治病为辅"。冀先生的这八字方针获得与会专家的一致赞同，从而为开展敦煌遗书修复奠定了基础。此后几年，图书修整组在冀先生这八字方针的指导下，不断实践与总结，最终确立了以"最少扰动"为基本思路的若干条修复原则及与此配套的修复方法，成功地修复了大批以前无法上手的原卷。修整组的出色工作得到国际敦煌学界的充分肯定，也为敦煌遗书编目创造了前提条件。前述那件我不敢动的残卷，为唐写本《尚书》，经过修整组的精心修复，整旧如旧，现在已经成为反映北图敦煌遗书修复工作的标本之一。回忆当年，如果不是冀先生为我们打气，为我们指明方向，我们实在不敢遽尔开展敦煌遗书的修复，从而无法对敦煌遗书进行编目。那样，敦煌学界期盼已久北图敦煌遗书的编目整理，不知还会拖延多久。所以，谈到北图敦煌遗书的整理，心中充满对冀先生的感激与思念。

为了提高善本部工作人员的业务水平，当时曾经邀请诸多专家到善本部做讲座。讲座不对外，参加者均为善本部工作人员。冀先生也应邀专门讲过古籍善本知识。我还记得她当时讲了很多应该怎样爱护书的常识，包括怎样从库中提书、走路时应该怎样捧书、怎样从木盒或函套中取书、阅读时怎样放置书籍、怎样翻阅书籍，包括放置善本的桌子应该擦干净、桌上不能放有水杯、看书不准用水笔等等。说起来都是善本部的一些老传统，但对我来说却是一次很好的树立善本意识的教育。善本部有部分工作人员是紫竹院新馆建立以后入馆的，为民族看护国宝的责任心都很强，但缺少这些传统规范的培训，冀先生的讲座对大家都是及时雨。

我曾经有幸陪同并观摩冀先生考察、著录古籍，受益匪浅。

1989年冬天，得知河北丰润发现了《辽小字藏》。以前只在高丽《东文选》中知道有这一藏经，从未有人得见实物。山西应县木塔发现《辽大字藏》之后，还有人以为辽代只有大字藏经，所谓小字藏经乃记录有误。丰润发现《辽小字藏》，证明《东文选》记录是可靠的。由于辽代禁止图书出境，故传世辽代书籍极为稀见。北图作为国家馆，亦很少收藏。得知这一消息后，冀先生提出亲自去考察，以将这些珍贵典籍纳入《中国古籍善本书目》。由于藏品收藏者为当地文管所，所以我们事先到国家文物局办理了相关手续，然后由馆里安排一辆金杯车前往。陪同前往者有陈杏珍先生，还有陈红彦、胡谦与我。

因丰润属于唐山地区，故我们先到唐山文物局。对方提出，虽然有国家文物局的批文，但尚需省文物局的批示。这下我们有点为难，莫非还要驱车上一趟石家庄？后来我反复与国家文物局、省文物局有关方面电话协商，总算放行，于是来到丰润。丰润文管所有关负责同志解释，前此已有某某前来看过，说这是极其珍贵的文物，不能再给其他任何人看，所以管得严。

丰润文管所的条件比较差，安排我们看《辽小字藏》的地方是一间大空房。房中没有桌子，靠窗户的地方放了一张光板单人床。文管所的同志找来几张小板凳，放在床前，然后在床上铺上报纸；冀先生就坐在小板凳上，以床为桌，开始工作。当时正是冬天最冷的那几天，房中没有暖气，没有火炉，加上该房长期无人活动，不见阳光，更觉阴冷彻骨。我这个曾经在新疆生活过的人，当时年轻力壮，也觉得冻得难受。翻书不能戴手套，时间长了，手指干疼。冀先生裹着大衣，坐在小板凳上，一丝不苟地一页一页细致察看。神情那样专注，那样投入。可以感觉到，她的全部精力都倾注到面前的书里，旁边的一切似乎都不存在，乃至我有点问题想请教，都觉得不便提出，不便打搅。我知道，对冀先生来说，辽代典籍也属于难得见到的珍品。我便注意观察冀先生是怎么考察古籍的，考察时关注每本书的哪些方面，著录哪些内容。冀先生看完，我也把该书看了一遍。我那时虽然对大藏经略懂一些，但对善本书的知识非常有限，所以虽然有意看样学样，但是依然没有学到什么。不过我知道顶级专家是怎么看书的了，受益匪浅。手触这些千年前的蝶装书，看到上面那些其他书籍曾经介绍过的卷首绢条，真觉得大开眼界。记忆中冀先生对这批典籍除了赞叹之外，没有做进一步详细的评点。不知是否是因为辽代的典籍她所见也不多，所以非常谨慎。我以为这才是真正的大家风范。

丰润那批东西数量不少，我们早晨离开北京，因为在唐山耽误了时间，下午才到丰润，所以当天没有能够看完。于是，在丰润住了一夜（旅馆的条件也很简陋），第二天上午接着在那间房子里考察。当年冀先生已经近70岁了，我和陈杏珍都担心冀先生身体受不了，数次劝她休息；但她拒绝了，一直坚持工作，直到把所有的典籍（除了几卷实在无法打开的卷轴装）全部看完，晚上返抵北京。至今回忆冀先生，首先出现在脑海中的是在阴冷彻骨的房子里，冀先生坐在小板凳上埋头看书的景象。写这篇文章时，为防止记忆有误，我特意打电话向陈红彦核实。她也记得那寒冷的冬天，那阴冷彻骨的房子，那低矮的床。陈红彦还提到一个细节，丰润的同志说："这些东西非常珍贵，我们的保管条件有限。干脆你们给若干钱，由北图保管好了。"冀先生当时回答："那也不能一平二调啊。"陈红彦的话引起我的另一番回忆。当时确有此说，回北京之后，我还为此奔走过一阵，向有关馆领导汇报，然后衔命与丰润方面先后设想了几个方案，可惜最后没有成功。

最近把《冀淑英文集》重读一遍。虽然以前读过，其中有的文章还多次读过，但是重新阅读，仍不断为其中的真知灼见所打动。我以为贯穿全书的最基本的精神，就是实事求是。古籍作为中国千年文化的载体，情况极其复杂，不是用几个死框框可以框限的。冀先生有名师指导，见多识广，在实践中充分把握了古籍的特点，把握了辨析古籍的方法，总结了一套规律，又绝不被框框所束缚，一切都按照实际予以评述。套用武侠小说的说法，她已经进入"无招胜有招"的境地。看她在书中从宏观、到微观，对古籍、对善本、对某一本书或某一个问题娓娓道来，好像她就在面前为我们开讲座……

今年是冀先生逝世十周年。我想，北图库中的那些善本书如果有知，一定也在默默怀念这位把一生都献给它们的老人。

2011年9月15日于通州皇木厂

想起了金克木先生

  网上报道：2008年1月21日，沈阳市数万名义务教育阶段教师参加"期末考试"。在此之前，沈阳市8000多名高中专任教师和学生一起参加了市教研室统一组织的教学质量监测。沈阳市教育局决定，教学质量监测的对象不再只是学生，要扩大到教师层面，并将考试成绩作为对教师评价考核的重要指标之一。

  这使我想起了金先生。

  由于在南亚所学习了三年，又工作了三年，就有机会亲近金先生。金先生虽然也是南亚所在职人员，但平时从不到所里来。有事，必须登门请教。到金先生家，照例先问好。金先生照例回答身体不好，头晕、体弱、全身无力，走动不便等等。但话匣子一打开，只有他滔滔不绝的份，我只能静静地洗耳恭听。他讲话中气很足，让人觉得所谓身体不好云云，只是托词而已。由于他平时不出门，我登门时，有时他也会问问所里的情况，但绝不针砭；至于国内外大事，他比我知道得多，分析得透。兴致所至，也谈一些当年的往事、趣事。

他说："张铁生事件之后，迟群他们突然把北大教授统统召集起来，每人发一张卷子，要考教授。"说起考教授，当年我虽然远在新疆，也听会议传达、报刊宣传过。据当时的说法，那些平时不可一世的教授，这时个个屁滚尿流。不少人被"烤焦""烤煳"，不得不承认"知识分子实际上最没有知识"这一伟大论断。

金先生说："接到卷子，他毫不犹豫地在右上角分数栏中打了个大零蛋，交卷走人。"我笑着问："为什么要自己打零分？"他说："他们不就希望这个结果吗？我让他们高兴高兴。"

我不知道沈阳市教育局为什么想出个考教师的招，是嫌中国的应试教育还不够登峰造极？其实光考教师也算不了什么，全国人民，一人一张考卷，都来考考。既然只有考试才能辨别人才、培养人才，那我们应该年年考、月月考、天天考。中国一定人才辈出，强盛起来。

如果上海市教育局也来这一招，我该怎么办？

我学金先生，主动给自己打个大零蛋，给"亡国灭种"的应试教育丢丢脸。

2008年1月23日星期三

怀念柳田圣山先生

我手头有一份剪报,是1992年5月25日柳田圣山先生发表在《朝日新闻》上的一篇随笔,名为《与自己相会》(《自分と出会う》)。当年柳田先生正好70岁,文中叙述他前一年初次访问韩国伽耶山海印寺,面对那一排排《高丽藏》版片时的感受:"面对着留存至今的《高丽藏》的版片,就好像与长久以来一直存放在另一处的另一半身躯,渐渐合为一体。版片是底片,而我的身体就是毫不走样的正片。阴阳合体,收回生机。这部书在中国出现已有1000年,在高丽雕版已有750年。那是我前生的遗体,必须竭力回归。"最后"必须竭力回归"的日文原文是"自分で引き取ねばならぬ",正确的翻译应该是"必须用自己回归"。怎么叫"用自己"回归?我想柳田先生在这里是指用自己的全部生命、全部精力,乃至不惜一切地寻求这一回归,所以翻译时用了"竭力"一词,但远不能反映出柳田先生在那一刹那中所体会到的心灵感受与做出的决断。

读这段话，我受到了极大的震撼。我也到过海印寺，也为那排列得整整齐齐、保存得完好无损的八万块经版感动。承管理者好意，让我进入经版库，并抽出一块经版，让我拿着照相。我当时的心情，一方面是感激，另一方面也有点兴奋。为什么面对《高丽藏》版片，柳田先生会产生那样一种生死相依的情感？而我好像隐隐约约明白了柳田先生为什么能够在故纸堆中孜孜几十年。因为这就是他的生命，既是今世的生命，也是前世的生命。

学人做学问，大约也要分为几种。等而下之者，有的因为命运的拨弄，来到这个位置上，因而不得不做一天和尚撞一天钟；有的把做学问作为一种谋生之道，一种职业。等而上之者，有的出于兴趣，有的出于热爱；但是，兴趣可能转移，热情也会衰退。我自己是出于一种责任，一种自愿担当，因而无可推卸的责任；一种感恩，感恩诸多教育过我、关怀过我、帮助过我的人，我用我的科研成果来报答他们。柳田先生自称人文科学就是不断地将古纸翻新的过程。在他那里，学术研究是生命的一种形态，是一种不断地将古纸翻新的轮回。境界的差异，造成感受的不同。我进经版库，经版是经版，我是我；而柳田先生面对经版，则从精神上与经版化身为一。

记得1994年第一次与先生在京都花园大学国际禅文化研究所见面，我奉上我的名片，先生也给我一张名片，不知那是不是用古纸翻造的，四周毛糙不齐。名片上只有四个字——"柳田圣山"。名片是用来向别人介绍自己的，但先生的名片上只有姓名，此外没有任何介绍自己的信息。中国也有一个人，使用同样类型的名片，那就是赵朴初先生。以前有人评价说，赵朴初名气太大，所以他的名片不用自我介绍。但写这篇小文章时，我突然领悟，无论是柳田圣山，还是赵朴初，那除了姓名什么也没有的名片，所昭示人们的是：我就是我，名字只是一个符号；不仅如此，一切外在的东西，都不是我。这是何等的智者，何等的智慧。

这就是永远值得我们怀念的柳田圣山先生。

2007年12月14日于北京通州皇木厂

光启随笔书目

（按出版时间排序）

《学术的重和轻》　　　　　　　　李剑鸣 著
《社会的恶与善》　　　　　　　　彭小瑜 著
《一只革命的手》　　　　　　　　孙周兴 著
《徜徉在史学与文学之间》　　　　张广智 著
《藤影荷声好读书》　　　　　　　彭　刚 著
《生命是一种充满强度的运动》　　汪民安 著
《凌波微语》　　　　　　　　　　陈建华 著
《希腊与罗马——过去与现在》　　晏绍祥 著
《面目可憎——赵世瑜学术评论选》赵世瑜 著
《中国的近代：大国的历史转身》　罗志田 著
《随缘求索录》　　　　　　　　　张绪山 著
《诗性之笔与理性之文》　　　　　詹　丹 著
《文学的异与同》　　　　　　　　张　治 著
《难问西东集》　　　　　　　　　徐国琦 著
《西神的黄昏》　　　　　　　　　江晓原 著
《思随心动》　　　　　　　　　　严耀中 著
《浮生·建筑》　　　　　　　　　阮　昕 著

《观念的视界》　　　　　　　　　　李宏图 著

《有思想的历史》　　　　　　　　　王立新 著

《沙发考古随笔》　　　　　　　　　陈　淳 著

《抵达晚清》　　　　　　　　　　　夏晓虹 著

《文思与品鉴：外国文学笔札》　　　虞建华 著

《立雪散记》　　　　　　　　　　　虞云国 著

《留下集》　　　　　　　　　　　　韩水法 著

《踏墟寻城》　　　　　　　　　　　许　宏 著

《从东南到西南——人文区位学随笔》　王铭铭 著

《考古寻路》　　　　　　　　　　　霍　巍 著

《玄思窗外风景》　　　　　　　　　丁　帆 著

《法海拾贝》　　　　　　　　　　　季卫东 著

《走出天下秩序：近代中国变革的思想视角》　萧功秦 著

《游走在边际》　　　　　　　　　　孙　歌 著

《古代世界的迷踪》　　　　　　　　黄　洋 著

《稽古与随时》　　　　　　　　　　瞿林东 著

《历史的延续与变迁》　　　　　　　向　荣 著

《将军不敢骑白马》　　　　　　　　卜　键 著

《依稀前尘事》　　　　　　　　　　陈思和 著

《秋津岛闲话》　　　　　　　　　　李长声 著

《大师的传统》　　　　　　　　　　王　路 著

《书山行旅》　　　　　　　　　　　罗卫东 著

《本行内外——李伯重学术随笔》	李伯重 著
《学而衡之》	孙　江 著
《五个世纪的维度》	俞金尧 著
《多重面孔的克尔凯郭尔》	王　齐 著
《信笔涂鸦》	郭小凌 著
《摸索仁道》	张祥龙 著
《文明的歧路：19—20世纪的知识分化及其政治、文化场域》	梁　展 著
《追寻希望》	邓小南 著
《译路探幽》	许　钧 著
《问道东西——纽约聊斋随笔》	洪朝辉 著
《问学于中西之间》	张西平 著
《缘督室札记》	方广锠 著
《人来人往》	金圣华 著